U0137091

太虛大師開示語錄 3

佛學篇

夫藥所以治病，衣所以適身，
身有修短之別，衣安得而無修短！
病有萬千之異，藥安得而不萬千！

太虛大師 著

太虛法師文鈔初集目錄

第三編　佛學

太虛法師文鈔初集

第三編　佛學

弟子　王明福慧力　謝　健慧堅　張善長　編校

教觀詮要

緒言

教爲佛聖下被之言。觀爲賢凡上達之行。觀非教則行無所明而常殆。教非觀則言失其實而常罔。猶夫學而思。思而學。相藉而不容相離也。抑教固啓心之靈鑰。而觀實人理之正軌。故佛祖說法。必就衆生之執著。隨衆生之根器。反覆詰破。輾轉開示。使先悟本心自性。乃授以觀法。俾一門深入。諦證無虛。然則教觀之義。可以稍知矣。夫藥所以治病。衣所以適身。身有修短之別。衣安得而無修短。病有萬千之異。藥安得而不萬千。浸假以藥而藥北俱盧洲無病之人民。以衣而衣無色界天無身之衆生。其有不視爲狂者乎。浸假以一藥而欲醫衆病。以一衣而欲適衆體。不分甘苦寒熱。不辨小大高低。其有不目爲愚者乎。佛之說法亦若是。則已矣。苟無衆生之機感。

佛本無法可說。而衆生之機感不一。佛之說法又烏得而一哉。是所以四十九年。三百餘會。年年有異。會會不同。設有人焉。不解其因病施藥隨機說法之意。試繙一大藏經論盡閱之。鮮有不疑佛說之自相矛盾者。古代諸大師研究佛法而有所心得者。有鑑於是。乃判其種類。別其旨趣。淺之深之。三之五之。且爲佛辨白之曰。佛之說法。蓋有權巧方便耳。此佛不可不有古德爲之判白。而古德亦不得不藉之以發表一己之心得。布施有情。而報佛恩也。

但古代判教諸大師。其受禀不同。其識見不同。其悟理不同。其所際之時代。所化之人根。種種不同。故其判之也。亦各有所出入。而莫或盡同者。然求其精當而純全者。宜無如五教八教。蓋天台大師所判定者。故緇流多而呼之爲天台教云。今請言八教。

八教

八教維何。化儀四教。化法四教是也。

化儀四教

頓教、漸教、秘密教、不定教。是謂化儀四教。頓教者。如日欻然而出。世界頓時無不光明也。華嚴頓悟佛慧。徧入法界。禪宗直指人心。見性成佛。此頓教之屬也。漸教者。如種植物然。由芽而幹。由幹而枝葉而花而果。漸次長成也。佛於鹿苑轉三乘法論。說淺小之法。引誘鈍根衆生。堅其信淪其智。淘汰其餘習。破除其執著。漸漸皆引歸於圓乘者是也。秘密不定。其實際上於佛邊全同。但衆邊互知互不知。微有不同耳。佛以一音演說法。衆生隨類各得解。機之大者獲大益。機之小者獲小益。其獲大益者。自知獲益之大。復知他衆生獲益之小。而獲小益者。亦自知獲益之小。復知他衆生獲益之大。彼此互知。名不定教。若彼此得益不同。而各不相知。則便名秘密教矣。又灌頂部中一切陀羅尼咒。亦名秘密教。要之此四教皆判教者。敍明師資主伴間用意獲益所以不同之理由。示後世師家應機說法之儀軌。俾研究者易得其要領耳。有虛位無實法。故謂之化儀。逮下化法四教。方是佛所說示衆生所思修而爲教觀體相之所託焉。

化法四教

化法四教者。藏教、通教、別教、圓教、是也。此之四教。又當中分爲二。藏通爲三乘教。而別圓爲一乘教也。三乘者。聲聞乘。緣覺乘。菩薩乘是也。前二爲小乘。後一爲大乘。一乘則佛乘是也。

藏教

藏教雖具有三乘之人法。然主重於聲聞緣覺二乘。故以三界之惑業果報因緣所生法。皆爲實有。而苦空無常無我不淨。行者觀之生厭離心。修三十七道品以趨入偏空寂滅爲究竟依歸。大涅槃經有一四句偈曰。諸行無常。是生滅法。生滅滅已。寂滅爲樂。最足代表此教之諦理。

賅而言之。藏教四諦。始終皆未能出乎生滅之範圍者也。蓋此教明欲界色界無色界所有之身受心法。皆爲生滅聚。以衆生所共之生滅。固生滅矣。此苦集二諦之生滅也。而修此教者。以滅前此衆生所共之生滅。而入寂靜之涅槃。生滅滅而涅槃生。亦生滅矣。此道滅二諦之生滅也。苦集爲世間因果。道滅爲出世間因果。世間出世間。其實際雖有不同。其爲生滅。則一而已矣。
唯其以生滅爲境。故遂認依正二報苦樂二果皆本無今有。今有還無。三世有無。截然不同。過去非現在未來。未來非現在過去。現在非過去未來。過去未來之無。不可爲現在之有。現在之有。不可卽過去未來之無。故其爲觀也。必假分析至盡而後始能悟入空理。如隨碎一物。轉更碎之。碎碎相續。碎至極微。而更碎之。則歸如空而漠無痕迹可覩矣。是謂析空觀。如八背捨。九不淨想。十一切處。十二因緣等觀門。皆此觀爲之鈐轄。爲之樞紐。而復能爲此觀藉手之方便者也。

然此敎亦有大乘菩薩。緣四諦境。發四宏誓。勇哲無匹。精進無前。但慈悲心雖既切大。而智慧尙微。禪定尙弱。故雖行六度萬行。皆未能不著是相。及夫佛道成熟。度脫因地所緣之衆生已。便斷滅身心而入無餘涅槃。復與前小乘人一以因中所修之慧觀同。故故歸宿之止境。亦不得不同也。

第此敎所以名藏敎者。蓋有多義。今用其易解而近理者言之。則實理暫爲權法所隱藏。而未能顯暢是也。

通教

通教。三乘所通行者也。前藏教雖亦爲三乘共教。但聲聞修四諦法。緣覺修十二因緣法。菩薩修六波羅蜜法。主觀客觀。各各釐然迥別。今通教則反是。同以無言說道體化入空。雖有三乘之異。特因其主觀與夙根有不同耳。其託無生生空爲所觀與所止境。固未始深異也。故獸形不同。而一般渡生死之河。門徑雖歧。而平等到淸涼之地。此據通教自體以論通也。而稟此教之教觀者。下根則前可以退入藏教。上根上上根則後可以進入別圓二教。前後皆可通入。故名通教。此則綜四教而論通矣。抑通教雖亦以空爲歸。但其所觀之空。萬事萬物當體全空。乃是無生空。非藏教生滅之空。無生空卽是眞空。眞空卽是妙有。眞空妙有不二圓融。卽是唯心識觀。故修此教者。多進入後之圓教別教。唯一類最鈍最頑下愚而不可移者。始倒退入前之藏教。而以聲聞緣覺半面淸淨寂滅之境域自畫。故初不觀光於華嚴。終致退席於法華也。

中論偈曰。諸法不自生。亦不從他生。不共不無因。是故說無生。頗足代表此教之理。夫一切事物法相皆起源於生。今於四處推求生理。皆不可得。生理尙無。何處尙有一切法耶。此卽通敎所修之無生體空觀也。修此觀者。觀蘊界根塵。皆如幻如化。如夢如影。如水中月。如鏡中花。當體非有。徹底全空。不待分析至無。而後始能證入空性也。

然修此無生空觀者。鈍根則僅見空理。利根則兼見不空。蓋利根之人。證此空理時。復反覆觀一切法。雖體性全空。而不妨有山河國土。蘊入界處。種種苦樂因果。善惡事業。且當此依正二報。皆虛空性。當虛空性。便是依正二報。重重差別。不異平等。一味平等。無礙差別。智論破世出世間一切法。徧而復壞世間相。禪宗燒盡大千世界。而不損一草。皆與此同意。古師定通敎爲大乘入理之初門。良有以也。然大丈夫者。一悟窮其際。一見徹其源。不唯可以爲大乘初義。卽大乘之究竟境義。要亦莫能外乎是也。

禪宗入手工夫。簡直了捷。亦無非導人自悟此當體無生空寂之心性耳。若根器稍劣者。便死於此。但隨消舊業。不造新殃。冷湫湫地作個自了漢而已。而根器猛利者。

復於此無生空寂之心性中。明見具有無量功德。無量生智。與虛空等。與法界等。與諸佛等。卽運無緣之大慈。起同體之大慈。不般涅槃。不求淨土。於三界六道之中。出入無間。與拔無盡。如所謂若不上天堂。卽便入地獄者。則以進入別圓賢聖之位。而與佛菩薩不思議境界相鄰矣。明心見性之前。矛斷惑生智之先鋒。便利了當。此爲其最無上佛道誓願成者。可以知所急務焉。

別敎

別敎行人。從初發心。卽仰信中道。誓成正覺。但未能卽中道理具一切法。故須先修空觀。斷見思惑。證入十住。從空起假。入十行位。斷塵沙惑。然後融會空假。觀照中諦。經十回向。熏伏無明。趣入十地。漸證法身。至等妙覺。成就佛道。三觀次第而修。三諦次第而照。三惑次第而斷。三智次第而得。位位各異。分分不同。進不如圓敎之圓融。故謂之別。蓋貶辭也。

然別敎以修不思議假觀。破界內外塵沙惑爲主。故其觀四諦境。各各有無量相。苦不但生老病死。集不但貪嗔癡等。滅不但遠離空寂。道不但三十七品。衆生無邊。有一小衆生未度者。卽是自性之煩惑。法門無盡。有一毛頭法未明者。卽是佛道之障礙。故其根性之猛利。器宇之宏偉。悲智之兼大。力行之精進。善能分別一切法相。應衆生機。演無量義。雅非藏通二教之三乘衆生所堪比擬。則名之爲別。又褒德之稱耳。

抑此教初地。與圓教初住齊位。同破一品無明。同證一分法身。同能分身百界八相成佛。唯圓教始乎圓融。終乎究竟。別教始旣未能圓融。終亦祇破十二品無明。與圓教二行齊位。未克究竟法身耳。其同觀中道。同一大乘。無聲聞緣覺之徒。不滯化城。遙歸寶渚。固未嘗有異焉。

抑究而言之。藏通二教。祇破二乘。其大乘菩薩。實則皆別圓之因人耳。故三祇行因。百刧修相。成藏教劣應身佛。及通教勝應身佛者。非別教地上菩薩。卽圓教住上菩薩。而藏通二教。畢竟無成佛義矣。別教所以永殊藏通者。其在此乎。

圓教

圓教之爲教。法圓。人圓。事圓。物圓。性圓。理圓。修圓。證圓。住行向地位位法身。色聲香味。塵塵中道。三惑一念中斷。三智一念中得。三觀唯一心。故無不卽空卽假卽中也。三諦唯一境。故無不卽眞卽俗卽中也。惡道與善道平等。魔界與佛界平等。煩惱與般若平等。解脫與生死平等。法性與無明平等。貪染與廉潔平等。慈忍與嗔恚平等。定慧與昏亂平等。四榮與四枯平等。有情與無情平等。微塵與虛空平等。刹那與永刼平等。平等與不平等平等。不平等與不平等平等。無相無不相。無緣無不緣。無作無不作。無得無不得。要之莫非絕待也。莫非平等也。莫非相融相卽也。莫非相攝相入也。故圓之爲義。含有圓絕、圓融、圓頓、圓成、之多意。

夫圓教本末一如。始終一貫。固矣。然不妨論有六卽。卽皆佛。故六卽而常卽。卽不異六。卽而常六。六還同卽。非如是不足以成圓融。與不圓融無不圓融之大圓融也。圓教之理佛。卽吾人現前介爾一念。佛然。衆生然。心然。法界然。卽空卽假卽中之圓明妙也。名字佛知此。觀行佛照此。相似佛順此。分證佛入此。究竟佛盡此。一知一切知。無照無順無入無盡無不知。乃至一盡一切盡。無入無順無照無知無不盡。於是乎萬善乃皆於無所成中。熾然成就。萬惡亦皆於無可滅中。蕩然滅絕。極三身圓四智。究竟菩提。歸無所得。

此教行人。從名字佛悟卽究竟。故其一舉手一投足之境界。已非別敎初地前之人所能測度。況通敎藏敎之人乎。況三界六道之博地凡夫乎。又據此教以望別教之妙覺。尙非究竟。況藏通二教之佛乎。況聲聞辟支乎。橫綜四敎。豎窮十界。唯圓教妙覺果位。爲永斷無明。究竟法性。更無可上之佛道耳。餘皆未能全出無明之區宇者也。斯所以善學佛者。總不得少爲足。生下劣心。而必以圓教之無上正等正覺爲歸墟爲止境也。靈利佛子。可不勖哉。

結論

猗歟偉哉。厥維我佛之說法也乎。雖紛糾繁賾。井然有條而不紊。雖奇駁宏誕。卓然精純而不雜。雖恢廓空疏。軋然盛水而不漏。等一毫於十虛。極廣大而不爲淫。藏須彌於芥子。盡精微而不爲隘。輝乎其炳炳焉。麗乎其郁郁焉。渼乎其淵淵焉。謷乎其巍巍焉。曠乎其堂堂焉。洵不可得而思議者也。

雖然。佛法有宗。宗唯三諦。三諦者。眞諦俗諦中諦也。中諦統一切法。俗諦立一切法。

眞諦泯一切法。此三諦理物物然。塵塵然。法法然。心心然。故吾人介爾一念。莫不具之。能如是悟。如是觀。如是行。如是證。卽名開示悟入佛之知見。而合乎圓教之圓中法性。所謂唯此一事實。其他皆非眞也。

但衆生無明力强。障道業重。迷倒云久。靡由覺悟。或習於善。或習於惡。或滯於空。或執於有。或執自然。或騖因緣。或膠常見。或誤斷滅。著空華而結空果。不知華生於眼眚。對夢境而馳夢想。不知境現於魂遊。有情惑之滋甚。大覺憫之彌切。於是運無緣慈。垂同體悲。入方便智。現神通身。或依俗俗諦。故示五戒十善之因。談十惡五逆之果。盡乎九有四生之域。不出六道七趣之途。或依俗眞諦。故說苦空無常無我之法。俾知苦斷集。慕滅道修。先除見思之麤垢。脫離分段之幻軀。而暫止乎空寂之化城。或依眞眞諦。故說無生無滅無住無爲之法。令體之者。中根從空出假。上根因假會中。下根株守乎寂。或依漸眞漸俗漸中諦。故說一切衆生皆有佛性。但無始煩惱。不能頓除。使仰中道。次第證入。分破無明。分證法身。此皆佛陀應衆生機。廣施權巧。萬不獲已之苦衷也。

夫眞如界內不立纖塵。佛事門中非離一法。衆生無邊。故世界無邊。緣起無盡。故佛法無盡。夫豈言語所能殫述。文筆所能罄宣哉。故佛嘗以指甲取少許土。顧諸弟子曰。佛法無量。不可稱言。猶指甲上之土耳。其未說者。譬如大地。以故善學佛者。依心不依古。依義不依語。隨時變通。巧逗人意。從天然界進化界。種種學問。種種藝術。發明眞理。裨益有情。是謂行菩薩道。布施佛法。終不以佛所未說而自畫。佛所已說而自泥。埋沒己靈。人云亦云。抑佛之說法。圓滿周足。實無乎不具。世謂人間好語佛說盡者。殆非訣辭也。以吾人不善求之。故橫生畛域。殊未知佛界衆生界。一如無二如耳。故古德之分判教觀。翊贊佛化。不獨未始於佛說有所增益。且祇得大海中之一波而已。著者茲之所述。蓋又一波中之一波耳。然而觸波波濕。觸水水濕。一波之性。不異瀛渤。言雖數千。其義既非此世界衆生卒然所能窮。矣神而明之。存乎其人。不以一波自囿。從之而深究焉。則法海汪洋。固未嘗外乎是也。

烏虖魂魂。迷都。芸芸萬涂。以升以沈。載馳載驅。智愚强弱。佛性同枯。法雨滂沱。盡其來蘇。

佛教史略

佛日西昇法流東漸五百洲隨靡從風。三千載綿綿不絕。今雖名存實亡。通計世界之佛教徒。尚不下數萬萬人固儼然占有地球文明之一大勢力者顧卒無一完善之。史以紀其盛衰隆替之事變。而寓夫全體大用之精神得非遺憾歟。抑述往可以知來。鑒古可以戒今。有佛史以來。興衰隆替之事變。固皆有原因存焉。藉研究而獲厥原因。則古往之所以如是。當來之又將奚若。胥可想見。髣髴得而操持其致隆盛昌大之樞紐。進行不匱。庶幾法行常健。與世俱深。佛化永宏。唯人偕極。夫佛史之作。又烏容稍緩哉。

剏闢時代

於穆佛教。閎偉悠久。創兮闢兮。誰爲之首。此非研究佛史者第一問題歟。然佛陀自受用之法身報身。玄微廣奧。未易爲此世界衆生言也。姑就他受用之應化身言之。則吾人所仰止所嚮信之釋迦牟尼佛陀耳。釋迦其姓也。牟尼其名也。梵語佛陀華言覺者。有覺自覺他覺滿三義。蓋印度之稱佛陀。猶中國之稱聖人也。

佛之誕生與長成

佛之生誕。史傳紛紜。莫衷一是。然內典多稱佛誕於我國周昭王之甲寅歲。要之往上數去。當在二千九百奇年間耳。今北京道階法師開佛誕紀念會則斷定爲二千九百四十年

沙漠之北。葱嶺之西。亞細亞大陸。有地縱橫數萬里。雪山皚皚。恆河滄滄。所謂印度國即其處也。印度凡五。中印度雪山之南。有國號迦毘羅者。實爲大聖釋迦誕神之土。嘗聞之遊者曰。迦毘羅國山勢四面走來。葱鬱靈秀。遠爲我國金陵洛陽所不及。佛陀降嶽其間。誠有自來哉。

案印度古時。亦如我國之封建。君其土者以千計。迦毘羅迺其大者。釋迦佛之父。即其國之主。名淨梵王。其母摩耶。育佛七日而歿。母妹憍曇彌撫之。釋迦漸長。即嚴毅弘厚。宅心高遠。不弄不競。豁達恬澹。其父王以其英發穎悟。世不常覯。徧召遐爾名師教育之。而聞一知萬。遽窮蘊邃。文武藝術。萃國士莫之抗。其德慧勇哲。皆天賦也。年十七。娶妃耶輸陀羅。美容姿。品性尤賢淑。後舉一子。曰羅睺羅。

佛之出家與成道

佛雖處富貴聲色場中。而以慧眼觀人生之苦樂。遁世之思。惟因之愈摯耳。其人蕭然如秋。藹然如春。孔德之容。睟面盎背。惻隱仁慈博愛溥濟。見塗人之疾苦老死。以及禽蟲草木之慘殤凋謝。罔不哀感傷悼。若以身之置於水火。因而恒獨居空寂。研究所以捄脫之之法。旣乃憬然悟曰。因惑業是以有身。死因生死。是以有悲歡苦樂。因悲歡苦樂而思所避就。是以有愛憎喜怒。造種種罪福因緣。迴邅升沉不已。今欲解脫此生死輪轉。莫尙覺悟。覺悟則惑業滅而生死空。惑業旣滅則廓然眞淨。生死旣空則寂然常樂。而一切悲歡苦樂愛取貪嗔罪福因緣升沉苦報。皆於是煙銷雲散。蕩盡靡遺矣。

但欲證圓滿之覺悟。以完捄世之大願。非沉神潛修。擺脫五欲四苦之羈累。不足以達之。此佛之所以割絕其慈父愛妻。屏棄其富貴尊榮。而褐衣跣足。遁入荒山窮谷。凍膚餓腸而不遑恤也。

佛之違國捨家。纔十九齡耳。初於藍摩林遇婆羅門跋伽。因就之訪道。跋伽蓋婆羅門之苦行派。佛審其無益。去之。嗣聞摩伽陀國有阿邏邏仙人。德行高潔。定慧兼深。

因詣彌樓山叩之。勉以精進之旨。敎以禪那之法。與五比丘共習焉。凡經六年。盡窮其蘊。繼又悟其非究竟。乃別居菩提樹下。降伏魔軍。覩明星。恍然大覺。無上之大志。至此實達。無上之大道。至是成就。此國周穆王之癸未歲。而佛已春秋三十度矣。厥後父母妻子。皆蒙佛度脫。戚屬亦多從佛出家。親親之義。獨盛前古。余嘗謂慈孝友恭。物均有焉。唯大聖乃能盡之。觀此洵非誣已。

佛之說法與入寂

佛之說法。其大旨不外以有空言。破空有執。離二邊。存中道。俾衆生明心見性。發眞歸元而已。故雖隨機開導。靡不條貫。精密。文理秩然。

最初爲一類應化而生之高等大機。演華嚴乘。修多羅敎。以挈法網之綱。凡七處九會。後世頌爲第一華嚴時云。

爾乃爲鈍根一類人說小乘法。使由小至大。從淺入深。漸進於高明廣大之境。令歡喜領解。共獲其所。敎育之法。精粹完備。尤爲絕後空前之偉業。夫佛固世界第一大宗敎家也。第一大哲學家也。然苟置之古今東西之敎育界中。必又爲第一之大敎育家。嗚呼。吾儕學佛者。於佛誠無得而稱矣。亶歆慕之。信仰之。模數之。步趨之耳。

佛於說華嚴後。遊歷全印。經年十二。遊國十六。初入波羅奈國鹿苑中。三轉四諦法輪。度脫五比丘。次復度脫舍利弗迦葉目犍連等一千二百五十人。是爲第二阿含時。阿含者、其時所說之經名也。

茲後一切聞法者。已得決定信心。不生疑謗。乃大小乘並說。而往往褒大貶小。引起鈍根者。恥小慕大之思想。講勝鬘維摩盎掘大佛頂薩提遮等數十經。是爲第三方等時。

久之小乘者飽聆大法。根器純熟。堪聞般若。乃說大品光讚文殊勝天王等諸部般若以應之。般若者。如實空如實不空二種智慧也。令衆生悟自心性本如實空。故生死涅槃。皆等空華。如夢如影。了無所有。而不必生死是厭。涅槃是欣。本如是不空。故具足無量清淨功德福智莊嚴。與佛無異。而不自生退屈。是爲第四般若時。

最後於靈鷲山上。講法華經。會三乘歸一乘。將從前方便之說。一一揭示披露。俾皆知爲無上佛果。故假設誘諭。而弗復貪戀乎三乘法。佛之出世本懷。逮是始盡暢畢遂。而終焉之期。因亦不遠。乃於跋提河岸娑羅雙樹間。說大般涅槃經。明有情無情。皆具佛性。令諸弟子。悉以疑義咨決已。卽溘然示寂。是爲第五法華涅槃時。佛敎之法儀。於是乎靡不備矣。

創闢時代贊語

綜上五期。凡五十年。佛一代說法。不出此矣。曾有古偈曰。華嚴最初方七日。阿含十二方等八。二十二年般若談。法華涅槃共八載。然此乃據其大概言之耳。實則隨機授法。佛固未嘗拘拘於年月日時也。凡說大乘部小乘部各數百種。繙繹至我國者。多大乘而少小乘。殆衆生之根性使然也。其法義之淺深精麤。當別論之。而其拯世之鴻業。尤以化不平等爲平等稱最著。

流傳時代

初佛之行化。得摩伽陀國頻婆娑羅王護持。印度全境。已蔓然肸蠁。多所信奉。迨頻王殂後。王子阿闍世卽位。信任魔黨提婆達多。常反對佛。迦毘羅亦遭并吞。僧衆因多往來山林。少入城市。敎化漸形衰絀。暨提婆達多死。阿王復信仰佛時。卽涅槃矣。

語曰無前之者雖美弗彰無後之者雖傳弗昌證夫古代諸大師繼繼繩繩爲佛散智光神耀於無盡者斯言益信夫佛固自有生民以來唯一德盛業偉之大聖也然苟無文殊普賢迦葉阿難馬鳴龍樹無著天親摩騰竺法蘭羅什達磨智者玄奘諸海龍陸象作如來使爲衆生眼騰踔發揚荷擔不倦其能傳至今茲否顧未可測矣噫嘻斯余所以一念及而今而後之佛教每不禁英雄佛子是視焉

印度時代

初一千餘載化風作播雖已漸及西域南洋各鄰邦然未能宏敷也故以被中國之前斷爲印度時代

印度小乘時代

佛入寂後尊者摩訶迦葉嗣道統集法藏爲佛後之初祖二十年二祖阿難陀繼之教漸轉恢盛慧光剡剡五印同照阿難陀佛之從弟也多聞聰辨爲諸弟子最大藏典籍都由編輯成卷帙統法數十年洎入滅度商那和修繼之爲第三祖厥後大羅漢數百漸次示寂婆羅門舊教起而乘之勢又稍殺佛入滅百年餘四祖

優婆毱多得阿育王之信仰。復大張之。婆羅門以挫佛蹟、漸由印度輸入各鄰邦。四祖既沒。其高足各種異說分律藏爲五部。支離分爭。學者失據。內禍濫觴。實起於斯。二百年初又併爲二部。至三百年間。別其徒衆爲九部。分河飲水。智者已竊憂之。逮四百年末。造小乘蠶裂自十一部乃至二十五部。互攻互讎。是非蠭起。婆羅門乘郄詆諆。內訌外患。疊來棼呈。幾如今日之中國也。迨第十祖脅尊者統攝道衆。諸鉅子相爲贊助。征服外教。法幢始稍稍安立。久之舊教之妖復大熾。印境佛跡。幾希中絕。此佛善逝後初五百年消長之梗概也。自第一祖迦葉止第十一祖富那夜奢。其傳法化世不逾小乘範圍。故束爲印度佛教之小乘時。

印度大乘時代

從佛滅度。摩訶衍義久湮聞於世。至交入第六百年十二代祖馬鳴大士崛然興起。始宏暢之。著嚴論大乘起信論大宗地論。折外道。抑小乘。俾佛學眞理皎然無蔽。治者可式之而行。十三祖迦毘摩羅說法南印。慧化頗著。迨獲龍樹爲嗣。克紹馬鳴之洪緒。作大智度論。毘婆娑論。十二門論。中觀論等。凡數十部。破袪邪小。宣揭圓妙。示自性自度悟入修證之眞詣。使同躋康莊。直達寶所。慈雲法澤。蔭潤全印。駸駸滂沱之所至。拓臻異域。佛敎中興之功。實無過馬鳴龍樹者。後世以八宗泰祖千部論師尊之。洵非誇耳。十五祖提婆尊者。克弘大乘。著百論以斥邪謬。外道疾之甚。竟爲所刺。是時魔外披猖。佛道墮落。五印如陷長夜。幸十六祖羅喉羅多。苦心捍衛。適値無著天親共起匡扶。魔炎用戢。佛日重光。無著天親。蓋馬鳴龍樹而後。佛敎史上出類拔萃之鉅子也。無著單宏大乘。天親初宏小乘。後宏大乘。其宗彌勒所撰大乘論。有瑜伽師地。金剛般若。辨中邊。十地。唯識等數十部。皆能發甚深了義之蘊奧。精粹高廣。爲後世相宗之鈐轄云。繼是有護法淸辨二論師。據有空二義。各標論旨。其徒宗旨之。大乘遂裂爲二。下逮佛入滅千二百年間。學者知行離異。間貽口實。外道乘隙醜詆。復擬似僧相。流布惡行。以誣陷佛徒。印王惑而憾之。燔經籍。毀塔寺。戮僧尼。二十四祖獅子尊者。亦與斯劫。印度之正法。於是一墜千丈。不絕如縷。然其時卽我國後漢時也。故印度衰歇之時。卽我國萌坼之時。與全亞取次推行之時也。此第二五百年。印度佛教史之大略也。其間諸祖除馬鳴龍樹無著天親護法清辨六大士外。雖多有大小乘兼宏者。而小乘之勢殊卒不敵大乘故此期可謂印度佛教之大乘時代。

印度時讚語

綜佛入寂後。一千餘載之變遷大勢論之。初百年間迦葉阿難諸大羅漢住世。持佛儀範。未少離異。爲小乘全盛時代。從四祖而下。內訌漸興。爲小乘兆衰時代。及四百年後。內諍彌烈。外患迭乘。十祖十一祖之間。幾於掃地。爲小乘極替時代。此五百年之興廢汚隆。但關係小乘。故總爲大乘之隱伏時代。逮第二五百年初。馬鳴崛作。佛性眞如以顯。爲大乘中興時代。龍樹繼之。爲大乘全盛時代。提婆漸衰。無著天親復中興之。護法清辨之後。又漸衰。此後爲大小乘同歸不振之時代矣。

然苟無馬鳴龍樹。雖未於五百年後。當卽萎落。蔑不可也。苟無無著天親。自未於提婆之後。不復能中興。蔑不可也。千餘年之時。苟有馬鳴龍樹無著天親其人。雖謂其隆盛當不下於六七百年間。無不可也。我國今日之佛教。寖頹昏陋。視印度彼時爲何如歟。所恃者僅有國人之信仰心未全死耳。然脫有馬鳴龍樹無著天親其人。乘此世界文明過渡之潮流。安知其不能化而爲世界佛教之中興。與全盛之時代乎。人能宏道。非道宏人。歷史第爲英雄之牒譜。寧不信哉。嗟夫。澐澐巨浸。莽莽神洲。尙有馬鳴龍樹無著天親其人乎。雖爲之執拂持杖。施四大作床而供養之。所忻慕焉。

亞洲時代

佛歷數百年。教法已旁及龜茲月氏羌氏暹羅緬甸等國。經像之來我中夏。實在佛入滅後一千零十八年。隋唐之際。復由我國經三韓入日本。厥旨宏敷。風播全亞。故迄今二千年以上。一千八百餘載。總束之爲亞洲時代。從茲厥後。當渡入世界時代。另開鑿空之紀元耳。

然自法輪東轉之後。印度頻興屢蹶。卒不復振。南洋西域各國。徒傳其皮。相躭著小乘。鮮有聞大道者。三韓日本。皆承我國之餘流。其變化消長。亦大略似我。故是一千餘載。代表全亞佛教。舍中國殆無他能。請略舉佛教流行中國之始末。以覘全亞佛教之衰旺遞遷大勢。

初東漢明帝夜夢金人。因傳毅之對。遣蔡愔王遵等十八人西訪至月氏國。遇摩騰竺法蘭二師。邀其賚經像來至洛陽。譯四十二章經。中國於是乎始知有佛。然是時僅京洛間有寺院數處。僧尼數百而已。人民薄宗教思想。莫之尊崇也。迨東漢末葉有謙識亮三支。及佛朔嚴佛調曇果輩。䌌譯道行般若般舟三昧等經。稍稍講述。又有世稱牟子者。著理惑論以推尙佛道。編戶遂漸有敬佛者。

三國時。西域康居國康僧會遊化至吳都。獻舍利於吳主權。使建塔供之。吳民乃翕焉歸信。同時魏有曇摩訶瞿者。初傳戒律之學。教儀漸彰。降及晉代。有佛圖澄道安惠遠竺道潛之儔。接踵而起。皆能譯述玄籍。宏闡妙旨。負一時碩望者。又有沙門法顯。歷冰雪冒險危。遠探天竺。卒賚經典以歸。其功尤偉也。

稍後而傳教之大龍象龜慈鳩摩羅什。亦應運而至。隨譯隨講。法華維摩大品般若梵網彌陀等經。成實中觀毘婆娑智度等論。凡數十部。門弟子三千。高足七十。生肇融叡。其傑出者耳。爾後又有求那跋摩曇無讖菩提流支等。譯出華嚴金光明大涅槃勝鬘諸摩訶衍經。佛典用是該備。而王臣人民信仰亦因之益篤。惟魏武周武嘗毀滅之。然未逾歲月。卽歸興復。法界彌光。蓋其時佛澤之濡浹淪民心者已深。而非一二人之勢力所能撲息者矣。梁隋之間。若僧祐。若達摩。若眞諦三藏。若菩提流支。若慧思智顗。各竪法幢。普宣眞義。律宗。禪宗。三論宗。俱舍宗。成實宗。攝論宗。天台宗。於是乎蔚作駢興。參互偃蹇。習者皆擅長其門學焉。

迨夫有唐三藏法師玄奘。跋涉萬里。周遊五印。值其時印度統攝於戒日王。有戒賢智光二大士。宏無著天親之大業。空有兼闡。淺深並宏。戒日王信之綦篤。佛教得此大保護人。因復大振於五印。未久。戒日王薨。戒賢智光亦相續示寂。印度佛教茲後遂無復能光大之者。玄奘嘗師事戒賢。受法相宗之學。盡窺西土眞奧。運載以歸。譯有大般若瑜伽師地成唯識等數百經論。維時相爲前後者。若法藏。若善無畏。若金剛智。若道宣。若善導。若窺基。若佛羅陀多。若澄觀。若惠能。若神秀。各舒厥高深微妙之理。互發其靈秘玄密之藏。而華嚴眞言淨土慈恩唯識諸宗。蟬聯成立。總其流派。

分匯爲家者。一十有三。千載流傳。不外此數。而衆聖靈光。充實支那。法運之隆盛。古今無逾此也。至十三宗之派別源流。非枚舉能盡。具在各宗譜系。好事者當別尋之。今試溯此數百年論斷之。自東漢至初唐。爲印度中國之過渡時代。自梁至唐初。爲中國各宗派之創闢時代。唐初爲佛教大成時代。自陳隋至唐末。爲中國佛教之全盛時代。過茲以往。卽爲鎖關爲守成爲漸衰爲衰極之時代矣。抑唐代之前。道教徒妬佛教之蒸蒸日上。每興狂詆。佛教諸大師亦不惜與之明辯折諍。故又宜名之曰。佛道之競爭時代。從五代而度入宋明。則變爲儒釋之競爭時代矣。

然兩文明相遇。不競爭則不足以調和。道教初無文明之價值。故幾經折挫之後便深形不競。惟儒佛兩教。各以正當之旗鼓。高邃之學理。愈競爭而愈光榮。自宋明以來。殆如金丹換骨。一氣同宣。其根柢上已不復能離而二之也。其所以致此之理由固何在哉。蓋儒之與佛。皆具有高妙深廣之眞理者。使其儒之爲眞儒也。既知佛理之深廣高妙。未有不心折神服。五體投地於佛者。故朱晦翁曰「儒者若欲待看通佛典。再來闢佛。佛典未看通。早被佛降服去矣。如人在關河上行。不知不覺。便行入番界」斯言也。誠名言也。非親身閱歷過者。不能道其隻字。晦庵流覽佛經。至繁極博。此語其一生之供狀乎。然儒者不欲與佛競則已耳。苟欲與佛相競而辟以闢之。必得研究佛理。深知佛故。庶足以搗其中堅。攻其要害。否則鮮有不如昌黎之見窮於大顛者。然待其既知佛理之深廣高妙。又鮮有不如晦庵之供狀者。佛者之於儒亦復如是。此佛之與儒。所以愈競爭而調和。愈別異而愈融通也。今試將有唐以來。佛教之關係。更略陳之。

我國佛教。自唐初各宗教大成之後。降及晚唐。禪宗之風彌暢。眞言俱舍三論成實頭陀諸宗。漸歸湮沒。而戒律淨土入各宗兼帶行之。專修已少。天台華嚴慈恩三宗。雖尚足相雄並峙。經過五代離亂。亦多散失入朝鮮日本矣。獨禪宗經惠能道一百丈諸祖之後。化溢山海。氣吞河嶽。煥然燦然。若梅花之瓣。一裂成五。曰臨濟。曰曹洞。曰潙仰。曰雲門。曰法眼。道法芳芬。慧照煇煌。殆有眼耳鼻舌者所不能自掩也。故有宋有明之間。儒釋之競爭與調和。關係於禪宗者獨多焉。禪宗之衰也。漸於南宋。甚於元明。明之末葉。有紫柏憨山密雲諸尊宿。又稍稍振起。而淨土之有蓮池。教觀之有幽溪蕅益雪浪交光。龍象濟濟。殆與陽明諸賢同一氣運生者。今則禪刹滿禹域。欲少覩古德之流風餘韻。亦不復可得矣。

儒者之闢佛始於韓愈。然愈雖工於文章。而性情剛愎。見識淺陋。當世之人。鮮有信尙其說者。宋時歐陽修特負學者之碩望。愛韓愈文章。泛重其品行學識。至頌其闢佛諸說。與孟子同功。九州學子。於是乎競以闢佛爲第一急務。一若非闢佛則不足以爲儒生者。不能求學識於文章之外。求文章於學識之中。文章學識。混而不知辨。此當時學者之大謬也。張商英儒而深於禪者。嘗作論曰護法論。條列韓歐闢佛諸說而深斥之。至夫周程朱張之輩。固非韓歐吠影吠聲之比。空谷論嘗略揭其淵源與心術。其學問之得自佛。固不空掩也。然以朝三暮四之技弄後人於不覺。無過乎晦庵。試原其學佛排佛之意。蓋欲後世學者。莫窺其學問之自來。以崇拜其爲天人。爲神聖。而不敢逾越其識見而已。但其心雖苦。其志實愚。天下之聰明。豈皆爲一手所能障也。

至夫陸王諸子。其造詣之高明精微。實較程朱爲尤。故其得之於佛而似於禪者亦爲尤之。蓋程朱雖浸淫於佛。而禪宗一道。則尙徜徉乎門外。陸王則言到行到。較之古禪德。亦不多讓。其示別於佛。實似之者愈甚。所以自衞有不得不然者耳。要之儒得佛而益明。佛得儒而益通。宋明之際之佛教。以僧界之形式論之。較隋唐爲衰。以儒佛之精神論之。實變而通。由通而轉盛耳。何耶。蓋宋明之學說。皆合儒佛爲一爐而冶出者。其言語文字上雖落落不合。其意思理想上。固莫不息息相通者也。雖謂其衞儒而排佛者。皆衞佛而排儒者。蔑不宜也。雖謂其學於儒者。皆學於佛者。蔑不宜也。故曰宋明爲佛教之變通時代云。

迨乎前淸。其衰也。始眞衰矣。迨乎近今。其衰也。始衰而瀕於亡矣。從全球運開泰西文明。過渡東亞。我國之政教教術。莫不瞠焉其後。而佛教實後而尤後者。中國今之佛教固早失代表全亞之勢力矣。然度入世界時代之後。非我國雄飛突興於天演界。執萬國之牛耳。以主張此無上之宗教哲學。輸灌而融洽之。佛學終不能大昌明於天下。而速進人羣於太同也。其原理於下篇淺述之。

亞洲時代贊語

夫渡入亞洲時代之後。亞洲諸國。雖皆爲佛教國。而或僅保其餘喘。或祇承其緒流。或但傳其皮相。惟我中國。煇煌俊偉。發揚光大。獨能概佛教之全體大用而無遺。斯亦足豪矣。然僧侶之自局。爲化外。竪儒之相歧爲異端。以致影響未能大著。效功不甚足觀。浸及今日。大有江河日下之勢也。第宋明而下。佛儒道三教。均漸有一道同風之概。而入於睡眠態度。要亦致衰之一原因歟。今國家政體變更。社會思潮複雜。激刺既深。醒覺亦多。吾佛教其庶幾蹶而復興乎。

世界時代

最近二十年中。日本之僧侶四出傳教。歐美各洲。皆已有佛跡流入。且研究佛學者。實繁有徒。印度嘗設有一摩訶菩提會。入會者不下數十萬。多歐美人。其大勢固已駸駸然趨入世界之時代。然日本雖振興一時。其人民薄於宗教性質。弱於道德思想。縱智識學問。有足高者。而瑰瑋之行。冰霜之操。尙未及我國隋唐高僧之萬一。其不足風慈祥勇哲之流。載信載仰。式崇式拜。抑可全知。印度之人民。雖富於宗教思想。而學識又不逮。且大乘經籍。散失已久。摩訶菩提會會長。嘗致書金陵楊文會居士擬邀我國之精於大乘者。諂彼學習梵文。取中國諸大乘典。轉譯入印度云云。此可以知印度之佛敎。雖有中興之兆。必待我國爲之贊助。庶可成功耳。夫世界之佛敎昌明。世界衆生之幸福也。而關係於我國如是其重。顧我國之佛敎徒。方沉酣於甚深之醉夢三昧。於世界之大趨勢。茫無所覺。不亦悲夫。已矣中國之僧侶。於前途唯有任天演之淘汰而已。尙何足以冀其光大佛敎於世界。負救世之大使命乎。但猶未敢絕望者。今既有佛敎總會之設。冀廣興敎育。有以造成於將來耳。況我佛敎等視衆生。猶如一子。且未嘗軒輊於天龍鬼畜。豈規規然拘親疏於緇白之間哉。無著。天親。維摩詰。李通玄。皆在家之菩薩也。今世之學士。苟有抱偉大之思想。沉重之志願。深遠之智慧。宏毅之魄力者。荷擔此救世之大使命。是則尤喁喁深望者也。

然而今後之佛敎。勢必日趨於通便精闢。凡有學問頭腦者。皆能言其理趣。心其信仰。而不復局局於僧界之一部分。可斷言矣。我國佛敎之不發達。以佛學局於僧界。以僧界局於方外阻之也。雖然。中國而著宗敎史。舍佛敎必無足紀述。中國而著學術史周秦之後。舍佛教必無足顏色。晉唐六七百年間。學界中稍可人意者。僅一文中子而已。然此亦劇儒學一方面言之耳。若兼佛學言之。雖較之春秋戰國時代亦不稍減。故斯時也。乃中國學術史上最衰之時代。亦中國學術史上最盛之時代。宋明之際。已具如前論。庸可以僧界局方外拘哉。其以僧界局方外拘者。皆取形式而不取精神者耳。然今日之中華民國。既度入世界時代。政教學術。無不一變。佛教固非變不足以通矣。宋明之際。一變而儒學益以明。佛學益以通。今能乘世界之思潮再一變之。古今東西之政教學術。皆將因之而愈明。全球慧日。於是乎爲不僭耳。

佛法導言

皈佛。皈佛法。皈佛法僧。

論曰。今當略說佛法要義。引發信心。導歸覺海。

問曰。佛法要義如何。答曰。佛法二字。亦不可得。竟無一義一句。欲名何爲佛法。然以因緣方便。佛法隨宜如理而說。轉緣多勢。開合無定。今略說爲大乘小乘。有法能運衆生。度脫無常。苦。空。不淨。得至常樂眞淨。故名曰乘。

問曰。其小乘法如何。答曰。了生死爲因。離貪愛爲根本。滅盡爲究竟。

云何了生死爲因。謂有生故則有老病死。滅有老死故則有憂悲苦惱。徧觀若一一身若一一塵。若內諸物。若外諸物。若諸有命。若諸無命。若諸有情。若諸無情。若諸地水氣質。吾諸風火電力。若諸各別離相。若諸衆和合事。若諸色聚受聚想聚行聚識聚。若諸天類神類人類畜類鬼類。若罪業福業無動業。若欲界梵界無形類。若此處彼處無量處。若前際後際無住際。舉要言之。一切皆是生住異滅有有爲法。是故無常。無常故危迫不安穩。不安穩故是苦。苦故繫縛牽引流轉不自在。不自在故無我。無我故空。空故無可取著爲眞淨者。旣如是如實了知已。在此生死純大苦海。如香潔衣忽沾糞穢。如姣冶面忽生瘡疱。極起厭患。速求除滅。是爲最初得聞「小乘眞聖法流」之正因也。

云何離貪愛爲根本。要脫生死身苦。當觀此生死聚緣何而有。則知皆緣業有。罪業福業。皆緣馳求營爲執取染著而有。而所以馳求營爲執取染著者。則本乎情愛欲貪（亦曰我愛塵貪）也。愛根乎我。不明本無我性。（無明）緣是盲然心動。（無明緣行）緣心動故虛妄分別。

行緣識也緣虛妄分別故現五蘊取執我、我所。識緣名色緣於五蘊執取我我所故。則有能見所見。乃至能知所知。名色緣六入也緣能所知見故有根塵識。三和合轉。六入緣觸緣三和合則有順違而生苦樂憂喜。觸緣受也故六入識心趨六受境。於喜樂則戀愛希貪。於憂苦則憎惡怨恨。受緣愛也夫本不見有我。而我愛起於不自知盲動以求樂者癡也。而憎惡怨恨則嗔也。然癡情存乎愛。癡是情識。故曰情愛。嗔則因乎違欲貪起。恆欲貪所樂所喜事。反緣起所憂所苦事而來逼迫。或障碍所欲貪之事令不得究。或破壞所欲貪之事令歸失敗。遂有憎惡怨恨。更進言之。依愛我貪生之情爲標準。遂於前境而有順違。故戀愛希貪憎惡怨恨。皆本乎貪愛。而我與我所之界無定量。我身我家我國我類乃至我世界我天神。常情以身爲我。身外則爲我所。執我甚者。復以我所攝受爲我。對取非攝受者而爲我所。若以家爲我以國爲我。是執我深者。身亦降爲我所。或以靈魂或以理性爲我。我所以然者。本無我故。妄情得起別別諸執而執我我所。我所在。卽貪愛所存。故必渴望永遠住存在。迫此渴愛。遂取著而造作善惡雜染諸業。復感來世生死之苦。而今生之癡情。則依往世愛取業有三世流轉。輪廻無已。是故要捨生死。以離貪愛爲本。今別釋之。愛謂內愛情我。貪謂外貪欲塵。欲塵者生情所欲塵境也。而有精觕二種五欲。其粗五欲。則財產男女名譽衣食睡眠也。具此五欲者皆唯人間之事。且所欲者皆在身外。故爲粗劣。其精五欲。則美色美音美香美味美觸也。此爲欲界衆生之所同欲。所欲偏一切境。偏一切事。無間自身他身。有情無情。故爲精勝。爲離此二欲貪。故出家持苾芻戒律。因戒生定。則勝劣欲貪皆離矣。了生死苦。情我已捨。但因無始積遺業習。其我愛恆起不自覺。情愛猶在。則離欲貪亦由强制。終難淨盡。故色界無色界諸天。由禪定力。雖離欲貪。禪定力衰。還墮欲塵。故須依定精進修習無常苦空無我不淨慧觀。由定開發無漏眞慧。從無漏慧具修戒定慧法滿足。則情業全消。而貪愛永離矣。

云何滅盡爲究竟。情愛欲貪離盡。妙應眞常。知見解脫。我生已盡。出苦邊際。更無後有。流轉永寂。成辟支佛及阿羅漢。尚餘先業所遺任運滅身苦依。謂有餘依涅槃。遺業身捨。泯滅無餘。謂無餘依涅槃。涅槃即究竟也。

問曰。此宗佛法。何義而說。答曰。此所宗者。即四諦也。生死是苦聖諦。貪愛是苦集聖諦。滅盡是苦集滅聖諦。了生死離貪愛。是苦集滅道聖諦。道諦卽三十七道品。了生死苦卽四念處。而其離貪愛中持戒生定卽四正勤四如意足由定開發無漏眞慧卽五根五力七覺支。從無漏慧具修戒定慧法滿足。卽八正道亦同十二因緣有支十二因緣流轉卽集苦諦。十二因緣還滅卽道滅諦。小乘謂獨覺聲聞乘聞佛教聲而悟修者。謂之聲聞。獨自覺悟而修證者。謂之獨覺。雖獲解脫煩惱生死。尙無大智大悲大行。故對大乘說爲小乘。然小乘純爲出世法。全與人天俗教不同。未出家持苾芻戒者。可預聖流。不獲現世盡生死苦成阿羅漢。故必出家乃得修入。其要備於佛遺教經。而小乘教對於未具出生死善根者。亦以人天善法漸馴化之。一令依福捨罪。不墮惡趣。二令回心向佛。遠作道種。若居家而求證涅槃。出家而反務世俗。顚倒甚矣。是爲略說小乘要義。

問曰。其大乘法要義如何。答曰。菩提心爲因。大慈悲爲根本。方便爲究竟。

斯義深博徵奧。蓋重言之。言之不密。翻作世論。流布徒益大迷。無當正悟。今且令略知名義耳。聞者當生希有之心。敬之。念之。審之。愼之。

菩提者覺也。菩提心者覺心也。或曰眞覺靈覺自覺聖智。或曰眞心本心。堅實心體。種種名號。如標指月。唯可神悟。難以言求。然按「大涅槃」旣正翻「圓寂」則「大菩提」亦當以「圓覺」爲定義。是故菩提心者圓覺心也。圓常而本成實覺如而絕依待。無可擬議。無可安立。無可趨向。無可修證。非諸世間名字語言思量分別所能得到。一切世間名字語言思量分別。靡不寂滅。非獲菩提心者。不入大乘。故曰菩提心爲因。

大慈悲者。所謂平等大慈。同體大悲。蓋親證本不生大菩提心。現見一切有情圓同眞心。非自非他。不如不異。如來恆在衆生心中轉正覺輪。衆生恆在如來心中造雜業因。是以等諸佛之慈力。體羣情之悲仰。普救含靈。如人護目。咸適幻緣。如水呈月。非不了眞如而能見諸行。猶如幻事等。雖有而無性。故非世俗所云平等博愛可相比。傳此乃無量無邊淸淨功德。總持法身。萬福之源。萬善之歸。故曰根本。

方便者。謂種種方便行也。廣爲八萬四千法門。乃至不可說不可說法門。無不如理如量。流出乎圓覺心體。緣起乎大慈悲藏。舉足下足。從道場來。觸著磕著。皆自家的。

順手拈來。宛然妙諦。稱心施設。總契眞源。安妙高於芥孔。不是神通。握黑土爲黃金。無非法爾。於一字中說無量義。於無量義不見一字。千名萬相。絕踪跡之可尋。熾焉分別而非分別。獨坐孤峯。赫聲容之充徧。泊焉無爲而無不爲。三身千身億身無量身。一乘二乘五乘無量乘。我爲法王。法自在轉。事事圓成。頭頭解脫。蓋非世俗所云自由快樂。可得附會。一一不可思議。塵塵常寂滅相。故曰究竟。

問曰。大乘涅槃之義如何。答曰。菩提心因。大慈悲本。方便究竟。皆涅槃義。依大乘教多說四種涅槃。菩提心因當性淨涅槃。大慈悲本當有餘涅槃。方便究竟當無餘涅槃。總之名無住處涅槃。問曰。大慈悲本、云何當有餘涅槃。方便究竟、云何當無餘涅槃。答曰。苦有依盡。非苦依在。惑染依盡。福慧依在。故曰有餘。如幻無性。妙離淸淨。故曰涅槃。種種方便。龜毛兎角。究竟無得。故曰無餘。亦可方便究竟是無住處涅槃。亦可三皆性淨涅槃。乃至三皆無住處涅槃。一究竟一切究竟故。

問曰。此義幽玄。依何經論教典。可得研究悟入。答曰。諸大乘經大都圓秘。論義教相互有偏顯。然亦相融無間。震旦所宏大乘教。宗就其特相之有力者分別言之。當研究般若宗（即三論宗）百論中論。悟菩提心。蓋百論蕩一切邪見情見。中論盡空一切佛見（亦即我見）法見。杜絕妄想。無出頭路。於此透徹得過。則一切法不生。般若生。一切法不生矣。當研究瑜伽宗（即唯識宗）成唯識論。發大慈悲。此明三界唯心萬法唯識之理。最爲深顯。了阿賴耶識與一切有情非一非異。緣起如幻。無心外法。則普度衆生即自淨其心。大慈悲心自充生乎不已。而開發如來藏諸功德相。起信論謂唯依淨熏業識。說有如來藏諸功德相也。當依天台華嚴淨土眞言律宗具足修方便行。凡是若非已悟入大乘者。多倒執不可得之妙法。迴爲取相之雜毒。但成天台藏教三乘及人天法。於大乘中種爲善根而已。

問曰。祇究百論中論。或祇究成唯識論者如何。答曰。理當圓具。功有偏用。智者隨一皆入究竟。其次究中百者。或僅成天台通教三乘人。究唯識者。或僅成天台別教仰信人。而同藏教菩薩。此則假名菩薩而未入大乘者。實乃信仰佛法之人天乘耳。蓋固言非空偏計所執性。得妙觀察眞智。不見依他起性之如幻藏海也。然其論義固皆圓實。特顯入大乘之次第。各有勝能耳。今引二義平等周足之一經一論以爲證。

若大佛頂首楞嚴經前之三卷。悟入菩提心也。至第六卷選圓通竟。開發慈悲也。下則具足種種方便行也。亦可第四卷前半爲開發大悲、其下皆是方便究竟、若大乘起信論初依心眞如相示大乘體悟入菩提心也。次依心生滅因緣顯大乘自體相用。開發大悲也。下亦具足種種方便行也。誠以不如是者。仰承方便行之下。流只成假名菩薩獨覺聲聞人天戒善。不能成佛菩薩。故求入大乘者。必先直扶根本無明而妙悟眞心也。

問曰此於宗門如何。答云盡乎宗門所云參學。抑上論敎法之安立相如是耳。若自發心求悟入大乘者。必入宗門。其眞悟大乘者。亦未有不契宗門也。若二祖參初祖依止數年。引稱種種經論。一切不許。卒以悟發不可得心時。若有人集其問答而條理之。當與中論相等。其語氣當尤同無著菩薩說中論入大乘之最初要義。集蓋無著菩薩之說。此卽令天竺二十祖婆藪盤豆悟入大乘也。此卽是參。亦卽由參得悟。然非講習中百論者可得比擬。蓋非已悟向上事者。講習中百亦同貪著戲論。提婆固言破如可破。竟無一字可得。有何中百論可講習。故永覺作洞上古轍謂若不先悟向上事。學此亦與敎下講習無異。凡敎下豈徒講習無交涉。卽依之起觀行。亦從意言所起假想。用蝦爲目。隔靴搔癢。未入深位而得眞切。但是假名大乘人耳。故必令眞參實悟。自明本來佛。亦不求。乃入大乘之正軌也。宗門在先祇指一二上根利智。直悟本心。卽得究竟。更無餘事。曹溪後參禪者浸多。機器漸劣。根性亦雜。遂設五位三關等爲揀擇要。可爲已參悟者道。若道外人。則還作世諦流布矣。所謂知有及悟向上。唯是參悟本心。悟入與不悟入無二。一觸悟入。或千生萬生不悟入。絕無修學位次可言。以一向佛如衆生如故也。然依五位三關言之。其初悟入卽是徹初關及正中偏位。猶敎下初入歡喜地。此卽開發菩提心也。宗下先參後學。旣悟則可得論修學。偏中正位。猶初位至七地。修戒修定修道品慧。修世俗慧。修因緣慧。而一以空無相慧爲宗也。正中來位。則八地從第一義空轉身而大用現前也。此卽開顯菩提心而成大慈悲。亦卽是徹重關。蓋在臨濟此亦不論修學。唯能行一切事不昧本菩提心。卽得透徹重關。若起人情佛法等見。仍是悟之未徹。更深參究而已。兼中至位。則八地至十地。成熟大慈悲而具方便行。兼中到位。佛不立佛。入眞佛地。乃得究竟。亦謂瞎正法眼而透徹末後牢關也。至是參學事畢。乃圓興果後普賢方便行。塵壁不動法法皆眞。如永嘉則一見曹溪卽參學事畢矣。謂之無事人。亦謂之閑道人。亦謂智慧佛。亦謂佛菩薩。亦謂無碍阿羅漢。亦謂大乘須陀洹。在天台謂之相似佛。在華嚴謂之信滿人。猶善財重由文殊見普賢成等佛界等衆生界等虛空界心也。亦同唯識頓悟直往菩薩。故曰夫宗門者眞唯識量。但入信心便登祖位。蓋就煩惱任運銷落。可同須陀洹等。就斷爾燄而獲平等如實眞智。全同淸淨法身如來。就成就功德莊嚴俗智。乃是住前菩薩。教中位次皆就此論。故亦回向安養兜率。雖然此正所謂方便行也。是以祖位亦人亦佛亦聖者亦凡夫。都無所住。一切不捨。然在宗門唯重最初悟向上事。故後代有宗教之畛。實則宏大乘教。正須入祖位者乃能否則自縛未解者不能解人縛。講經說論。修習教觀。但能令人天權小之益。及種大乘善根。不入大乘。故如馬鳴龍樹無著肇公遠公南嶽帝心智者窺基永嘉永明紫柏諸公乃爲勝耳。若不眞參實悟。守黑空狂。唯執取語錄機鋒棒喝爲宗者。不如學教念佛隨順信行遠矣。蓋畫鵠不成尙如鶩。畫虎不成反類犬也。

求大乘道者本不限在家出家。然其最初求悟入時事同。既悟入則出家者當修沙門行具無漏戒定慧功德。在家者隨其出處之地位。修己利人。行菩薩道。要之在家當自行教人興崇十善福。出家當自行教人修證二空慧。壹以眞覺大悲爲本。則此皆是大乘之方便行門也。是謂略說大乘要義。

問曰。然則小乘亦是大乘方便行耶。答曰。如是。人乘天乘爲利生法。聲聞乘獨覺乘爲出世法。用利生法依福善捨罪惡。用出世法依空慧捨福善。一切捨則一不生。大乘自體相用斯圓顯矣。未悟入大乘而信佛學佛。具修人天聲聞獨覺乘法。則爲假名菩薩權乘。卽天台所判藏教通教及別教地前之菩薩也。抑小乘法一一針對爲入大乘而設。生不了其所始。死不了其所終。此非得夙命智可了、若阿羅漢能知八萬大劫死此生彼之事、然八萬大劫初生何所始、八萬大劫後又死何所終、仍不能了、非最切之無明苦耶。故修佛法者皆從此發心。從此懷疑。從此參究。忽離妄念。觸證眞心。則悟一切諸法皆涅槃相。一切衆生皆菩提相。情不能入。緣莫能到。本無所欣。竟何所厭。故曰了生死苦。發菩提心。貪愛因乎執我。執我則雖行慈悲而終有我相爲礙。孔耶等諸人天教所行者不能出此如慈母之愛子。以子由我勞苦而得。復有期望孝養我念。亦因我愛而起。故非離貪愛而證無生。我不成平等大慈同體大悲。而滅盡生死煩惱。則正令離繫自由。得起無邊方便解脫行也。唯小乘人由初不覺。依妄想觀無常苦空無我不淨生厭。乃但趣取滅盡。違背圓通。不知觀苦是佛令發志求道方便耳。然有大善知識。則對於出家求道者。正可說爲小乘令依修入。既修入則一轉卽得成佛菩薩。故法華會上一切聲聞無不授記成佛。蓋小乘正是入大乘之方便行。小乘究竟之涅槃。卽大乘方便淨涅槃也。顧後代人師既不能令人信奉如佛。又不能保其現身得成阿羅漢。則無寧先令悟大乘心耳。唯小乘正是入大乘方便。是以無生死可出無涅槃可證等言。非未入大乘貪玩生死之凡夫可得執著。而我不入地獄誰入地獄之說。亦非夸妄之徒可得自擬。故大涅槃經中佛對諸小果人則說常樂我淨。而對諸外道人還說無常苦空無我不淨。蓋未度外道脫生死煩惱。則依其生死妄想心。計度貪著常樂我淨。反引發塵勞。增益其苦惱。名運糞入。不名運糞出也。

問曰。佛法行世之益如何。答曰。佛法乃盡法界衆生界唯一眞正之宗教。凡世間教化。兼道理德行而言。能爲道理德行宗極之本源。能爲道理德行宗歸之究竟。謂之宗教。此非佛法無足當者。異乎諂媚庸陋之天人小教也。其利益人間也。高深悟者二空而通聖性。廣修萬行而福民生。解脫煩憂。開豁神智。疑畏消滅。意志清明。次亦信崇因果。戒除罪惡。修習悲敬。施濟羣衆。蓋其上者爲餘宗之所無。而其下者統他教之所有。則人天乘十善法也。十善兼乎戒定。析爲十戒十定。一一戒一一定各有四種通德。戒四通德。十戒爲本。則戒殘殺、戒偸盜、戒淫亂、戒妄言、戒綺語、戒惡口、戒異舌、戒慳貪、戒嗔恚、戒邪慢、是也。助成之者爲忍辱德。戒之增上則爲施捨。一、修救護行。此無畏施、若救放生命、弭息兵災、除暴安良、成仁取義等。二、修利樂行。此爲財施、若保幼養老、恤貧濟苦等。三、修禮義行。改良風俗、整齊文化。四、修喜捨心。五、修慈悲心。六、修正信心。於常常時、於恆恆時、誠敬圓滿成就聖尊、誠敬眞實深妙正法、誠敬律儀和悅淨衆。助成之者。爲精勤德。定四通德。十定爲本。一、薄欲未發定。二、離生喜樂定。三、定生喜樂定。四、離喜妙樂定。五、捨念清淨定。六、有色無想定。七、空無邊處定。八、識無邊處定。九、行不行處定。十、想非想處定。助成之者。爲安忍德。定之策發則爲厭捨。謂厭捨戲鬧。厭捨聲囂。厭捨尋伺。厭捨喜掉。厭捨樂著。厭捨意想。厭捨色身。厭捨空境。厭捨空識。厭捨空行。展轉階升也。助成之者爲精進德。十定是天乘法。人間教者學者。已鮮聞名。況解其義。而保傅人道則十戒盡矣。然志爲人倫師法者。雖未能成平等大慈同體大悲。當修得離生喜樂定。涵養宏暢其慈悲喜護心。漸令充滿一天地間。蓋必通乎天德。然後聖乎人性。若孔氏之所謂克己復禮歸仁。顏氏修之得三月不違仁。亦殆庶幾矣。然此猶是人天業行。非有成出世心。證無生法。持眞如性德。藏乎其上者。則其源不清。其流雜染。而未足宗極宗歸。故必得出家專修增上戒心慧學之苾芻住持佛法。建人心正信善根也。至夫應眞大士。隨俗利生。則形類無定。莫可情求矣。

問曰。佛教在今中華民國。當求如何利益國羣。答曰。凡宗教超乎人生而普度人生。故不當有國界之見。孟軻生乎戰國。世風同乎今代。彼僅爲宗師仲尼以重其言者。猶不直梁惠王何以利吾國之國家主義。祇曰有仁義而已矣。況釋迦清淨正教哉。故住持佛教之苾芻。不應縈國家社會。效流俗呰呰分別乎私德公德。亦普教人人崇修十戒善。令皆成正士君子耳。雖然。卽此所以裨益國羣者。已大莫能京。大羣之良本乎小己之良。亦近世言羣學者所能道。宗教淑其小己。以正乎德。政治齊其大羣。以利乎用。喩之以醫。宗教化民。究物理而明藥性也。政治持國。和藥品而醫身病也。國家教育、亦政治攝、士農工賈皆政治業、然在信佛居俗之士。本其愛國羣心。則當字曰中華民國佛教。率民崇奉。以令衆志歸極乎一。鞏固國家機體。煥發國民精神。譬夫日光雖不爲幽谷生而集幽谷者則當寶之爲吾谷明也。理雖如是。但今震旦沙門。有未可自安於此者。佛法施行一切國土。貴適乎時而當乎機。隨順差別。必觀因緣。就吾國言。中國今爲宇內貧弱危困之國。民心苟惰。政治飄搖。風化凌夷。生業艱苦。於是張揚愛國。尊獎利羣。迺以圖存。凡爲自淑。非有封豕長蛇之行。食人壑鄰之事。唯善無惡。不違正義。救存援溺。當賦同舟。是故沙門既悟我我所空。尤當持諸幻有。乃至血肉骨髓。作法施財施無畏施。供養國家。利濟社會。奮大勇猛。運常精進。國羣有益。罔不趨與。先之勞之。無或稍懈。備世之急。脫民於險。此其一也。今世諸國森列。弭爭乏術。有一不能獨立者。則羣起分奪。大亂斯成。中國土廣且肥。民衆無匹。若非有以自衞自存。足持一時趨勢之平。則將召禍地球。而擾害人倫者。雖至强者盡成虎狼。弱者皆化蟲沙。猶難底止。故今救護中華民國。卽是救護大地人類。然非振導國中人人靡不尙行愛國利羣。無以救護中華民國。則沙門之當勇施國民。哀拯世人。益不容已。

此其二也。就吾教言。中國晚唐以來。達人雖衆。陋儒亦多。每肆狂言闢佛。陰盜陽憎。心奉口違。故考民俗風習。雖皆信行佛教。而多不居爲佛教徒。唯任出家二衆僧尼游乎方外。若存若亡。鮮在家衆持續傳守。且時或淩拆之。故我佛聲光。雖嘗大振乎隋唐。浸衰者遠。淪替及茲。已成千鈞一髮之勢。今後全球當趨佛教是宗。現今中國有待教佛尤殷。顧佛教有墜落之憂。唯沙門負恢振之責。然則報酬佛恩。興建法幢攝化國民。開導世人。其可不猛勇精進於菩薩法俗利生行乎。此又其一。今世異學異教。風發泉湧。各稱道眞。自成宗尚。互偏標榜。競爲朋黨。而中國人心。當此泛應繁變之勢會。倀倀乎莫知所皈依。較餘土爲尤甚。顚倒東西。淆黑混白。旣目眯而意醉乃冥趨以盲從。唯煊赫强盛之是崇。唯淫樂遊戲之是美。嫥嫥乎澆習之形。好逐逐乎流譽之夸誕。眞實之道理。淳淨之德行。反回遹惑亂而靡敢尊親。悲矣羣瞽痛哉衆狂。天下斯傾。大道其沉。勢非恒俗庸化之士。可能挽回圓救。千一菩提所緣緣苦衆生。佛言唯度迷情。方順佛心。則正須以超世之身。轉適羣機。廣行四攝。集大法衆結大法會。震大法雷。作大法事。捧佛日於虞淵。啟人心之正信。此又其一。以故未可拘守沙門苾芻杜多苦行。唯幽閒清淨端居之是安。古師聖天圭峯大慧紫柏。近德松風月照。斯堪法矣。異日人心晉善。世道康和。如來正教普被全球。多有在家菩薩宏修十善。信護三尊。則出家者固應專習無上希有之法。精嚴無漏眞淨之行。尅獲聖果。現身作證。以供天人神鬼瞻仰讚歎崇奉尊敬。雖然蠖不屈不伸。行不冥不昭。今此有能尅證無生法忍。現大士莊嚴相好殊勝尊特神通。身開化。寧不尤廣在行者宜自知時耳。處今中華民國佛教四衆信人。則當請政府廢寺廟管理條例。參酌佛教總會教章。重建立佛教會。內以眞實研究佛法道德。整肅僧衆清淨律儀。外以勤勇施行慈善事業。輯和國民。淳正風化。廣興國民教育。陶鑄國民人格。一洗媮儉瑣陋委靡頹唐之習。令世人之耳目一新。則佛法可綸貫僧俗。布攝歐亞。同發本眞大乘信心。咸歸自性平等覺海。

略釋對於佛教之疑義

世有欲維持世道人心。而施行佛教三世因果六道苦趣之說。冀人心之悔罪修福止惡行善者。逮研究而得其結論。則一切皆空。不惟家國身世之種種事物。胥蕩然無存在之價値。且並其三世流轉六趣輪廻之命根我體而亦空之。更進取空間時間因相果相。以至若行若心之一切質力理性之本原而盡空之。以成所謂畢竟空義。然則誰造其因。誰受其果。誰畏其苦。誰求其樂。抑又孰爲三世。孰爲六趣。孰爲流轉。孰爲輪廻。孰爲因果苦樂罪福善惡。孰爲造受畏求悔修止行乎。遂疑施行佛教之終局。將使人人皆肆無忌憚。敢於犯罪。敢於攖苦。脫然無復能制。世道人心。益失其維持之術。因此對於佛教回遹迷惑而不能深發信心者。今釋其義。略分四門。

（甲）四乘門

佛圓覺心圓合羣類。應機說法。因人施教。導以正路。運以大化。使各得達其所欲達之地。今取而離合參互之。別爲四乘。（一）人天乘。對於世間未有超俗善根而未能入超俗法門之普通衆生。依生滅相續之無常法。示取捨不息之有情我。明善惡輕重之業因。陳苦樂升沉之果報。由上中下三品惡業。得『幽囚』『餓鬼』『畜生』三途之苦報。造上中下三品善因。獲『神』『人』『天』三道樂果。使知果必由因。業須招報。然業緣有離合。故果熟有遲速。有現世報。有後後百千萬世報。有隔世報。有前世因。有現世因。有前前百千萬世因。雖有遲速。因果無爽。雖有離合。業報不失。由避苦趨樂而慕果修因。由懼報慎業而拒惡崇善。俾希望乎樂果。漸損減乎惡業。令恐怖乎惡報。漸增益乎善因。依此人天乘法。可使下不退失人道。上能進至欲界諸天。挈孔墨耶回之宏綱。去其邪謬。持其眞當。保傳天人。無逾是矣。（二）天仙乘。對於世間未有出世善根。而未能入出世法門之超俗衆生。厭動欣靜。厭外欣內。厭粗欣妙。厭欲欣淨。厭合欣離。厭礙欣通。使依禪定而得脫欲界煩動憂苦之業果。遐登色界無色界天。挈婆羅門敎道敎最高諸派之宏綱。去其邪謬。持其眞當。斯其選矣。而非多欲多求之衆生所能逮知也。（三）聖眞乘。對於世間有出世善根。而速求自度之衆生。使悟生空。斷除取蘊。擺脫取捨不息之有情我。拋棄生滅相續之無常法。成出世之小聖。證擇滅之偏眞。此唯佛敎有之。非其餘之宗敎哲學所能有。亦非有愛之衆生所能知也。（四）圓妙乘。對於世出世間具如來種性之衆生。令悟物我俱空。而圓顯一眞心無邊靈德。佛生絕待而妙興十法界如幻神用。此則並包兼容前三乘而駕出其上。非前三乘衆生所能知也。

疑者欲依佛教三世因果六趣苦樂之法明民以德導俗以善亦上植其仰信之心於出世之三乘歸依三尊而蒸化以人天乘法持五戒行十善焉耳過此以往雖天仙乘亦雙棄欲界人天之善惡苦樂業果況出世之乘乎然進入乎此者所謂法尙應捨何況非法且捨欲界善法況更行欲界惡法哉猶之爲保眼珠且不肯稍以寶貴之金屑滲入況令麤劣之瓦礫損害乎蓋欲界所謂善惡苦樂者進至乎天仙乘已屬惡固是惡善亦是惡苦固是苦樂亦是苦然在人天乘中固不妨其善惡苦樂之決定不易也猶之各種科學上所定之原理一入哲學則失其原理之統一而降爲非原理更有其較高之原理以爲原理然在各科學中固不妨其自爲決定不易之原理也世之學者既不以哲學能失科學之原理而廢哲學亦不以科學未得哲學之原理而廢科學復何疑乎信仰佛教而實施佛教人天乘法哉亦必須仰信乎佛教乃能上不失眞下有益乎生民耳

（乙）三性門

云何三性一者遍計執性二者依他起性三者圓成實性世間衆生妄想報着甚深

甚重。未能卒解。直令頓證如來智慧德相。是故初依依他起性。卽一切因緣所生法。而有假名假相如幻如夢之功用者。順此依他起而令畏下墮之苦。求上昇之樂。轉惡成善。故有人天乘法。逆此依他起性。而令捨苦本之有。證樂性之空。轉染成淨故有聖眞乘法。現世來世自界他界惟有利益。樂者爲善。反是爲惡。善惡雜糅爲染。純善無惡爲淨。此聖眞乘姑以無惡爲淨。猶未能圓滿純善也。決依遍計執性。乃說一切我法本來畢竟空寂。蓋遍計執性。依依他起性而執種種我法。爲實爲常。爲無爲斷。皆是識心虛妄分別。但有邪信。俱違正覺。故與通盤打破。徹底掀翻。令不得一法以依據住著。乃圓顯無依無住之眞性體也。此多分爲解除天仙乘聖眞乘之執縛而說者。故於人天乘之隨順依他起性而施設者。不相妨也。次依圓成實性。融前二性。兼說三性。謂遍計執性之本空。卽依他起性之如幻。非本空必定是常。唯本空故。是以輪迴流轉解脫進化之業因果報善惡染淨皆如幻夢。非如幻必定是實。唯如幻故。是以生住異滅離相無相之幽顯。人天凡聖生佛。從本空寂如幻故。一性無性而無不成就。本空故一相無相而無不圓常。此本空如幻法所依之無所依體卽眞實之性。此眞實性本來眞實。故本空如幻。亦本來空如幻。而無不圓常成就眞實也。無不圓常或成就眞實。故本空如幻之三世因果六趣苦樂。亦無不圓常成就眞實者。豈因本空如幻而致人心蕩然無所制哉。正以本空如幻可勇猛精進自由除惡興善轉染成淨耳。

(丙)二諦門

二諦者何。一者世俗假諦。二者眞勝義諦。

從世俗假相而觀之。從地獄法界以至佛法界。具足種種苦樂善惡罪福染淨之差別相。從色聲香味觸法以至無爲眞如。法具足種種性相體力因緣作用之差別相。佛聖教量所詮定者。凡諸世俗假相。無不如實如是。故爲示世俗假相最誠諦之理。從眞勝義性而觀之。一切法界平等平等。一切諸法平等平等。一切差別平等平等。一相無相。一性無性。一一不可思議。一一常寂滅相。亦不可說之爲平等。乃眞平等。亦不可說之爲眞勝義性。乃爲眞勝義性。言語道斷。心行處滅。唯圓覺聖智之親證。亦復證無證相。然法界諸法皆依之而有種種差別之義。故名眞勝義性。

此之二諦恆不可離。說之爲二。實非二物。非可相離而不使。離實不可離故不相離。離眞勝義諦不能有世俗假諦。猶之離空間不能有物象也。故龍樹曰。以有空義故。一切法得成。離世俗假諦無由顯眞勝義諦。猶之離物衆不能顯空間也。故護法曰。卽唯識性。說爲眞如。離唯識別無眞如性。

然則說三世因果六趣苦樂與說一切法本來畢竟空寂。匪獨不相妨礙。抑亦相調和相成就者也。老子亦曰三十輻以爲車。當其。無有車用。有之以爲利。無之以爲用。夫然。世有欲用佛教人天乘法以明民導俗者。則正須深契乎一切法本來畢竟空寂之眞勝義諦。乃能用法而不爲法用耳。

(丁)一實門

法界諸法。一一實相。隨拈一法。皆爲法界。離一切相。卽一切法。圓融絕待。無欠無餘。今有一小芥子於此。說之爲地水火風四大所合成自類芥種所生。色塵觸塵及空間形式時間形式因果形式所範型。故亦能爲芥種而生芥子。亦能化還地水火風四大。故能占若干之空間與若干之時間。亦能得有人類及一切物取於芥子之種種功用。此皆決定無虛謬者。故是實相。然此芥子若離前列諸法。別無芥子自體相用。而四大及色塵等皆周徧宇宙萬有。無從分割一眕域以專爲芥子一名之所詮義。且推此芥子之因於四大芥種。如展轉上推乎四大芥種。則無第一眞因可得。如是以無第一因可得。故無邊際可立義界。故無實在之自體性。故說之爲本來畢竟空寂。亦決定無虛謬。故亦實相。一切法皆識心分別而現。其體皆妙眞如覺性。故此芥子亦是識心分別而現。其體唯妙眞如覺性。亦決定無虛謬。故亦實相。一實相。即此一芥子。一芥子即是一實相。若明唯此一實相者。則一一法皆一實相。皆因緣生。決定因果不昧。業報無爽。本來空寂。唯有假名。其體眞爲妙眞如性覺也。實相如是。寧以本來空寂。遂撥無因果業報哉。唯學者深自研究之。自能深達罪福相。即諸法實相。幸毋以世智聰明自障也。

夫本來畢竟空寂者。三界上下法。唯是一心作。心未嘗作。是以本來空寂。法生還滅。是以畢竟空寂。無執。何作有作。必執。悟本來空寂。必無作。有作即迷本來空寂。悟畢竟空寂。必無執。有執即迷畢竟空寂。故迷本來畢竟空寂。乃執心而作業。今既縱心爲惡。惡業現有。惡報當有。從惡增苦。從苦增惡。業果相續。既無息心之日。寧有報盡之期。既失本來。寧有畢竟。夫何能空寂哉。夫何能空寂哉。烏乎諸義。甚深甚深。知之不眞。轉成邪見。楞伽經謂之惡取空。大佛頂經謂之謬解法空。永嘉謂之豁達空。撥因果莽莽蕩蕩招殃禍。佛法種種呵斥虛無斷滅之見而說人天乘輪迴六趣之因果。流轉三世之業報。奈何惡取空邪見。謬解甚深空義。謂學佛法將令人心縱恣爲惡而無所忌憚哉。不速懺悔。則謗法之罪報。必不免矣。哀哉衆生。深可憐憫。出有入空。逃水投火。

二無我論

補特伽羅無我。達摩無我。曰二無我。

補特伽羅。譯數取趣。是「數數取天人畜鬼等趣業報身者」之義。變言之卽流轉三界二十五有之「精神個體」或「靈魂」或「業識」也。凡已捨「天」「人」「畜生」「餓鬼」「地獄」五趣之現報。未定轉取何趣之時。先業力故。集識上色功能」化成一種細色根身。任持業識。曰「中有身」亦名曰「中陰身」

以業報未定。故非五趣攝。而是數數取五趣報果者。所謂補特伽羅。於「已取」或「未捨」五趣報身時皆隱沒不現。唯在中有身時。始得指目之耳。審諦言之。中有身亦五蘊和合相續假身。相雖不同。猶之人身與天身之不同。其爲五取蘊身固無異也。然除中有身則世間所名爲靈魂者。益無可指物矣。此補特伽羅無我。亦譯人無我。有情無我。衆生無我。人者有情類之一類。有情類者衆生類之一類。衆法「和合」「相續」而生者曰衆生。雖無情之個體。若星地金木等。亦名爲衆生也。有情則專指動物類而言。故衆生較寬於有情。有情較寬於人。圖示如右。

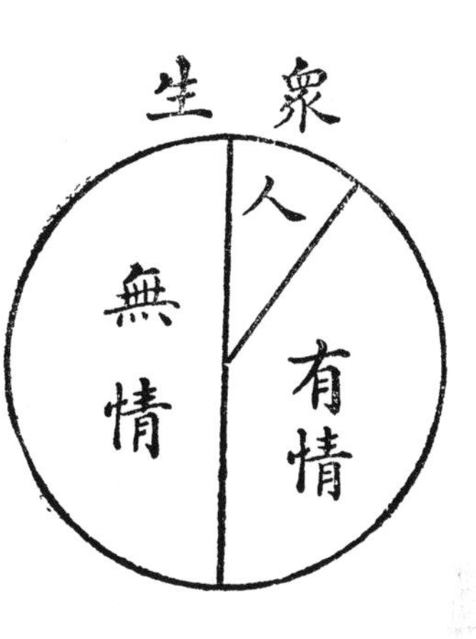

今此補特伽羅正印。譯爲有情無我。然以言說便故。舉人爲有情類或衆生類之代表名「人無我」。或以順古譯。故於有情與衆生二名無所區別。簡稱爲「生無我。」亦無不可。

達摩無我譯法無我。補特伽羅指一切由衆法和合相續生存之「個體物。」法指能集成個體之「單性。」例如四大五蘊假合爲人。人爲四大五蘊衆法所集起之個體。地大乃至識蘊等衆法爲集起個體之單性物。故衆生屬假有法屬實事。此以衆生與法相對而言則然。究之法者軌持。軌範物理。任持自性。實固實法。假亦假法。聖凡染淨有無色空事理心物性相體用。盡一切可言可思乃至不可言不可思者。悉得名之爲法。故法界較衆生界爲深廣。亦較衆生界爲幽玄也。圖示如右。

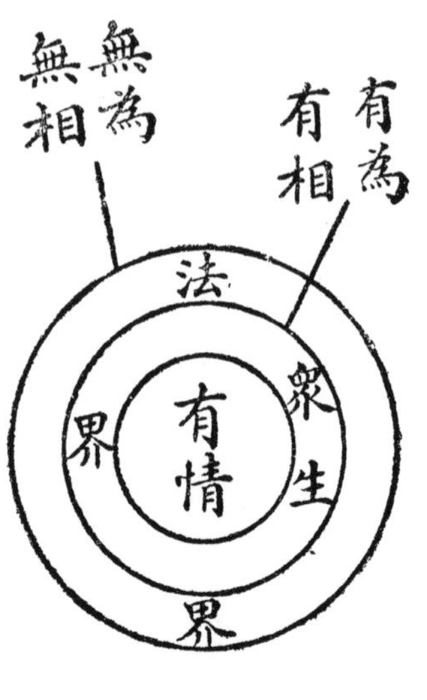

我者主唯實常之義。主謂主宰。唯謂唯一。實謂實在。常謂常住。常人所謂之我。罔無不執爲本人之主宰。且執一人唯一。不容有二。執實在。故愛著不捨。順之則樂。達之則苦。執常住。故貪取無厭。得之則喜。失之則憂。然此猶是一切凡愚與生俱生而無不同有之我執。諸邪外則更依此俱生我執而分別計度。於五蘊中或五蘊外。於五蘊之一或五蘊之總。妄執爲各各常存實在唯一之主宰。或萬有全體精神常存實在唯一之主宰。此皆所謂補特伽羅之我見我執也。法執之我。或有主唯實常四義。或但「唯實常」之三義。或但「唯實」二義。或但「實常」二義。或但「實」義。要之人我執必依法我執爲本而起。法我執或可不依人我執而自存在。故二乘聖人雖捨人我執而法我執猶未能斷。人我執爲煩惱障本。故由之而煩惱生死流轉纏縛。不能止息解脫。斷人我執。則生死空而證生空眞如。法我執爲所知障本。故由之而宇宙心境冥昧窒礙。不能覺悟圓通。斷法我執。則心境空而證法空眞如。

云何知「人無我」。人由五蘊和合相續生存。衆法和合假成。衆法中無一實主宰可得。五蘊法中更無一實主宰可得。法法刹那生滅。雖相續不斷而非常。故人無我。

云何知「法無我」。由仗因托緣。衆事集現。故由識心轉變分別顯現。故依他起。故無自性。故無實用。故無定相。故刹那生滅。故當體空寂。故故法無我。

依人無我法無我門。說爲生空眞如法空眞如。而眞如實不帶數相。非一非多。亦復非空非不空也。故無著大師曰。二我無。即二無我有。二無我有。即二我無。以無我法。故非不空。以眞如故非空。眞如由無我法而顯。是以非有非空非非有非非空。離四句絕百非。强存一句曰無而有。以無而有。故證此「有」時。必言語道斷。心行處滅。

唯識新論

新的唯識論發端

山中十日。西湖別。堤上桃花紅欲然。乃吾淸明日從淨梵院、赴彌勒院。在湖中、泛一葉扁舟。舟次偶然流露於吟詠者。夫桃花之紅。莫知其始。山外之湖。湖上之堤。物皆位之有素。且吾非一朝一夕之吾。居乎山。游乎湖。玩春色之明媚。弄波影而蕩漾。今豈初度。然人境交接。會逢其適。不自禁新氣象之環感。新意思之勃生也。夫唯識論亦何新之有。然爲歐美人、及中國人、思想學術之新交易、新傾向、上種種需求、所推盪催動。嶄然濯然。發露其精光於現代思潮之頂點。若桃花忽焉紅遍堤上。湖山全景。因是一新。能不謂之新唯識論乎。茲略述新義如下。

(一)爲新近思想學術、所需求故。

近代科學之進步不徒器物著非常之成績。且神教既全失其依據。而哲學中之所包容者。亦漸次一一裂爲科學。僅存形而上學爲哲學留一餘地。復經認識論之反究。懷疑到形而上學之終不可知。輒知之、亦非有如何效果。直置於不成問題、不須解決之列。於是哲學、亦降爲科學原理之總和。附庸科學而已。然最近人間世之脊脊大亂。或歸罪科學。或謂非科學之罪。罪由誤用科學。然誤用之故安在。如何而得不誤用科學。既非科學所能答。則科學亦幾乎全爲無意義、無目的、無價值之事。近人若羅素者。殆將謂科學亦依據迷信發生。全去迷信。科學自身、且難可成立。科學其尙有何種希望乎。夫神教與哲學、次第爲科學所窮。卒之科學亦掣襟露肘。窮無以達。正猶專制君主、立憲君主、皆爲民主政治所擢陷。而民主仍無以治平。致心海茫茫。莫知奚屆。然則吾人處此。其撥諸玄遠學理。專以目前人衆生活之效用爲事。若詹姆士輩、實際主義者之所爲乎。則人衆生活能存在否。亦早爲所疑。夫又安能依之爲質信乎。然則其認形而上學、有可然當是。但不得執爲就是。誠然。若羅素之新負在論乎。則有可然當是之實在云者。特予人以自由探試之希望。非能指示皇惑中流、無所措其手足者、以方針也。然則其撥棄推理概念之方法。謂本體唯可由直覺而得。若柏格森之所論乎。然異生於我法二執俱生而有。故憑眞覺亦非可保信之方法也。夫在思想學術之趨勢上。既欲求一如何、能善用科學、而不爲科學迷誤之眞自由法。繼之又有非將一切根本問題、得一究竟解決不可之傾向。展轉逼近、到眞的唯識論邊。有山窮水盡疑無路。柳暗花明又一村之概。而唯識論遂爲新近思想學術上最要之需求也。

(二)用新近之思想學術以闡明故

夫唯識學之書亦多矣。種種說法。各適其宜。第對於新近思想學術界中、所待解決之疑難。雖大理從同。但人心趨向之形勢既殊。順應之方法隨變。而扞格者尤在乎名句文義之時代遷化。今昔差異。故非用現代人心中所流行之活文學。以爲表顯唯識學眞精神之新工具。則雖有唯識論可供思想學術界之需求。令得絕處逢生。再造文明。然不能應化於現代之思想學術潮流。而使其眞精神之活現乎人間世。則猶未足爲適應現代思潮之新的唯識論也。蓋新的唯識論、卽眞的唯識論之應化身也。從眞起應。全應是眞。雖眞應一宗。而時義之大。貴在應化。此誠鴻偉之業。吾亦聊盡其麤疏棉薄之力。爲智者之前驅而已。

(三)非割據之西洋唯心論故

然與唯物論對立之唯心論。互相非斥。在西洋之思想學術界中。蓋由來久矣。言之成理。持之有故。而卒不能有所成就者。則有近代之主觀唯心論、與客觀唯心論是也。雖然。此皆未明今是之所謂心者。割據心之變現行相之一片一段。而不能明證心眞。將曰唯心。心之本眞愈晦。則晦昧之空。卽緣之而自蔽。如夢如幻如影之前塵虛妄想相。轉紛雜淩亂而莫得其明淨。今是之唯識論者。乃適反其所趣。將使妙心圓顯。德用齊彰。如理如量。無取無捨。不與彼幾經破碎崩潰之西洋唯心論、同途共道。故今茲之有唯識論出現。非唯物論與唯心論之循環往復。而實爲世界思潮總滙中、所別開出之一時雨之新化。

(四)非武斷之古代懸想論故

古代之思想家。根據其理性中之所要求者。常用種種懸想。憑虛構造。而武斷爲人生唯一之實在、如何若何。宇宙唯一之實在、如何若何。人生宇宙究竟之唯一實在、如何若何。一生二。二生三。三生萬物。太極生兩儀。兩儀生四象。四象生八卦。耶和華肇造萬有。主宰羣生。絕對無外。無始無終。神我與冥性合。生覺、生我慢、生五唯、生五大、生十一根、所生諸法。歸還自性。則神我離冥性而自在。此皆古人之所馳騖。但有名言。都無實義。今此絕對排除一切虛擲之懸想。妄執之武斷。抉當前之心境。成系統之理論。重現證。貫實驗。而又有其現證實驗之方法。一念相應。全體圓湛。活活潑潑。無所留礙。而一切言句文語、皆若空中鳥跡。無堪執捉。轉得山河大地歸自己。轉得自己歸山河大地。夫而後乃能轉科學。而不為科學轉。圓成大用與科學始終相成相用。故為新的唯識論也。

嘗為之論曰。唯識宗學。實為大乘之始。自海西科學之功盛。以其所宗依者在乎唯物論也。遂畏聞大乘唯識之名。抑若一言大乘唯識。即挾神權幻術俱至。不知大乘唯識論之成立。先嘗經過小乘之有論空論等。及大乘之空宗。將邪僻唯心論之常見、與邪僻唯物論之斷見。同日摧蕩清理。乃開大乘唯識中道。故竺乾當日大乘唯識論之所緣起。正以勝論之多元或二元論等。天神汎神及數論之神我論等。順世論之四大極微唯物論等。小乘之有論空論等。大乘之空宗等。探究玄奧。觀慧微密。皆極一時之盛。迨於人智之要求所不能自已。大乘唯識論乃應運興起。且彼時雖有小乘之正論。徒高超世表而不能普救羣生。與今日雖有科學所宗依之近眞唯物論。徒嚴飾地球而不能獲人道之安樂。亦恰相同。故唯識宗學不但與唯物科學關通綦切。正可因唯物科學大發達之時。闡明唯識宗學。抑亟須闡明唯識宗學以救唯物科學之窮耳。夫然。亦可見新的唯識論之所以爲新的唯識論矣。

唯者何義。識者何指。識何以可唯。唯何以爲識。唯者是「非餘」義。是「不違」義。是「無外」義。是「無別」義。是「不離」義。識者指識「自身」。指其「相應」。指其「所變」。指其「分理」。指其「實性」。識非可唯。識之體相亦無得故唯必爲識。現實之法皆在識故。

宇宙的人生的唯識論

客曰。今現見有天地人物。非現實之法乎。切近言之。則吾人必有生命之存在與個性之存在。廣遠言之。則宇宙必有自然之存在與本體之存在。此能抹煞為非現實之法乎。或雖現實而唯是識乎。故知謂「現實諸法唯是識」者。其義不然。

論曰客以天地人物為現實者。豈非因現見是有乎。

客曰、然。

論曰、設能證明現見中實無天地人物。則天地人物豈非非現實之法乎。

客曰現見中分明有天地人物。又豈能證明其實無。

論曰、客今認現見中有現實之天地人物。非同現見此掌中之橘乎。

客曰、以近例遠。以小例大。其為現見之現實則無異。

論曰、客今現見之橘。非卽圞然而黃之形色乎。

客曰、然。

論曰、若圞然黃者。卽為橘。則鏡中圞然而黃之影與畫中圞然而黃之像。亦為橘乎。

客曰、不然。現實之橘有香有味有觸。故異鏡影畫像。

論曰、客今現見者唯是圞然而黃之形色。彼香味觸皆現所不能見。可知現見者與

鏡影畫像相同而橘固非現見中之所有現見中既無橘可知橘非現實之法橘既如是天地人物不如是乎

客曰然則認現可見聞嗅嘗覺的色聲香味觸所依持之個體爲橘如何

論曰客所謂「個體」者亦能證明而出之歟現見者形色現聞者音聲乃至現覺者堅脆乾濕冷熱輕動等觸塵且是等皆隨現行之見嗅嘗觸秒秒轉變忽忽轉變彈指非故無可追執而客所謂之「個體」者果安在哉

客曰在此一處現有可見嗅嘗覺之色香味觸和集續存可持可取可藏可棄是卽吾所謂之個體

論曰處體空無一數假現由見嗅嘗覺之色香味觸和合續連乃有此一個非由有此一個乃有見嗅嘗覺之色香味觸和合續連故持取藏棄者亦祇是見嗅嘗觸之色香味觸和合續連耳非有他也正猶結合多人前滅後生相續成爲一個軍團豈離開結合相續之多人能別有一個實體存在哉

客曰我今但認色香味觸之和續相以爲現有之實則又何如

論曰、既唯和合續連之相。則一朝解散卽消滅無所存在。且除色香味觸本無他有。豈能認之爲實有哉。

客曰如此則現可見聞嗅嘗覺之色聲香味觸必爲實有。此既實有。亦非唯識。以此卽是物故卽是物之所集生故。

論曰、客將謂現見中眞有見聞嗅嘗覺之色聲香味觸可得乎。卽如今見圞然而黃。圞然之形。依附黃色而現爲黃色之分位。非現見之所見。現見中唯是黃色耳。但今離却圞形亦無黃色可指。以無形限則無邊際。無邊際故亦無方所。天與地平山與澤齊。圞形既可寄種種色而現。黃色亦可帶種種形而顯。如畫中景無窪突而似有窪突。如鏡中影無遠近而似有遠近。此皆現見所無。乃由意識在現見中營構增益而起。而現見中僅存泯同虛空之黃色耳。

客曰此空空之黃色。其必爲現見中之現實乎。

論曰、黃色一名。涵義周遍。通攝宇宙一切黃色。卽今灼然明見自有分齊。就橘言之。見此一方面而不見彼一方面。見表面一層而不見裏面多層。若少分見可名爲見。

則多分不見。豈不益可名爲不見乎。故知黃色亦非現見中有。蓋黃色之有。乃由先有一黃色之心。與種種非色非黃色之心相仗託而彰顯。實唯諸心相感相應轉似見所見法而已。而在離言內證之現實中。唯是平等眞覺。實無一相一名之可安立。現所見色如是。現所聞嗅嘗覺之聲香味觸亦復如是。一橘如是。無數天地人物亦復如是。故知現實諸法。定皆唯識。

客曰、此在物象雖則如是。若吾人者。有生命、有情性、有意思、能自主、能自動、能自覺者也。豈亦無性命之實乎。

論曰、生命者、卽是由先業將心行支配作一期人生之分限力。此一期人生之分限力完了時。又有他種強碩之業代起。再支配心行作他種生命。此便爲生命之相續不斷。情性者卽執持生命元、爲自己由自己之見所發揮之力。意思卽是根據生命情性所需要之識別造作。所謂自我個性人格意志性命靈魂等等。皆可知矣。然有與身俱生自然成者。一爲情性審持生命根元、爲自我等常相續而無間斷者。二爲意思認取物質精神。或綜合、或析別之相爲自我等。雖相續而有間斷者。二皆任運而起。由無始來虛妄熏習內因力生。非修正觀久久尅治。難可除滅。若一般人之性命及意志。非用單理論所能空却也。復有因言語傳受分別謬誤成者。一爲聞謬說質力理氣等認取爲自我等。二爲聞謬說個性主體等認取爲自我等。二皆計度而起。兼由羣俗中習慣力助生。從名理中究竟研窮。卽能徹悟不迷。若耶穌教所說靈魂。理論徵詰。卽知無有。此皆自無實體。乃由心心所變諸法和續所轉似之幻相。故皆唯識。

客曰、人亦依宇宙自然律生存之一。而此宇宙之自然律及宇宙原始要終之實體。乃存在不存在、眞實不眞實、是有不是有、一切分判之總根本。此若空無。則一切分判將全失依據。是唯識不是唯識亦應無可說。故宇宙自然律、及宇宙實體、必應離識而實有。

論曰、客云宇宙自然律者。非指萬有生化流轉之理勢歟。

客曰、然。

論曰、諸物及人之萬有既爲唯識所轉變。況依萬有所現起生化流轉之理勢。譬如已知水之非有。而却認由水而起之流動相爲實有。又如人類不存。而却認社會國家爲實在。寧非謬甚。故自然律離識實有無有是處。

客曰、幻必有眞。假必有實。宇宙萬有則盡幻矣假矣。而豈無本元的究極的實體哉。既有實體。即非唯識。

論曰、宇宙實體。孰知其有。無所證知而認爲有。則成獨斷。無可置論。且彼實體究爲何狀。若都無狀。應即是無。無則即是都無實體。若有可狀。其狀安在。若在萬有。既爲萬有之一。何得爲萬有之實體。若曰不在萬有。則成非有。如何復得執爲實體。故執宇宙本體離識實有無有是處。

客曰、然則現前種種物類。生存變化。自成儀則。各各個實。流行轉動。豈無根極。且彼無邊空間。無盡時間。復因何有。

論曰、此因一切有情衆生無始虛妄熏習內因力故。意根任運。常時相續。觀生化元阿賴耶識。分別物類。執爲法體。或由意識緣取識心變現諸相。任運種種分別貪著。若客此所問者是也。而在現世或緣虛妄言說謬誤分別。於諸法相法性妄生計度。

若耶穌教所說上帝造宇宙等是也。此皆諸識所緣。唯識所現。心外實無。識內似有。故知一切唯識。

客曰、然在人世及佛經中。各說人類獸類動物生物及凡夫聖人異生諸佛等。又說固體液體氣體元子電子精子等、及地水火風空時等。若云唯識。此依何說。

論曰、此諸名相皆由明了分別之識轉動變似能取見及所取相之二分。又因無始物我分別熏習之力。依此能取見及所取相之二分。轉似種種衆生及世間相。依識所變隨識所緣假施設爲人類獸類乃至地水火風空等。如人睡夢。以睡夢力夢心轉現種種境相似有自他物我之類。不知者妄執爲離夢心外之所實有。此則但隨妄情假爲施設。都無實事。若知由睡夢心轉變而現。似不同妄情之所計而隨順說之者。此則雖有其事。究非其實。人等地等乃依夢心假立。唯如幻有。夢心乃人等地等所依體。亦眞實有。識爲一切衆生一切世界之所依。故一切衆生一切世界爲識之所變。故是故衆生世界皆唯是識。如有頌云。

由假說我法　有種種相轉　彼依識所變

分析的經驗的觀察的系統的唯識論

客曰。衆生無量世界無邊今曰皆依識變彼識差別凡幾有何殊特功能。

論曰。能變之識。約分三類一者生化體識二者意志性識三者了別境識合之則成二種能變一因能變屬生化體識中之流注化能力與生命化能力其流注化能力由「意志性識」與「了別境識」熏習「生化體識」令得生長其生命化能力由「了別境識」「有雜染善惡性業」熏習「生化體識」令得生長二果能變由前二種熏習功力轉諸識生變諸相現謂流注化能力以爲因緣種種識相差別而生名曰流注化果因相果相等相似故又生命化能力以爲助緣招「生命體識」酬報「引受生命體」之先業力招「了別境識」酬報「滿足生命體」之先業力前者名眞生命體後者名生命體生二者俱名生命化果果性因性不相似故識爲衆生世界所依識爲衆生世界能變大義若此。

客曰。如何名爲了別境識識有幾種。

論曰。照了別別境界事相最爲粗淺明顯故曰了別境識約有二種一者依色根識。

二者依意根識。

客曰、如何名爲依色根識。識復幾種。

論曰、依各自淨色根爲不共增上緣發生之識。故名依色根識。別有五種。一者眼識。以感覺照了青黃赤白等別別諸顯色。或兼感覺照了顯色上長短方圓大小遠近明暗空塞屈伸往來別別諸形表等色。爲自身及行狀。二者耳識。以感覺照了別別音聲。爲自身及行狀。三者鼻識。以感覺照了別別香臭。爲自身及行狀。四者舌識。以感覺照了別別滋味。爲自身及行狀。五者身識。以感覺照了堅濕煖輕別別礙觸爲自身及行狀。是故此五個識。亦得名爲色識聲識香識味識觸識。有此五種別別感覺照了之時。同時同處卽有此所別別感覺照了之色聲香味觸。了所了相俱依識自體上轉變起。故諸有情者於茲五識。或完全有。或完全無。或復不完全有。然唯五種爲定。

客曰、此五種識。其隨順和合而轉之屬性如何。

論曰、盲昧之警發。冥合之感應。領略之覺受。規摹之想象。動變之思力。此其屬性之普遍著明者他若欲望與信慚愧及貪嗔癡等等皆得有之於感覺照了別別諸色聲香味觸時細心觀察便能獲知。。

客曰、此五識所照了別別諸色聲香味觸究是如何境況。

論曰、譬如鏡光照了顯現鏡像鏡像顯現卽是鏡光照了鏡光照了卽是鏡像顯現光像各各親冥自相非是語言文字所可到著及可表示乃是現證現實性境內外彼此自他物我等等對待所起假相及依和合連續所變似人牛木石等假相於感覺中此皆無有故此亦名感覺唯識。

客曰、此五識所了實境無對待假相及和合連續假相者則諸假相屬於何境爲何識之所了。

論曰、此諸假相屬帶質境及獨影境爲依意根識之所了。

客曰、如何名爲依意根識。

論曰、依「意志性識」爲不共增上緣根而得發生之識故名依意根識以了知計度分別一切實境帶質境獨影境種種諸法爲自身行相故亦名爲法識。

客曰、此識如何了實性境。

論曰、一者謂與前之五識同於初一刹那時間依前五識感覺照了、於色聲香味觸、一一離言自相。二者謂於離去散動昏亂精一靜明定慧所持心境。三者謂全脫離計度分別契會一切法眞如性。此則卽是轉此「依意根識」成「妙觀察智」矣。

客曰、此識如何了帶質境。且又何爲名帶質境。

論曰、此識有殊勝功具廣大用。能於一切所有境界周徧計度分別執取內依意根及諸心不相應行法。名數時方同異等等、過去所了行相名義。又常連合想念現前。因此依前五識所同覺照之色聲香味觸。一刹那間卽轉流入「單獨依意根識」界中。變爲一個一個實實在在之和合連續相。自他人我內外彼此。一多方圓大小遠近畛域畢足。封界完固。互相對待。安立名物。太陽大地。羣動繁植。莫非依意根識所了似帶質境。何義名爲似帶質境。此中諸物似乎皆含帶有前五識所了色聲香味觸。其實前五識所了色聲香味觸。各住自相。與此了無交涉。此乃全由依意根識自家一邊所生反映之影而已。故曰似帶質境。更有由此依意根識所了其餘諸現行識及識屬性心等。由此識與彼所了諸識心相照中間所成心影。其影不但由此識生。亦由彼所了諸識心。相對生起故名眞帶質境。

客曰、此識如何了獨影境。且又何爲名獨影境。

論曰、此由依意根識能用名言義相憑空揑造無有之境。及依想念推憶過去懸觀未來等境。故能完全脫離現實心境。而分別計度乎唯獨虛影之境。一者觀想此地無有或此時無有、或此中無有而爲宇宙所有之境。如十二月所想「蛙聲」之類。名「有質獨影」境。二者若依「馬角」「蛇毛」等名。或「創造宇宙」「上帝」等名由名所起想像之境。而爲畢竟無爲之境名「無質獨影」境此獨影境若細判別義類繁多。茲姑從略。

客曰、此依意根識之特徵。其卽在於能了別計度帶質獨影二境乎。

論曰、如是。因似帶質與獨影唯屬此識之境。也不寧惟是。蓋諸識唯此識功用最宏。入定慧境及證眞如法性。亦爲此識特殊勝能。其依前五識覺了色聲香味觸。大致同前五識。然不先知有前五識。於此亦難知。及依世人祇知有此「依意根識」者皆昧昧然而不能知有眞現量。然此一刹那間之眞現量雖偶迸露。鮮能印定。遂仍卽流轉入帶質獨影之意言界。故此非由定慧證會眞如法性。莫得假應。然不能成就定慧契悟眞如者。卽由此識恒時流轉馳逐於帶質獨影之境故。迷唯識理。欲從心外尋求伺察推觀計執不能已者。亦全因此。故唯識學第一步當首先了解此中之似帶質獨影諸境。唯是意言。絕無實物。故此亦名意言唯識。此意言唯識觀得到親切顯明之際。卽能眞覺得世間同做夢一般。

客曰、此依意根識相隨順和合起之屬性。較前五識如何。

論曰、此識之屬性。心轉化變易。尤極深廣繁速。其普遍著明者可無論矣。他若欲望勝解憶念靜定明慧等特別境界心。又若信慚愧無貪無嗔無癡精進輕安不放逸行捨大悲等淨善性心。又若貪、嗔、癡、慢、疑、惡見等擾濁雜染性心。又若忿、恨、覆、惱、嫉、慳、誑、諂、害、憍、無慚、無愧、掉舉、昏沉、不信、懈怠、放逸、失念、散亂、不正知等染惡性心。又若尋求、伺察、懊悔、睡眠、等不定性心。在諸時處展轉聯帶。分合生滅。飄忽難辨。而尋觀伺察之二心。功力尤偉。世間所流行之思想學術。要皆依此二心生起。此等諸屬性心須動靜語默間刹那刹那反觀內察。方可如看電影一般。明晰幾微。

客曰、然則此之六種了別境識。其作善惡性業者、又如何。

論曰、此則徵之其屬性心卽可了知。由「依意根識」表現爲身之行動口之語言。帶信等諸屬性心現起時。則作淨善性業。帶忿等諸屬性心現起時。則作染惡性業。單帶衝發欲望尋觀等屬性心起時。則作善惡無可記別之業。但在生死流轉位中之有情類。大都不離貪嗔癡慢等屬性心。俱時現起。故皆是有所覆蔽夾雜染汚之心行。必到契會眞如反照破「意志性識」時。乃能成就純全淨善心行。此則非復因襲的而屬於創造的矣。

客曰、其於感受苦樂者、又如何。

論曰、感覺時之心境。或相符順適悅身心則樂。或乖違逼迫身心則苦。或無符順乖違之可區別。則領苦樂俱捨中容性受。此六了別境識。於此苦樂及捨三受。隨時變換。皆得有之。但苦樂受各有二種。苦受一種。一苦二憂。樂受二種。一樂二喜。苦樂但屬現在。憂喜兼及過未。前之五識但有苦樂捨受。依意根識則有苦樂憂喜捨受。

細心內觀。不難審知。

客曰、雖復明此了別境識。所了實性、帶質獨影行相。即如前之五識同第六識感覺照了色聲香味觸法。因何必於此時此處。乃有如此如彼色聲香味觸之感覺。或於彼時彼處。則無如彼如此色聲香味觸之感覺。且依意根識中。亦常「有時有處」乃有如彼如此種種和合連續對待之相。「有時有處」則無如彼如此種種和合連續對待之相。而此種種色聲香味觸、法與和合連續對待之相。此時此處。則可與多數人同有如此如彼種種覺了識別。異時異處、則又與多數人同無如彼如此種種覺了識別。若非離識之外別有爲發生此等覺了識別之因者。如此種種差別之法。以何得成。

論曰、客亦嘗作夢乎。夢中所覺了識別之境物。當在夢未醒時。夢爲春日。則亦但有桃花而無荷花。夢爲沙漠。則亦但有荒野而無荳麥。夢爲家人離聚。則亦各有悲歡涕笑。夢爲男女交會。則亦可有損遺精血之事。此諸夢境亦皆宛轉成就。如有自然規律。豈亦離夢心外、別有所存在乎。然至醒時叩之心內夢境。猶能歷歷。若欲於自心外求其何所存在。豈能絲毫得有。夢既若是。醒亦應爾。

客曰、此雖能明夢境不離夢心。然彼夢心亦與夢境和合連續共同現起、合而謂之曰夢。而此夢者。其有雖幻。要非無所因藉而有。若其有所因藉。則離夢之外既有起夢之本因。離識之外豈無起識之本因歟。理既相齊。疑猶待決。

論曰、夢依心有。夢不離心。心雖不必為夢。且可永遠離絕其夢。心正夢時。心亦不能離去夢心而別有心。夢境夢心依夢而現。夢依本心而有。欲知夢依本心而有。是故當說生化體識。

客曰、如何名為生化體識。

論曰、此識廣大含容。深幽玄微。觀察難到。默認必有。約言其義。一者曰含藏識。謂能容受意志性識了別境識種種熏修練習功力。悉皆包藏在內。若非一度經過使用化為他種功力。則必無有消失。此其為「能藏者」一也。又甚昧弱。虛柔無有自覺自決之能。每遇前一生命已失。後一生命未得之間。輒為潛藏其中之前六識所造善惡業力。忽然突起引之趣得一種生命。用其為生命體而為之決定其生命。使其屈伏韜藏在彼業力所決定之生命之內。纔出前一生命。便入後一生命。常被繫縛隱藏、絲毫不得自由。此其為「所藏者」二也。又復被意志性識所愛注執著。佔據作「自我體」。運前六識種種造作變化行相。悉皆納藏其內。此其為「我愛執藏」者三也。此含藏識雖有三義。要以我愛執藏之義為主。二者曰生體識。即前「所藏者識」之義。蓋其生命雖非由其決定。而為「生命之主體」者。實在此識。所謂「真生命體」是也。三者曰種元識。即前「能藏者識」之義。由此識體所本具之種種能力、及由前之七識所熏習在此識中之種種功力。即為能各各差別互互連帶發生諸心法心相應法心變現法心不相應行法之本因。種元者是也。此中「我愛執藏」之義可得離却。「我愛執藏」離却。「生命主體」之義漸漸亦可離却。猶之心可離却於睡夢也。「種元功能依體」之義則無始無終而常在。故此亦名「依持本識」。離却「我愛執藏」「生命主體」之後。此識亦名「白淨無垢心識」。若能知此「生化種元功能依持體識」。則於來問便應可知。

客曰、此識中於一切現有法之種元功能。事究如何。

論曰、此含多義。略爲分別。一者剎那剎那變滅。前滅後生。有勝功力。不是凝住死定無用之法。二者要與現有行相之果同時同處俱有。譬如血胞與吾肉身俱有。而彼血胞卽爲吾此肉身種元。三者隨所依識恒常轉變。自類功能。引續不斷。故必依持本識。四者性用決定。是何種元功能。必但生何現行果相。如土但成土器。不成金玉之器。五者要待衆多助緣。乃能生起現行果相。如穀種要待水土風日等緣、乃能生禾稻。此諸種元功能勢力能直接親自生自類現行果相。則爲「生因」。勢限未盡。能引攝殘存之現行果相。使不頓絕。則爲「引因」。草木等眞種元。亦在本識。其種子皆但能爲勝助緣。非親能生草木之眞因本其眞因本卽諸質力原素。而諸質力原素。卽由無量有情共同業行熏習本識之所生長。依此可見諸識所緣唯識所現之理。不更明乎。

客曰、此中所云熏習之義。究又如何。

論曰、熏習須有能熏習及所熏習。乃成就。其所熏習。須有永久之性。平等之性。自在之性。虛容之性。及有與彼能熏習者同時同處、不卽不離、之和合性。據此故知唯「

生化體識」乃能爲「所熏習者」其能熏習須有生滅無常之性。力用勝盛之性。能作增減之性。及有與彼所熏習者、同時同處、不卽不離之和合性。據此故知唯「餘諸識及其屬性心」乃能爲「能熏習者」熏習之事。譬如室本無香。一度然香。香已然滅。室中猶餘香氣。亦如我手曾習寫字。雖不寫時。習成寫字功能依然存在。依此熏習之事。故令餘識與此識互相爲因果。謂此識之種元功能親生餘識。餘識亦復熏習生長此識種元功能。可知識之生起。不須另有因藉之法。乃此識餘識相互因藉生起耳。

客曰、生化體識了別行相及所了別境相大致如何。

論曰、此識所了別者。亦是現實性境。約爲三類。一者帶過失之種元功力。謂依差別相及顯彼相境義之名言。種種分別熏習功力。二者依共業成熟力所變成之器宇世界。此二種境皆由此識領以爲境持令不壞。三者依不共業之成熟力變成自身淨色五根及根依處。淨色五根略同近人所發明之神經細胞。根依處卽血肉之眼耳鼻舌身。此則不但領以爲境持令不壞。亦復攝爲自體。令生覺受。安危與共。生命相連。此中器界根身。有四種別。一爲「共」之「相分種業」變成。有情命者無直接所可依資之界宇是也。二爲「共不共」之「相分種業」變成有情命者所依資佔有之地域、及隨類不同各成受用之境界是也。三爲「不共共」之「相分種業」變成。若浮塵麤色根依處。亦能互相爲受用之社會是也。四爲「不共」「相分種業」變成各各神經細胞之淨色根是也。凡是皆依「流注化」套上一重「生命化」所成之果。此之「種業」「根身」「器界」皆此識變現了別之「相分」。了別此「相分」者則爲「見分」。「相分」「見分」皆依識起。識之「當體」曰「自證分」。識之本來性曰「證自證分」。有人用掌自量其腹。掌爲能量。譬如「見分」。腹爲所量。譬如「相分」。人卽爲「自證分」。掌腹皆不離人。量過之後。雖復已息能量所量之用。然以人故。仍知腹之縱長橫廣所量掌數量之效果不致虛棄。然使其人本來不知縱橫廣長數量多少之義。人雖由掌量腹。仍不能存在腹有幾掌之量果。故須有其人本來知有數量之心。爲「證自證分」。因何今知數量。本來知數量故。因何知本來知數量。今得知數量故。此之二種互爲所量能量及能量果。故不更須有第五分。此之四分心成。約量果義安立。約體用義。合「證自證」以爲自證。安立三分。自證爲體。見相爲用。約能所義。合「證自證」「自證」爲「見」。安立二分。見爲能緣慮。相爲所緣慮。約一心義。所見無故。能見亦無。能所亡。故唯是一心。無可安立。今此人生之根身。宇宙之器界。及根身器界之種元。旣皆是此識之相分。爲此識之自證分所變。及見分所了。故此亦名宇宙人生的本體之唯識論也。

客曰、此識之屬性心、與業性、與受用、及生化相、如何。

論曰、此識行相旣甚深隱。故其屬性之心。亦極單微。但最普遍之感應心、衝發心、覺受心、想象心、思力心而已。此識與屬性心。悉皆非善非惡。雖有過患。而無覆蔽。無苦無樂。無憂無喜。平平常常。窈窈冥冥。果生因滅。因滅果生。因果一時。果因同處。長流滔空。不斷不住。萬有與識。非一非異。識與萬有。不卽不離。故唯此識。爲萬有之生化元也。

客曰、此識恒時流轉。生滅相續。識與諸種元之現行。還應等同。識與種元。以何乃有萬有差別而與此識非一非即。

論曰、此識昧劣。無明決力。隨識功能雜亂而起。起時即從「意志性識種元」俱起「意志性識。」由「意志性識」固執此識爲內自我體。故此之「我愛執藏識」與「意志性識」乃互依俱有。以無始來有各各「意志性識」故此識亦成各各「我愛執藏。」內既自成根身。外亦共變植礦。一生一生熏習在此識中。成一種生命化功力。用爲增上助緣。能使之受種種差別生命。而萬有差別所以然之故。即是「意志性識。」

客曰、如何名爲「意志性識。」

論曰、意者「思量」之義。志者「恆審」之義。此識思量最勝。且唯此識能有「恆審思量。」有「思量恆審性」之識。故曰「意志性識。」了別境識之「了別性」最勝。生化體識之「集起性」最勝。意志性識之「恆審思量性」最勝。隨勝立名。故名意志。非謂全無了別。此識不但依「生化體識」中「此識種元」而得生起。亦復依託「現行生化體識」爲不共增上緣。猶如「眼識」之依「眼根。」亦如

「依意根識」之依「意志性識」爲根。而此識既依「生化體識自證分」爲根。隨逐流轉而無間斷。亦卽審了「生化體識見分」爲境。此境卽所「審執爲內自我眞體」者也。乃爲以心取心中間所生眞帶質境。恒審思量不相離捨故隨「我愛執藏識」感受爲何種「生命體」時。卽繫縛於何種之「生命體」。所謂了除生死。卽由明了彼「生命」乃由此識固執「生化體識」成「我愛執藏」而有。遂開通解放此識而不爲固執。因之卽得解脫「分段生命之繫縛」也。然至彼時猶與「執法自性之見」相應。至證「平等性」圓滿時乃得完全開放。都無所執。永與「平等性智」相應。恆審思量二無我眞如性。及餘諸法。是爲清淨圓明「意志性識」。能隨無邊世界無量衆生根性差別。示現種種佛化。

客曰、此識之屬性。心如何。

論曰、若至究竟覺地。諸識平等皆唯感應警發、覺受、想象、思力、願欲、勝解、記念、寂定、明慧、信、慚、愧、無貪、無嗔、無癡、精進、不放逸、輕安、行捨、大悲共二十一種屬性心。無始時來在迷妄中。則此識除警發等五心皆有外。而以我癡我見我愛我慢四種根本上之覆蔽擾動渾濁昏昧雜亂染汙心行。爲此識極重要之屬性。心、我癡、卽不明本心體「無化法實自性」及「無生命實自我」之眞如理者是也。我見則倒之固執爲「法有實自性」及「命有實自我」也。一迷一執。遂成差別諸法差別諸命彼此自他之界。更加「我愛」隨我見深貪著所執之我。集中擴充。復由「我慢」恃所執我抗表高舉。因是執益堅固。迷妄顚倒而不能已。生死流轉而不能息。故此亦名萬有唯識。而昏沉、掉舉、不信、懈怠、放逸、忘念、散亂、邪知、寀慧、之九種心。與我癡等有共同關係。故亦常俱之同起。依此可見此識實爲覆蔽之本。然因但向內心深著專執。不能造作或善或惡麤顯之業。故此識乃爲有覆無記之性質。其感受亦無憂喜苦樂之可分別也。

客曰、然則合計衆識。數乃有八。依色根識之類凡五。而「依意根識」與「意志性識」「生化體識」各爲一類。識之數類。其有決定性乎。其互相依託而現起。亦有系統否乎。

論曰、八識皆從「依持本識」而爲轉變。無始時來我愛執藏識與意志性識恆轉俱有。未始間斷。前五「依色根識。」則因須待光空塵根等緣乃能現起。其依「本識」猶如「波濤」依「水。」若無風緣。即便停止。而「意志性識」之挾我愛執藏識而起。譬如大海暴流。「依意根識。」依之而常現起。如由暴流所起之浪。除生無想天入無想定滅盡定及睡眠悶絕。乃無不現起之時。當知一切有情衆生。最少必有二識恆時現起。「我愛執藏識」與「意志性識」是也。依上二識更與「依意根識」俱起。則有三識同轉。依上三識更與眼耳鼻舌身識隨一乃至隨五俱起。則有四識乃至八識同轉。夫亦可以見其相依現起之系統歟。至識之類數有否決定性。分別其類。隨義無定。考核識體。原始要終。決唯有八。此依隱劣顯勝之相唯識。乃屬道理世俗諦義。若依勝義諦說。則一猶非有。何有乎八哉。蓋唯識即無執無得。若執唯識爲有所得。則亦同乎法執而已。頌曰。

此能變唯三　謂異熟思量　及了別境識　初阿賴耶識　異熟一切種

不可知執受　處了常與觸　作意受想思　相應唯捨受　是無覆無記

觸等亦如是　恆轉如暴流　阿羅漢位捨　次第二能變　是識名末那

依彼轉緣彼　思量爲性相　四煩惱常俱　謂我癡我見　幷我慢我愛
及餘觸等俱　有覆無記攝　隨所生所繫　阿羅漢滅定　出世道無有
次第三能變　差別有六識　了境爲性相　善不善俱非　此心所徧行
別境善煩惱　隨煩惱不定　皆三受相應　初徧行觸等　次別境謂欲
勝解念定慧　所緣事不同　善謂信慚愧　無貪等三根　勤安不放逸
行捨及不害　煩惱謂貪瞋　癡慢疑惡見　隨煩惱謂忿　恨覆惱嫉慳
諂誑與害憍　無慚及無愧　掉舉與昏沉　不信並懈怠　放逸及失念
散亂不正知　不定謂悔眠　尋伺二各二　依止根本識　五識隨緣現
或俱或不俱　如濤波依水　意識常現起　除生無想天　及無心二定
睡眠與悶絕

轉化的變現的緣起的生活的唯識論

客曰、今雖已知諸識行相。然仍未了宇宙人生皆依識變。一切唯識。

論曰、前述八個識及諸屬性。心以內持種因力與俱現衆緣力融和綿延。流轉興起。

起卽同時同事、一分變爲能了別之「心見」。一分化爲所了別之「心相」。無有無「心相」之「心見」。亦無無「心見」之「心相」。離此之外。更無他有故諸不生滅法及生滅法體相實法。分理假法。一切不離心故。一切唯識。唯者何義。謂無離此心識外之法也。復次由能了別「心見」。周偏計度分析執取將所了別「心相」轉變爲似在心外之活動影戲境。卽所謂衆生世界之人生宇宙是也。其實則唯在「心見」之遷化流動而已。在識非無。離識非有。非有非無。故云唯識。

客曰、若境物皆由識心轉變而有者。例如窗前桃花。何不由心識化現於室內。何不由心識開放於冬間。今必此時此處乃能有之。則爲心外實有其境。非唯心識之所轉變。明矣。且今此桃花者。予心所變。汝應不覩。汝心所變。予應不覩。予之所覩。卽汝所覩。可知此桃花非予心所變。汝之所覩。卽予所覩。可知此桃花非汝心所變。抑予之心若變桃花。如何更見汝及餘物。設此桃花由汝心變。如何更見予及餘物。由是可知予之及汝。桃花及餘人物。皆屬心外實有之境。定非唯由識心化現。況夫此諸境物。現有作用。可徵。室可以居。几可以憑。衣可以煖。食可以飽。又安能例同由識心懸想所成之虛影哉。

論曰、客所難者辯矣。然客不嘗夢與二三友人登孤山作踏雪之遊。失足滑倒石上。一驚而醒。身中感隱痛累日耶。

客曰、有之。

論曰、當客夢時。非確認孤山之在西湖踏雪之爲冬日耶。此固由心幻成之夢。而非心外實有之境。然曷嘗不有「處與時之決定哉。」所偕友人。同登共覽。夢中之客所見。卽夢中客之友所見。且夢中之客見孤山。亦同時見餘境及餘人物。且客跌令身體於醒後猶有隱痛之效用。夫亦可見由心轉變之境。非不能有作用可徵及互互感覺者。凡是既等於由心化現之夢境。則宇宙人生之唯識。明矣。

客曰、理雖如是。其奈分明現證有色質等心外之實境何。

論曰、眼識等五「依色根識」各依自識起各各之「心見」「心相」其明現親證者。固皆不離自識。當現證時。感覺通泯。心無內外。寧執爲外。逮後轉入「依意根識」妄生分別。乃執之爲外境。眞現量境。實唯自識「心相」。但因無始意識名言串習。非色如色。非外如外。現如夢中之境而已。

客曰、若今醒境皆同夢境。何故人皆能知夢境唯心。而不能知醒境唯識。

論曰、夢未醒時。豈知夢境唯心。夢眞醒後。亦知醒境唯識。

客曰、若心外之實境都無。識亦何能獨有。

論曰、識不獨有。但因諸有皆不離識。故曰唯識。然但空妄執心外之境而不空卽心之法。因離言正智所證之眞唯識性、非無也。此非無故。識心續續轉變亦復非無。故心外之境雖不有。而識不無。

客曰、「識」既非無。應有他「識」之可攀取。「他識」卽爲「吾識」識外之境。有此外境。豈云唯識。

論曰、雖有「他識」。而親切所緣者。還唯自識轉變之相。第間接亦依「他識」爲「本質」而已。然今此新的唯識論。亦可謂之多元的唯識論。正智契證眞唯識性。言思絕故。非一非多。就如幻之唯識相言。非以一識。故名唯識。乃總攝乎無量無數、有情衆生、各有八個識體、及識隨應諸屬性。心與此識心所轉變之「心見」「心相」識心所變種種分理界位并此諸法離相所顯如實眞性統謂之「唯識」也。謂之「唯」者非以其一。但否認「虛妄分別者」所執「離識之實境」耳。彼諸識之含融感應緣起無盡由束縛而解脫由雜汙而純淨由偏缺而圓滿由麤惡而妙善皆此心識活潑無住浩蕩無際之法界海流也。

客曰、若唯內識都無心外實境以爲依託宇宙人生等皆由「心見」之虛妄「分別」而現。然此種種分別皆何自生起乎。

論曰、「持種元識」有無量數各能親生自果之異差別功力續續生起流注化果。生命化果作用化果增盛化果從生起位一轉一轉遷變至成熟位一類綿延不斷轉不一轉。變不一變。其轉化變現而起者。又互相扶助爲緣力展轉通和作諸分別。一切「心見」「心相」不外「分別」及「所分別」此種種等一切分別依本識之種元力及現行諸識等扶助力卽得生起固不須更有心外之實境爲依托也。

客曰、然則此中緣生之理因果之義又如何歟。

論曰義趣繁深茲難具述約說四緣生法略見端倪一者因緣謂有生滅作用之法。

親舉自身轉成自果。喻如穀種轉成穀芽。乃爲本因生法之緣。此爲三類。（甲）本識中「種元」生八識諸屬性心見相等現行法。此屬同時因果。如動力與波瀾。（乙）「本識中種元」間接生爲「本識中種元」。此屬異時因果。如前動力與後動力。（丙）前七識諸屬性心見相等轉變起「現行」時熏入本識生爲自類「種元」。此亦同時因果。如垂滅之波瀾與續起之動力。唯此之類爲本因生法之主緣。二者等無間緣。此若同一依處。必前一波瀾滅下而後一波瀾乃得生起。卽以「前一波瀾滅下」爲「後一波瀾生起」之助緣是也。三所緣緣。乃『能分別見』所慮所託之「所分別相」。此有二類。（甲）親所緣緣。能了別心皆有。卽於能了別「心見」帶有所了別「心相」。而爲「心見」所託之以生起。心見心相兩不相離者是。（乙）疏所緣緣。能了別心或有或無。雖爲「心見」所了別所仗托。而此心相不與心見同依一識。而密符者是也。此所緣緣乃如各各波瀾別別形相。四增盛緣。此指除前三種。有餘有勝勢力能爲順益及爲違害之法。若眼根耳根等。若男根女根等。若命根意根等。事類繁多。難具陳說。如一個波瀾與有關係之各各衆多波瀾是也。

此四緣唯「識心」全具。其餘識內之法或備三緣二緣一緣而已。此諸緣力皆不離識。萬有生起外更不須何種緣力。故緣生因果皆唯識所成。

客曰、此在散識及礦物等。或如是耳。而在有情性有生命之人生死死生死死生生。各有性命繼繼繩繩。存存不絕。若非於識心外有實在法為依持者。復何得成。

論曰、若識心外有實法。為人之性命亦豈得成生死恆續。雖然因「意志性識」執著「生化體識之心見」愛為眞自我。藏隨纏不捨。發展「了別境識」造作善業惡業動業靜業諸雜染業。浸熏本識。成為功能習氣。熏習連續新業成熟。故業畢盡身命捨離。强業首為創引。衆業助為繼滿。卽又取得一生身命。如此前生命捨後生命取。捨取連綿生死恆續。尚安用離識心之外實有法以為主持哉。

論曰、諸有情者生死流轉。蓋由善不善動不動諸業習氣與能分別取着所分別取着之二取習氣。依附本識綿亘調融。積久業就。可感後有。槪之、則習氣分為三類。一者、名言習氣。卽一切有生滅作用法各別之種元功能勢力。此屬前之七識熏在本識中者。二者、我執習氣。由「意志性識」無始虛妄顛倒之幻見潛率「依意根識」分別執取「我」及「我所有法」熏在本識成爲一類功能勢力。令有情等自他差別三者、有趣習氣。是「了別境識」所造作善不善雜汙業。熏在本識成爲一種流轉受五趣身命之差別種元。應知此中名言習氣。是諸有生滅作用法所由各別之本因力。我執及有趣二習氣。是諸有情性有生命人及衆生自他個別苦樂類別之勝緣力。換言之卽各個各類和合連續之所由就成者是也。又「二取習氣」卽是「名言」與「我執」二種習氣。皆有相對之能取所取故。「業習氣」卽有趣習氣。創能招感二十五有善趣惡趣之身命。故有業習氣招感身命。說之則有十二種流轉生化之緣力。唯柏格森所云「宇宙創造轉化流動遷變之活本體」爲能近之。無始無始之經過。皆存於現在綿綿轉起之一念心。無盡無盡之將來亦存於現在綿綿轉起之一念心。順逐之則流轉無止。逆解之則圓寂可期。流轉圓寂。皆唯在識。如有頌曰。

是諸識轉變　分別所分別　由此彼皆無　故一切唯識　由一切種識
如是如是變　以展轉　故　彼彼分別生　由諸業習氣　二取習氣俱

前異熟既盡　復生餘異熟

眞理的實性的唯識論

客曰、若一切唯由識心所轉變而有。離識心外無實有之法者。則都無決定之眞理與圓成之實性。將何所憑證以啟信解而樹行果乎。

論曰、若識外有實法。固定執礙。亦安從樹信解之本建行果之極哉。然唯識論。非無決定之眞理圓成之實性者也。然以眞理實性亦不離識。卽是識體離言內證之眞實法。故眞實理性正爲唯識耳。

客曰、唯識之眞理與實性如何。

論曰、諸唯識法。總核其共通之理性。約爲三義、一爲周偏計度所執着之我我所法。卽所謂人生宇宙等物是。此由「意志性識」「依意根識」於諸識體及屬性心轉變現之「心見」「心相」。增加一重自他心物等等刻畫所成。體唯諸識「心」及「心見」「心相」而已。彼周偏計度所種種執着之物我等。實同蛇毛馬角。唯有言說。了無體相。亦同眼病所現空華。本來畢竟空寂無體。此以「妄執」爲性。

妄情所有眞理所無了達空無是其「眞理」二爲依托衆多緣力或「虛妄分別習氣」所生起諸識與屬性心見相等事雜汙純淨譬如病眼好眼亦如夢心覺心以緣起爲性妄情所無眞理所有變相所有實性所無了達「唯由識心轉變」之相是其「眞理」三爲心空所顯圓滿成就諸唯識法之眞實體卽以「眞勝」爲性妄情所無眞理所有變相所無實性所有是爲眞實性之眞理由妄情計第二「緣起性」爲「生命」第三「眞勝性」爲「法性」種種執著非全與空却之則緣起之眞相與圓成之實體莫由明顯故說此三悉皆空寂畢竟都無所有一曰「物相」空無之性二曰「自然」空無之性三曰「我體」空無之性此三「空無」之理皆爲遠離妄情變相以開顯常是如此之眞實勝義之唯識性者故唯識諸法之性理分類如下

唯識之虛妄法	妄執性	是應遣離者
唯識之眞實法（唯識之世俗法）	緣起性	是應轉淨者
唯識之眞實法（唯識之勝義法）	眞勝性	是應開顯者

此中所云虛妄世俗與眞實勝義法。各有四重。分列如下。

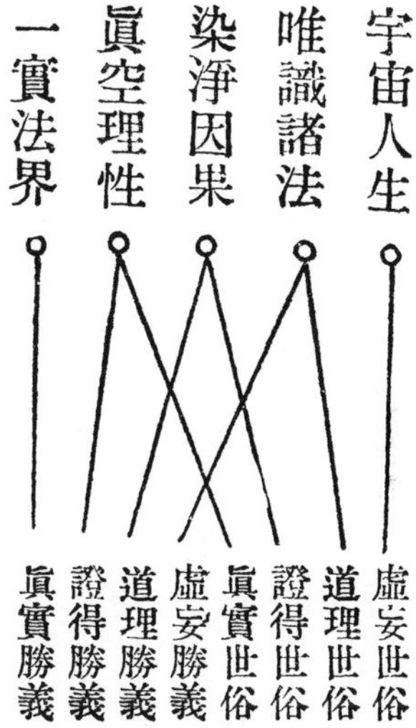

宇宙人生——虛妄世俗
唯識諸法——道理世俗
染淨因果——證得世俗
眞空理性——眞實世俗
　　　　　　虛妄勝義
　　　　　　道理勝義
　　　　　　證得勝義
一實法界——眞實勝義

此中「虛妄」是應解放應改善者。「道理」是當了悟當通達者。「證得」是有修行有成功者。「眞實」是無對待無變異者。隨何一法無不如是。諸法宗主。是唯識。心持此通軌。夫亦可以啓信解而樹行果乎。如有頌云。

由彼彼徧計　徧計種種物　此徧計所執　自性無所有　依他起自性
分別緣所生　眞成實於彼　常遠離前性　故此與依他　非異非不異
如無常等性　非不見此彼　卽依此三性　立彼三無性　故佛密意說
一切法無性　初卽相無性　次無自然性　後由遠離前　所執我法性

此諸法勝義　亦卽是眞如　常如其性故　卽唯識實性

悟了的解放的改造的進化的決擇的唯識論。

論曰、依本無漏種內因力及聞學思量眞唯識正理熏習成種。積久粹熟。於唯識理漸能了悟。了達悟入。轉益深切。於應解放應改造者。亦漸解放改造。謂解放慳貪、齷齪、嗔恚、懈怠、散亂、愚闇之六蔽。改造爲施濟、賢善、安忍、精進、定靜、慧明之六度。由向來夾雜錯亂染汙缺漏罪惡者。而進順於純粹適當清淨完全美善之眞實理性化。以由了悟眞唯識理之智爲導首故。向開解超脫之大道前進。生生世世。唯有進行而無退轉。蓋於是始有眞正之進化。而前此則皆在循迴之內。隨業流轉。繫業受報。毫無自主之力自由之分者也。故求進化者必於是而求自由者亦必於是也。然是尙在浩茫無極之長途中。隨順唯識之眞勝義以解除違唯識性之虛妄積集順唯識性之福智資糧耳。眞積力久。明慧强盛。欲求實證眞唯識性。遂起精嚴深重之加勝行。斷然決然以擇滅種種障「眞唯識性」使不得契合之遮蔽。創與深徧堅切之思考心。以尋求伺察一切法之名之義之自性之差別。畢竟皆是强施設有。隨情妄計了無有實。尋思益進。明明確確周徧了知一切法之名義自性差別眞實唯識。離識非有。印持生命空法性空能取空所取空之眞勝義。然以猶帶變相以觀之故。雖以所觀觀爲唯識眞勝義性。尙未安住眞唯識理。如有頌云。

乃至未起識　求住唯識性　於二取隨眠　猶未能伏滅　現前立少物
謂是唯識性　以有所得故　非實住唯識

實證的、顯現的、超絕的、勝妙的、成功的、唯識論

若時於所緣　智都無所得　爾時住唯識　離二取相故　無得不思議
是出世間智　捨二麤重故　便證得轉依

究竟的、唯識論

此卽無漏界　不思議善常　安樂解脫身　大牟尼名法

論曰、於此實證的唯識。究竟的唯識。尙爲現代思潮所未能適應之事。亦爲今吾覺悟所未能到達之境。照書宣布旣嫌空泛。隨念分別尤落玄遠。然能善悟。則於宇宙的人生的唯識論。早實證之究竟之矣。故茲但概括之爲盡美的、盡善的、無盡的、常

住的、圓融的、安樂的、妙覺的、靈明的、自在的、眞實的、不可思議的而已。內容如何。不復究論。

—完—

讀梁漱溟君唯識學與佛教

予讀北京大學梁漱溟教授所著唯識述義。認爲研究唯識宗學的良書。亦認爲條貫東西洋哲學得一適當解決的方法論。但予是向來主張大乘各宗所有因本與果極是平等無二的。但建言與制行的門徑有不同耳。故不以賢首五教圭峰三宗空海十住。及近來日本各家依據賢首等所下評判爲然的。予爲此論。非漫然出之者。因之讀了梁先生所說唯識學在佛教上的地位價值。還發生了一重商究的言論。寫出來請梁先生賜教。

一、梁君說自來判教者都拿他（指唯識學）次小乘之後。位般若之前。高小乘一等而遜於性宗所宗奉的般若教。論起來緊接小乘的應當是唯識。如此判法並沒有錯。那戒賢以來唯識家自己說是等三時教的話。未敢相信。實在不對。

今按此亦據賢首圭峰等評判者。在天台則便不然。天台大概判般若爲通別圓三教、而判古來宗三論者多屬通教。於唯識判為別圓二教。多屬別教。通教為三乘共教。別教為大乘不共教。則密接小乘共通大乘者。固在般若。而唯識當次般若之上也。予謂必欲一論其平等中的差別。則以般若次小乘後為尤當。何者般若所空者三乘共法。而未及大乘不共法。眞如法性亦三乘共法。大乘不共法乃是佛性。在因總言之卽阿賴耶識。專指其無漏清淨者言之。卽如來藏心。在果地卽法身。亦卽三身四智。所謂陀那微細識。習氣成瀑流。眞非眞恐迷。我常不開演（楞嚴此偈義與解深密同）者是也。蓋迷執為眞。則阿賴耶生死流轉之妄不能斷。迷執為非眞、則如來藏常樂我淨之德不能顯。故於三有之凡二乘之愚皆秘不開演。正須經過般若教蕩空一切見解計較。證明了眞如法性究竟無得之理。成法空慧。不起法執。乃可開演阿賴耶如來藏非一非二的唯識教。故曰非不證眞如。而能見諸行。猶如幻事等。雖有而非實。然則般若教者空一切法而證眞如也。唯識教者證眞如而見諸行如幻也。由是增進。卽是華嚴法華眞言淨土之行果。故予以天台家般若通別圓唯識別圓之判為允。而唯識有空中三時教之判。亦與此義符合。

且釋尊寂後在天竺最昌明爲小乘。進爲般若。再進爲唯識。程序尤顯。在戒賢三時敎之判。則以小乘屬有。般若屬空。除小乘及般若之外。其餘大乘顯密經敎皆爲中道時敎。故華嚴密嚴等亦爲成唯識論所宗之經也。然予的本意非在貶般若而尊唯識。乃欲明大乘各宗皆發明本元心地達到圓滿佛海。皆是圓敎之理。唯建言及制行方便有殊。隨其殊勝方便以觀差別。則亦條然不紊。若般若通別圓唯識別圓之判。既同達乎圓。而復有兼別兼通別之異。斯爲善評判者。但天台獨尊法華亦有未允。泯三乘歸一乘。亦正猶會三乘共般若入一乘不共般若。則三乘共般若皆一乘不共般若。待至法華始顯然說破之耳。又予觀成唯識諸論師各述造論之意。以賢首五敎儀觀之。若安慧等（爲於二空有迷謬者生正解故。大乘敎理生解爲斷二重障故。大乘敎行斷障爲得二勝果故。大乘果敎）此通終敎圓敎與賢首家所謂法性宗者不殊。賢首家所謂法性宗非指般若。般若則賢首家所謂破相宗也。蓋般若宗所謂法性。乃一相無相。一性無性之眞如法性。賢首家所謂法性。則具德圓融之如來藏心。一爲大乘體。一爲大乘自體相用也。若火辨等（又爲開示謬執我法迷唯識者令達二空。於唯識理如實知故）此同破相敎之空宗及法性宗之頓教。若護法等（復爲迷謬唯識理者。或執外境如識非無。或執內識如境非有。或執諸識用別體同。或執離心無別心所。爲遮此等種種異執。令於唯識深妙理中得如實解。故作斯論。大乘教理）此乃但爲大乘之始教耳。故唯識亦自具始終頓圓四教。至法相法性等。則名同實異者多。此不專論。撮一表以見唯識三時教義。

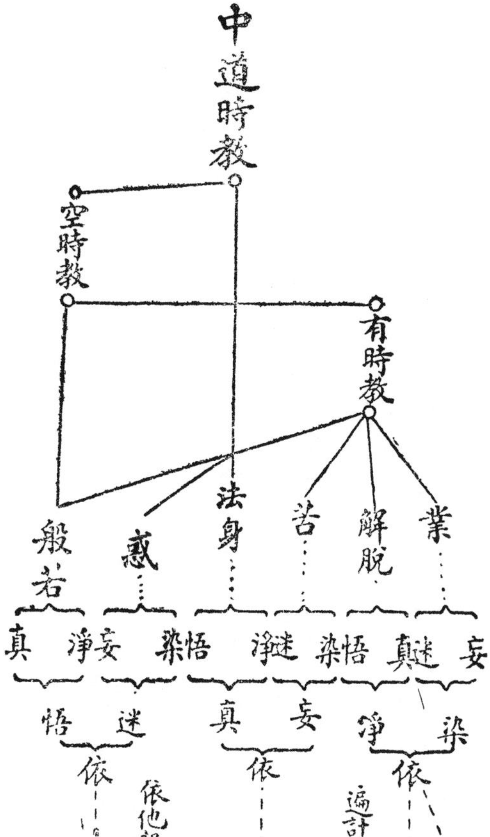

二、梁君說般若家的空無與唯識家的空無原是兩事。唯識家原從分別有無入手。說偏計是無。依他是有。那無的便如龜毛兔角之無。那有的便如羊毛牛角之有。有無是對待說的。般若家直悟一切無得。不墮在見解計較裏邊。拿空無來掃蕩一切的見解計較而他所說的空無却不是一種見解計較。所以他們兩家雖然都說空無而實在彼此不相涉。此意印度哲學概論最詳。若拿兩家略不相涉的空有去比較等差。因而去判三時敎。這全出於唯識家對於般若家的意思的不了解。實在不對的。

今謂此非唯識家對於般若家的意思的不了解。或是梁君於唯識學所謂的偏計所執性未盡了解耳。一切的見解計較。卽是偏計所執。直悟一切無得不墮在見解計較裏。卽是偏計執空。故一有所得一墮在見解計較。卽是落於偏計執也。成唯論謂若執唯識眞實有者亦同法執。可見唯識依圓之有。乃非有之妙有。非墮於有所得的見解計較中者。六凡隨順遍計所執依他起性而流轉。二乘遠離遍計所執依他起性而解脫。此皆依偏計所執性迷執依他起性而或順或離。實不知依他起性的。蓋能如實知依他起性及證於圓成識性。故必須般若將一切的見解計較完全空無了。遣盡徧計所執。乃證眞如而見諸行如幻的依他起唯識。蓋徧計執性一遣除。則依他起性卽是圓成實性。故一轉依間一切苦障皆成了法身妙德。然則依深密三時敎般若豈不僅高於小乘。又如何能與諸大乘中道時敎平等無二呢。但般若家說的好。般若爲一切佛法的父母。眞如法性爲一切佛法的祖父母。但能空無一切見解計較契證眞如。由證眞如而生般若。般若生則一切佛法自成。所謂以有空義故一切法得成。更不消說得。故不說。非見不到此。故不說。從有爲法說主唯識。從無爲法說主眞如。從無漏法說主般若。而大乘之功尤在乎般若。菩薩依般若波羅密多。故得究竟涅槃。諸佛依般若波羅密多。故得無上正徧知。尙何不能圓滿哉。轉有漏爲無漏。卽是轉識成智。其樞紐同在乎般若。故究言之。則唯識者般若之唯識。般若者唯識之般若耳。

三、梁君說唯識家雖從有分別入手。歸根還是無得。與般若家無二。無得是佛家的眞意。般若唯識本來是兩條大路。同以無得爲歸。沒有高下可言。一般以唯識爲權教的也不是。古德如嘉祥圭峯對於唯識想去難、破都無是處。又云論起來般若家的意思。是大乘教裏不論在什麼地方不能離開的離開便不是大乘了。唯識家的意思。雖未曾如此普徧。但我看起也有同樣的重要。因爲大乘教倘若沒有唯識、單只般若的無可說的意思。那末要說只好說小乘的教理了。那是很不妥當的。質言之。離了唯識。竟是沒有大乘教理論可得。大乘佛教離了唯識。就沒有法子說明。（廣義的唯識）我們如果求哲學於佛教。也只在這個唯識學。因爲小乘對於形而上學的問題全不過問。認識論又不發達。般若派對於不論什麼問題一切不問不下解決。對於種種問題有許多意見可供我們需求的、只有唯識這一派。等更進一步說。我們竟不妨以唯識學代表佛教全體的教理。這都是說唯識學價值地位的重要。但我們回頭來看佛教自己對於唯識學如何呢。他自己便很不重視。這種傾向是很當注意又很難講的。

今按梁先生這一段評論是極圓到的。然般若不但大乘竟可說佛教的出世法裏不論在什麼地方不能離開的。離開了便不是佛教的出世法了。蓋小乘的生空般若。雖未足云般若波羅密多。亦般若支流也。若唯識則無之。雖未必便非大乘。但有之者則必爲大乘。故唯識端爲不共大乘。與華嚴同。故唯識與華嚴的重要在於明說無得而得的爲何事。而唯識尤重說明無得而得的在尙未無得而得的時候卽爲何事。梁君後時謂唯識學並非別物。原是佛教瑜伽師去修禪定得的副產物。此言最確。至唯識般若同以無得爲歸。以言境唯識則然。未入行果唯識。但一言行果唯識卽超哲學要說明的。而闌入宗教的說明。蓋哲學要說明的。卽是形而上學及用何契會他的認識論。形而上學卽是畢竟不可得的法。如梁君在此書本是拿唯識學來當哲學講的。故其言如此。予謂專從解決形而上學問題以說之。在論理上的說明自然在唯識學。但到眞個契會。則又自然進爲般若宗及達摩的禪宗。於此可云唯識爲文字般若。般若爲觀照般若。禪宗爲實相般若。觀照實相非復理論所到。故亦非哲學上之所需求矣。然梁君乃深知有觀照實相般若。故曰回頭看佛教。自己對於唯識如何呢。他自己便很不重視。這種傾向是很當注意又很難講的。蓋佛教的需求與哲學的需求異趣。要在眞個契會眞如以發生般若而圓滿菩提耳。故上者直悟實相。其次用般若的觀照。至於唯識的說明。則發生般若後自會知道的。先知道了。但增益些見解計較。毫無用處的。此卽佛教不重視唯識學的原故了。質之梁君以爲何如。

唯性論書後

釋太虛曰。一切法自在平等之本體。以眞如爲主。故曰唯性。一切法緣起差別之事實。以心意識爲主。故曰唯心。一切法常樂我靜之妙德。以般若爲主。故亦應曰唯智。此一切法三唯之勝義。雖各有所主。而亦互攝無餘。爲例於左。

(心)唯性論
- 迷……染……苦、……凡……生——唯心
- (無二平等)
- 悟……淨……樂……聖……佛——唯智

(衆生)唯心論
- 體——唯性
- (起沒自在)
- 用——唯智

三　無　差

(佛)唯智論

性——唯性

相——唯心

(中邊圓融)

別

此一切法三唯之勝義。雖互攝無餘。而方便各有殊勝之處。若夫頓剿情識。直發佛智。則唯性之論。爲功宏矣。余與善因法師相慕之久矣。今相見於鄂渚。首出茲論。求爲印證。乃書此以宏其傳。

釋尊應世二九四七年十月二十一日晚記於武昌講經處

釋海潮音

海潮音第一年第一期出版。我便要作一篇釋海潮音。因沒有工夫。擱到今日。而第二年第一期又要催着付印矣。但依舊沒有工夫能詳詳細細解釋。故祇可籠統將大概意思略爲表示。求閱者爲我原諒。

(一)釋海

豁通無住之謂海。深廣無際之謂海。含容無量之謂海。出生無盡之謂海。圖示名相如下。

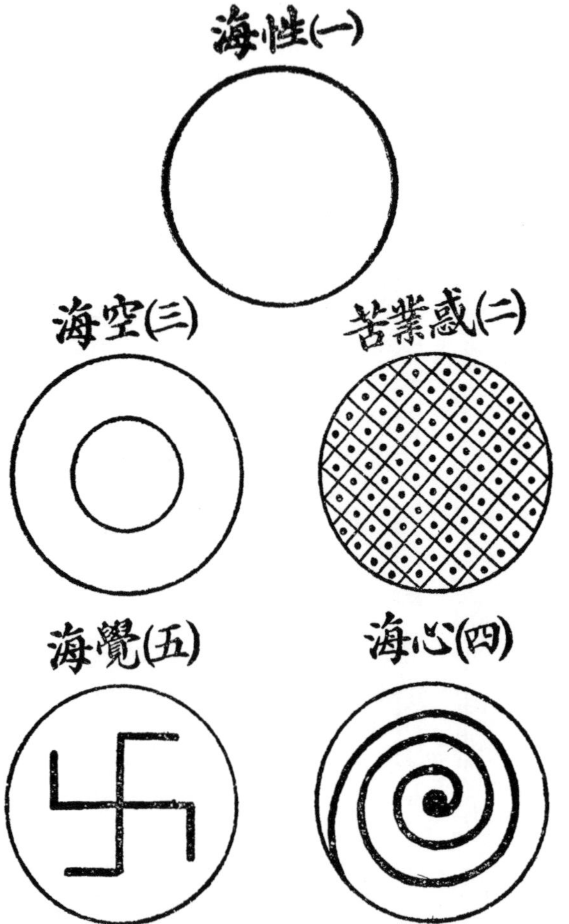

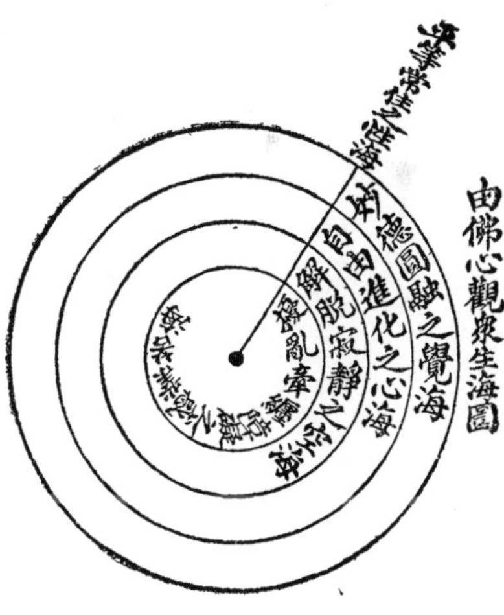

（二）釋潮

從緣起息之謂潮　因水、因地、因月、因風、因空等衆緣、而興起而平息故。

應時往還之謂潮　按年、按月、按次、按日、按時、皆適應而流往而漩還故。

有大勢力之謂潮　金石土木人獸魚鳥等。皆莫能抵逆、莫能禁禦、莫能停止故。

能爲變化之謂潮　桑田沙堵堤岸洲島等。每可被吞於東而吐之西。朝運南而夕移北故。

(三)釋音

聲能感心者之謂音　若各種人造之音樂。及天地時物外激內發、自然流露之種種音聲能感通有血氣知覺之類。使之欣使之哀、使之慕、使之憤、使之下涕、使之忘形者是也。

聲能詮義者之謂音　若各種人類民族講話之語音、及一切依音義而形之名句文書詩歌等是也。

聲能表情者之謂音　若人類或其餘有知覺之類之種種歎聲種種呼聲是也。

聲能顯性者之謂音　若臨濟之喝、雲門之咦罔明之彈指雲巖之擊竹等是也。

(四)釋海潮

海有不潮者。如二乘之空海　潮有非海者。如三界之有漏　海無永斷潮者。潮無不通海者。是直接從海流出、旋流歸海之潮、謂之海潮。依主釋也是海中所有之潮、謂之海潮。有財釋也。有潮之海。然即是潮謂之海潮、持業釋也。

(五)釋潮音

本無成見。從緣而發之音謂潮音。隨順當機應時而施之音謂潮音。衝破現前環境。突開時下趨勢之言論謂潮音。獨造適宜環境、自成優先趨勢之言、論謂潮音。是潮之音。或音之潮。皆依士釋。有此潮義之音。或有此音用之潮。皆有財釋。有潮之音。故音卽潮。有音之潮。故潮卽音。皆持業釋。

(六)釋海潮音

(一)依主釋

(甲)海之潮音　是從惑業苦海、而轉向性海空海心海覺海、所發生之潮音。是從覺海心海空海性海、而攝化惑業苦海、所發生之潮音。

(乙)海潮之音　是契實性、應時機、所宣流之有力用、能破立的言論。非玄遠迂闊篤時拘墟之說。

(二)持業釋

(甲)海卽潮音　海是潮音之體。潮音是海之用。用依於體。體持於用。海不二故。潮音亦不二。不二故謂之一音。海卽潮音。

(乙)海潮卽音。　海潮是音之質。音是海潮之力。力依於質。質持於力。海潮周遍。故音亦周遍。周遍故謂之圓音。海潮卽音。

(三)有財釋

(甲)海所有之潮音　任何現勢實用理想言論。總是性海業海空海心海覺海之所有故。

(乙)海潮所有之音　是法界海會人生潮流中。所有之覺生音救世音。

(四)相違釋

(甲)海非潮

(乙)海非音

(丙)海非潮音

(丁)潮非音

(戊)潮非海

(己)潮非音海

(庚)音非海

(辛)音非潮

(壬)音非海潮

海唯是海。潮唯是潮。音唯是音故。字字不相到故。義義不相涉故。一一圓成實故。一一絕對待故。是法住法位。世間相常住。

覺明因起論……本體論……緣起論

法界心。在眞如門絕對平等。體自是覺。不可知而了了常知。謂之『性覺妙明。』在生滅門對始覺立。固有此覺。了了常知而不可知。謂之『本覺明妙。』義門有二故成二。言其實唯是一心。但『性覺妙明』應不可說爲在纏與不在纏。而本覺明妙則確指『如來藏』言(如來藏有在纏義)故有本覺。卽有無明。離此別無無明。不覺之始。何者。『本覺』與『無明』。必同現於『始覺心』中故。『無明』究盡。『始覺心』空。同時亦失『本覺』之名相故。故此性覺妙明本覺明妙本唯如來智證。非餘境界。敎中常言妙覺寂照。等覺照寂。然寂照如端拱太平。所謂『性覺妙明』。照寂猶屬歸家邊事。故等覺照寂尚有一分最微細初相無明。與此中『本覺明妙』之義同。此則不唯非吾輩下凡之所知。應非滿慈無學之所知。退按之唯識決擇通達位有云。現前立少物。謂是唯識性。以有所得故。非眞住唯識。此亦『本覺明妙』義也。又云。若時於所緣。智都無所得。爾時住唯識。離二取相故。此亦『性覺妙明』義也。竊謂以有所得者爲涅槃。此正滿慈分別法執無明。佛殆卽從此處爲滿慈指出世界衆生之起因耳。然此亦非吾人及知。今更證之吾人現前靈然無住之心。體原自明。雖一無所明之法。亦自無不明。故爲『離前塵眞了知性』也。一有所明。則不明者多矣。蓋以『明』『所明法』之『明』爲『明』。則離『所明之前塵』無體矣。由是觀之。則性覺妙明。本覺明妙。雖聖智造極之證。亦吾人日用共循而不知之心所謂識精元明、能生諸緣、緣所遺者、是也。遺此本明。而務求有所明。乃從此多事耳。昔某禪者問云。如我按指。海印發光。如何。答曰。用按指作什麼。又問。汝纔舉心塵勞先起。如何。答曰。亦是海印發光。又問。古鏡未磨時如何。答曰。照天照地。又問。古鏡既磨。復如何。答曰。照天照地。可謂善悟於本明矣。楞嚴初卷來皆顯此本明。顧富樓那未能善悟。徒知始覺智也明於本覺。得也而不知本覺之覺性自明。執爲必須有「明。」以「明」乎「覺」。覺猶鏡體明猶鏡相故依富樓那之所計。必致有所明。則轉成鏡所照影。喻所明法而非鏡體。喻覺無所明則便成非明之法。豈非將「覺」轉爲明「所明法」。若鏡明中所現影像而成爲「自體無明之法」是所明所照之影故乎。既妄爲有所明於「覺」。遂於同時現起能明之心。雖「覺」鏡體終未嘗爲所明。猶鏡體未變爲鏡像而能明照像之明心中則細境熾然現明照現像矣。故曰「妄爲明覺。覺非所明。因明立所。所既妄立。生汝妄能。無同異中。熾然成異。照所現像即爲世界異彼所異。因異立同。照中無像即爲虛空同異發明。因此復立無同無異。明照空像織安所成即爲衆生眞有爲法。猶云眞異熟識。乃業報之主體。有情之命根也。故虛空世界衆生緣起之本因。亦妄爲所有明於「覺」而已。其幾可謂微乎微矣。若能悟「覺」元明。則「性覺妙明」非「如來藏清淨本然」乎。

空界成物論……宇宙論……世界論

夫覺明之妄「明」乎「覺」。而「覺」實無可明。於是幻爲空昧。與覺明相待爲搖動。此指未成器界之初成執持世界之風輪。此指已成器界之後蓋空昧即世論所謂虛無自然之大道體。而風輪則混元一氣。陰陽未分之太極也。近人所云之『以太』亦似之。空明搖盪。堅礙凝立。（此指未成器界之初）以爲保持器世界之金輪。（此指已成器界之後）風力之原也。金質之原也。非世論所云太空光熱未成形時。力之原點。質之原點耶。堅覺寶成者、陰也質也。搖明風出者、陽也力也。風金相摩。故有火光爲變化性。陰陽相盪以成變化質力聚散。以漸著成太陽等星電也。嘗論恆星之成。由風力（原力）持金質（原質）盤旋不息。摩盪而光燄外揚也。金火持以風力。迴旋動盪。蒸潤之氣。遂彌漫於空界。含攝雲電諸氣是也。而世論所云之天淸地濁。亦將由是分出。故曰寶明生潤。火光上蒸。故有水輪含十方界上所言、卽能造物之動、堅、熱、潤、四大體相。乃徧入十方空界者。覺明空昧遠作因依。與下所造之器界蓋疏而不親。下論所造之物。則姑就人類等所居住之器界言之。吾人今居之須彌盧。（指地球言）初由風輪所持金火輪中。裂出金火一團。自盤旋於空氣輪中。而空氣含裹環壓之。動熱持中。堅潤凝外。乃成此海陸之器界。所謂火騰水降。交發立堅。濕爲巨海。乾爲洲潭。以是義故。彼大海中火光常起。彼洲潭中江河常注。是也。或者於色身中窺見此機。反火騰水降。爲水騰火降。逆循水輪火輪而上求乎明覺立堅之金堅覺寶成則所謂『金丹大道』者是也高山由地心蘊火所噴出（此為礦物）由水氣勢劣不能壓火力之故草木由地皮（土也）上濕氣抽出（此為植物）由土碍勢劣不能剋水蒸之故所謂水勢劣火結為高山是故山石擊則成燄融則成水土勢劣水抽為草木是故林藪遇燒成土因絞成水是也以言吾人類等動物所依以居住生活者要不外此海、陸、礦、植四物而已總結空界成物之理乃日交妄發生是物質原因之論也遞相為種是物種變化之論也夫器世界成住壞空而相續不斷者非若是乎第世論種種探究及空昧搖明至矣蔑以加矣猶不能上悟夫妄『明』乎『覺』況本覺明妙性覺妙明哉

有情生命論……人生論……靈魂論

夫有情生命之元豈有他哉亦覺明不守自性而妄欲有所明（無明緣起行緣識也）遂發現所明之妄塵而能明之妄心亦隨所明之妄塵失其圓融矣（識緣名色名色緣六入也）以是因緣聽不出聲見不超色色香味觸六妄成就由是分開見覺聞知（六入緣觸觸緣受也）此有情生命之自業因也然猶有無始共業作生緣者在同業相纏合離成化此正明無始生死

以來。四生九有、共業緣之感召也。見明色發、明見想成。蓋由有情捨前有報身時。意識先銷散伏歸乎藏識。卽成無明晦昧。意根守持藏識。隨業牽離身去。身根遂成朽敗。而彼時乃完全悶絕之無意識心位。故唯昏闇然。以業緣招感之力。生緣在處。不論遠近方所。卽生一隙之明。而有『中有身之色想』發現成就其處。故此二句正言前有已捨後有未得間之『中有身』也。由中有身轉生後有之狀。今且依人類之胎生言之。所謂異見成憎。（男中有見父女中有見母成憎）同想成愛。（男中有見母女中有見父成愛）流愛爲種。（因愛故流入爲種也。）納想爲胎。（有此識想爲中心力。父母精血乃凝成胎。）此從父、母、中有、三業合成人身生命。結云交遘發生。（指父母言。）吸引同業。（指中有言。）故有因緣生羯羅藍、遏蒱曇等是也。此雖詳於胎生。而卵生、濕生、化生等。亦大致可知耳。語其質要之點。四生所異。卵主乎想。胎主乎情。濕主合感。化主離應。而有情心行之情想合離。更相變易靡恆。故生死之間。隨業受果。亦飛沉無定也。有情生命之相續者如是如是。

世間業果論……進化論……解脫論

究論世間業果。非唯動物之類。器世界之成住壞空。要皆業所招果。故大別之爲四。

(一)者共共業果。無量虛空世界是也。(二)者共別業果。有主國土家園是也。(三)者別共業果。恩怨親敵債負愛纏。以成個人大羣人倫物類互相關繫之業果者是也。(四)者別別業果。各各有情自內根身是也。凡是四種皆所謂世間業果也。今略去餘三種而專就第三種以言之者。豈無故哉。正以餘三種業果之樞紐亦端在乎是耳。有此殺盜婬之三業。以爲四生感召之緣。死生牽引。身命繫隨。根身器界。二皆不能不相續耳。將此婬殺盜三種之業緣。擴充發揮。改革遷變。使世間業果續續常新者。是流俗之所謂『進化論』也。經云。三緣(殺盜婬也)斷故三因(貪瞋癡也)不生。則諸世間業果自空。則佛法出世之『解脫論』也。解脫者。卽解脫此世間之業果相續。小乘之教。此爲宗要。

震旦佛教衰落之原因論

震旦佛。非始於漢明。周穆王時既有之。穆天子傳洎列子。皆稱西極有化人來。詳所紀。神變言辯。蓋是大阿羅漢大自在菩薩之流。老子西涉流沙。曰吾將從師古皇先生。遊孔子動容對商大宰曰。西方有大聖人。莊子敍女偶有聖人之道。莊列皆談生死流轉義。列子又有毀訾殺噉禽獸文。莫不慨乎有所聞者也。遊於華嚴法界。則之數子者。亦善財所參知識耳。要之釋尊聲教之及震旦者。當在佛寂百年後。印度無憂王布教之時。由東印度至北印度。經衞藏諸國。轉輾而至。偶有一二人。若康僧會之行道吳野。唯體道如老聃。博聞如孔丘。始獲間逢而默識。凡俗者則非所知也。穆王時則聖者化現。偶露端倪而已。始皇帝時。有室利防等十八西域人。來傳佛之教。輒於虐政遯去。此事尤與僧會師相似。且必嘗繙有經典。故劉向校經。稱往往見有佛經。其序列仙傳。又稱已有七十三人曾讀佛經。所云佛經。當是修禪法要等經。故得近於神仙。卽東漢時所出佛經。亦皆禪法居多。此其證也。然古今皆稱震旦佛教始於漢明永平七年者。則以帝王崇信三寶初具。既顯著乎一時。後世因之流傳昌大。不復斷絕耳。但從漢平以曁唐武宗之世。其流變雖繁。要皆日趨於隆盛。今欲原其衰落之因。則當託始於李唐末葉。夫履霜而堅冰至。其由來者漸矣。茲試論之。

（甲）化成

有爲世相無常住者。生異滅三。有則俱有。乃不可逃避之大例也。不觀夫園植乎。始焉勾萌坼甲。勃然怒生、逮乎葱鬱華茂。則蕭寥之象。旋踵而至。夫園植則小者近者耳。然天下事之大者遠者可推知矣。迹出乎履。化形乎道。故聖人履道而不拘化迹。然吾人就其化迹而察之。則化之大成。固卽漸衰之始也。佛教化震旦。歷一漢兩晉。以訖陳隋。所謂勾萌坼甲勃然怒生之期也。由隋以訖會昌大難之前。所謂葱鬱華茂之期也。又後則蕭寥之象繼之矣。故震旦佛教。化成乎隋唐。唐季以來。不寧無所增益。卽能傳述者。亦難乎其人。然化成乎隋唐。有徵乎。太虛曰、有。（一）徵緖譯。緖譯佛書。雖宋元猶有之。然檢之龍藏。殆無百分之一。且其所譯。初無講誦者。而隋唐諸師譯出者。則佔譯本十之五六。除姚秦羅什三藏元魏流支三藏所譯者。外其文理密察道俗宏通者。亦皆出於隋唐之時。而天竺大小乘經未至者猶夥。厥後亦非無交相往來於兩土者、譯經之業遂絕。亦以玄奘不空諸師。光輝盛烈。來者難繼耳。（二）徵宗法。陳隋之前。都未能籠罩全藏。黜陟升降。成立一家之宗。法道安慧遠二師。稍稍能條理經論。然譯筆旣拙。又未能備得其一門而自修。則可豁然貫通則未能。羅什三藏。始卓然有所樹立。亦祇中、百、成實而已。華嚴、法相、涅槃、諸部。旣未全備。

何能集其大成乎。故嘉祥師講三論。又迴不同前也。其後或講涅槃。或講攝論。或講地論。規規於一經一論而名其宗。要之未能囊括無遺者。至陳隋間天台大師起。契悟既大。經教亦富。乃能抉擇華嚴、般若、法華、涅槃諸大部。盡破斥前師之封蔽。成立一家之教觀。然當時義學大盛。講習互諍。未獲一致焉。故玄奘三藏慨舊譯訛謬。無從取決。欲窮其根源而整理之。其學殖益閎肆深密。雖未能盡出所歸梵本所出者。而義例精嚴。皆能駕軼前古。故慈恩師得其少分。已足成立一家之宗法。清涼師尤爲後起。既專華嚴。復徧學於慈恩、天台、曹溪諸宗。建一極而破攝餘宗。天台師時禪宗未盛。故不論及。清涼師則禪宗亦收於頓教矣。不空師之成眞言宗。空海繼之。殆與清涼師同時。眞言則不僅教義而進於神秘者也。然亦不廢教義。其以十門揀別凡愚小大。雖華嚴亦未臻圓極。故足專人敬信。南山宣律師嘗遊奘公之門。彼時律師雖有三家。無出其右者。律貴行持。而又爲出家部衆之本。諸宗共重。因得並存。然義淨三藏謂天竺諸部戒條簡明易持。中國則科而又科。釋而又釋。終身治之。猶難嫻悉。亦足徵彼時講律之細密。不亞今時世俗法律學之牛毛繭絲已。蓋天台後大乘師。非究貫全藏。徧善諸宗。破餘立一。鼇然允當。決不足獨闢蹊徑。成一新宗。故慈恩南山立八門。眞言淸涼立十門。辨別揀擇綦嚴也。若曹溪淨土二宗。則以教律神秘大興之下。學者倀倀乎窮於探索。反博爲約。進之修證而示歸宿。平實簡易。足當應病之藥。故善導曹溪持佛悟心之門。不唯大盛於唐。至今日猶爲佛教大國。教律、密無力與抗也。震旦古稱十三宗。實則地論歸於華嚴。攝論歸於唯識。而涅槃雖不同法華部。天台之後。亦尠專治者。故實祇大乘八宗爲止。所述小乘二宗。曰俱舍曰成實之十宗者。則皆全成隋唐之世者也。後代唯曹溪淨土二宗。頗能恢擴。小乘二宗全絕。其餘時浮時沉。欲復故觀。已屬難得。宋明來宏楞嚴者最多。然或依解義。或傍禪教諸宗註釋。無能自樹。要之唐季以來諸師。但依舊轍而已。蓋以諸宗祖師建立者。精徵廣大。更難超勝。且經論繁多。莫能盡致。雖有懷疑。無敢深求。所以末由別開生面。然佛教於以替矣。(三)徵競論考唐代之前。共緇衣競者。皆黃冠者流。崔皓傅奕雖爲大史令。亦黃冠也。儒者則依違二者間。爲排解調和。多黨佛者。若何承天范縝等。諍離形之神滅不滅義。此非佛教要義也。唐後則僅宋欽宗有惑於黃冠林靈素之事。其他若韓歐程朱之爭。則儒與佛競之大者。儒教宗孔。孔所述。皆先王成法。蓋震旦舊來沿習之禮制。佛教道教。皆方外。攝不希執政臨民之權。故與儒者無競。隋唐之間。經智者、玄奘、賢首、善導、不空、慧忠諸大師。震大法雷。雨大法雨。化洽朝野。道浹中外。頗有移風易俗之勢。將令震旦之成俗國習。一變奪儒者所守。儒乃岌岌自危。起與佛競。此亦因佛化旁魄充斥乎震旦故也。競於方內。則不得不因循世俗。隨順國習。眞理勝義。反不若世論常文之事省而功多。故教體於是乎寖卑。略徵三事。足見佛化莫盛乎隋唐。盛則成。成則老。老衰。削清頹趍。寖衰寖微。遂寖有今日。替極而轉盛。竊有望於來茲。未敢必耳。

（乙）政軛

震旦佛教。厄於政權者。傳稱三武一宗。然魏武周武。皆偏據一方。此蹶彼踊。非能芟滅。且佛典翻譯講習未備。諸宗皆在後起。故爲禍不烈。欽宗僅改佛教名稱形制。同道教。未嘗滅佛也。獨唐武宇內統一。佛教全盛。彼時蕩滅。雖未及二載。旋卽興復。而不久繼於五代之亂。教典失逸。徒衆遁散。精神形式。喪亡極矣。唐末以訖五代革命如棱律衆教部無依歸。實唯禪宗諸師。水邊樹下。延佛一線慧命。其後諸宗之復起。一皆賴之。而教典之散逸者。或於五代時。或於南北宋時。或於今時。漸次由高麗日本還歸。或迄今猶未還歸。或未嘗流入日本高麗。竟遺失不傳者。徵之開元釋教錄。亦纍纍皆是。然亦有於元季之亂而逸者。若法相宗諸部等。此則震旦佛教關於政變而衰落者也。

（丙）戒弛

天竺大乘律無定相。大略同於梵網。開遮持犯。則又隨其當時之大師。轉移輕重。其出家大士。依聲聞衆住。僅隨順聲聞各部之定制耳。在家者更無論也。蓋大乘之士。智證爲首。服戒持法。非所殷重。小乘則戒律爲首。其分部別居。多半起於戒律上之爭執。故二十部。部部有各別之戒本。細分之。則有五百部律。然壹以優波離所集。大迦葉所得戒本爲共主。故部部皆原本於佛制也。震旦譯此者。祇天竺二十部中之四部。而隋唐來盛弘者。則唯天竺曇無德部之四分律唐代礪、宣、素三家。皆屬此部。而後代以宣律師爲正宗。以其行相備足。大小通和。實集聲聞菩薩律藏之大成也。

然戒律之起。本起於教徒及世俗之交涉。除波羅夷僧殘之外。或避世俗嫌疑。或因時地風習。佛隨事增制。本難一定。如天竺五月至九月為雨時。不便行乞。故制安居之條。天竺出家道人。向習乞食。故制關於乞食遊行時諸戒。震旦俗尚風習既異。勢難一一照行。且在天竺。因其風俗習慣而節文之。故一覽便知。簡明易持。此土俗習迥殊。譯義隱略。又不得不科分段析而講之。記疏紛繁。學者益昧。雖終身學戒。猶難詳悉。禪教密淨諸宗。皆苦之。然唐代之前。莫不依律寺而住也。逮曹溪之風大行。禪者疎放。不便律居。且格於習俗。難行乞食。山中林下。信施莫恃。必須力耕火種自食其力。於是百丈山師。倡製禪宗清規。不居律寺。禪衆所依。名曰禪寺。講宗淨宗效之。則曰講寺淨寺。宋元時。曹溪之裔。欲張其宗。壞律居為禪寺。尤汲汲焉。由是律學廢弛。律義沉晦。有謹謹持律者。即以定共道共嗤之。其受戒者。不過練習形儀奉行故事而已。範衆者轉在各寺之清規。其不依衆住者。益搖蕩恣睢為高。律條之威用失。則徒侶鮮攝齊莊敬嚴肅者。而貽譏世俗寖多矣。明季諸大師。深憂之。若雲棲靈峯二師。皆勤修戒學。為學徒勵力矯宋元禪侶之弊。恢復律居。嚴重持受。靈峯師尤痛詆當時禪衆恣放。誓返佛律之本。然矯枉過半。不勝積習。其效果蓋鮮矣。後有明哲者起。庶幾斟酌佛律國俗之間。酌定善制。使佛律國俗。並行不悖。起佛教之衰。無重大於此者也。教理無論如何高尙。苟律儀不備。終莫免徒衆渙散。世人憎嫌。而今則猶賴叢林淸規。淘汰名字比丘之俗氣。藩籬僧伽。足徵百丈因地制宜之巧。禪宗亦託之彌暢也。

(丁)儒溷

宋元明諸儒。非孔非佛非老。亦孔亦佛亦老。何以非孔。以其偏取孔敎之少分。而遺其多分也。何以亦佛亦老。以其亦取佛與老之少分也。何以非佛非老。以其趨功利。希政權。重榮名也。何以亦孔。以其尊孔聖。入孔廟。口仁義。談綱常也。割孔佛老之少分義理。嫥嫥以訓講論孟學庸。肩孔孟爲旗幟。內距左荀。外排佛老。囂囂然謂承千百年旣絕之道統。然競爲華辭。則又泛濫於遷韓之奇文。江鮑之駢辭。及漢唐各體詩歌。而五經傳記。先秦諸子。反委棄塵埃矣。其於佛書。祇窺禪家之語錄。則以彼時諸宗銷歇。唯禪風大行。可代表佛教也。夫禪宗不立文敎。祇貴智證。其流傳之片言隻語。本非實法。都無經界。儒者依語尋義。玩弄於光影門頭。迷惘失情之狀。殊可嗤笑。妄肆批評曰。其語近理亂眞。其語大謬非法。陰受之而陽拒之。卒之拒非所拒。受非所受。顚倒淆亂。誣衆欺愚而已。彼時禪宗雖盛。兼善自他敎義。嫻於破立者。亦鮮其人。且儒者粗暴。往往憑恃政權。蠻行逆施。禪德但欲柔服潛化。故亦不能簡別而揮斥之。初唐之先。學者共知儒爲治世之宗。佛爲出世之敎。儒爲方內之行。佛爲方外之道。儒爲刑政之本。佛爲心性之統。各安其是。不相伐害。廬山圭峯諸師。區別綦嚴。約定俗成。從不許淩亂也。自夫宋儒始竊佛家性理歸儒。仗儒家倫理距佛。效爲聚徒說法。效爲建宗傳道。效爲語錄。效爲苦行。逐功名。徇利祿。守妻子。甘醴豢。則復以倫常自衛。於是儒佛交困。儒佛交儆。然亦未始非敎律喪失。僧侶空疎。不學無術。但誦偈語。蕩然於名守義閑所致耳。

（戊）義喪

道安師而後。義學漸盛。隋唐間諸師集厥大成。建立敎宗。擅長門學。皆行解相應。禪慧雙運。從無住本。張聲敎綱。卽達摩、慧可、道信、嬾融、宏忍諸師。專提向上者。亦皆善宏楞伽、涅槃、般若、金剛諸部。不廢講說。曹溪則尤精而兼之者也。但曹溪神秀同出五祖。而有南北宗之分。道聽之流。乃謂曹溪目不識丁。掃除教義。殊不知自證聖智。絕言思。故文字相離。故唯貴悟。若其出世爲人。固未嘗不三藏十二分教。波湧雲興乎口頰也。文殊院師謂旣到這裏來。祇與本分草料。經有經師。論有論師。又爭怪得老僧。則正以盛唐之後。教律蔚興。但接聞思資糧圓滿者。令入三摩地。得自受用三昧。故單唱宗旨耳。若夾山德山之輩。則其選也。此固達摩西來之正旨。抑亦諸宗大師之極詣。從聞思修入三摩地。寂滅現前。忽然起越。楞嚴旣明言之矣。然自唐武宗滅法。教典蕩失。義學盡絕。禪宗諸師。殷懃採集。若天台韶師。永明壽師。長水璿師等。教家皆憑之復興。心殊苦矣。孰謂禪宗一向廢斥教義哉。當義學盛時。雖普賢瓶瀉。文殊鉢化。正不妨趁向白牯黧奴隊去。苟學絕世闇。雖釋迦猶須哆哆啝啝現下劣相。亦曰時節因緣爲之而已。寒山懶殘。玄奘道宣。亦何異之有。昔某顯者欲從某禪師鬀染。禪師曰。以公淡泊。可得沙門。猶須培植福智資糧。多從經教聞薰。此道則未能遽相應矣。後世不知此意。於教律掃地之日。尙一味教人廢學絕思。是欲生龍蛇於枯井淺草栽蓮花於焦土石田也。豈可得乎。況閑邪簡妄。俾魔外從濫而向衆生無明有愛田中。闇布般若種子。生之熟之。漸與法界淸淨等流相接。尤不可闕略者哉。考之震旦佛教。教義實衰歇於會昌之難。宋代諸師纔成中興之業。而經歷季元代初明之數十年。善知識專務死坐斥教訶律。謂曰向上。小乘二宗。無人講習。固矣。即三論、法相、天台、賢首諸宗奧義微旨。亦極沉晦。然晚明之世。儒者講學大盛。佛教亦並時興起。教有雪浪、交光、雲棲、幽溪、明是諸師。禪有紫柏、憨山、博山、永覺、三峯諸師。復有周海門、袁中郎、曾鳳儀、錢牧齋諸居士。皆宗說兩通。道觀雙流。各就所得著書立說。法運之盛。唐以來未有也。逮靈峯蕅益師。尤在後起。所託既高。契悟深遠。生平勸於著作。其說深入顯出。明白精審。凡一百餘種。燦然成一家言。禪教律淨密無不該括。教義宜可復唐代之盛矣。然非天資絕特。不能承傳其全。其門弟敏行者多。而博學者少。故臨沒嘆曰。名字位中眞佛眼。不知今後付何人。其道今雖盛宏。依文解義。執其一端。而嗣經國變。清代諸帝。皆重喇嘛。旁及禪宗。雍正尤喜專提向上。稍涉經教者。若覺範、紫柏、憨山、三峯等。皆被訶擯。雲棲、蕅益。亦在所譏。故義學之風又爲斬絕。此後除替人誦懺者外。但以老實坐香念佛爲高耳。然雍正實有契佛教期大振興之者。以欲禁絕儒者之講學。故兼惡僧徒之交遊士大夫耳。且其發願於十年中。專心治國。十年後則專宏佛教。其訶禪者但攻文字經教。不眞參實悟。亦是宗家正旨。特偏於一門。未是佛法之全耳。然觀其最錄涅槃等經僧肇等論。整理龍藏序讚佛祖。使得永其位。不遽殂落。則由宗通而說通。其提倡者固有待哉。惜乎早夭。而佛教竟未受其益。且愈害之矣。高宗則陰惡佛徒。至逼死世宗所尊顯者。亦由彼時僧德卑陋。鮮能自貴。逐逐於帝王之榮辱。遂成此惡果。高宗後則禪宗亦徹叢林。但依樣葫蘆而已。可稱述者。江浙間三四道場。清規謹嚴。衲子尤能食苦甘淡泊焉耳。

(己)流竄

佛教在今日。其衰落斯極矣。無他可述矣。但有末流之竄習矣。可略別爲四流。(一)淸高流。頗能不慕利譽。淸白行業。或依深山。或依叢林。或以靜室。或修淨土。或覽經論。或習禪定。但旣無善知識開示。散漫昏闇者多。明達專精者少。優遊度日。但希淸閑。此流則所謂鳳毛麟角。已屬最爲難得者矣。(二)坐香流。自長老班首職事清衆。羣居三二百人。講究威儀。練磨苦行。但能死坐五六載。經得敲罵。略知叢林規矩者。便稱老參。由職事而班首。由班首而長老。卽是一生希望。其下者。則趁逐粥飯而已。(三)講經流。此流則學爲講經法師者也。其徒衆與坐香流無甚別。師家則授以天台四教儀。賢首五教儀。相宗八要。(此數書亦無人秉善者)使由之能略通楞嚴法華彌陀疏鈔三四種。在講座上。能照古人註解背講不謬者。便可稱法師矣。下者則或聽記經中一二則因緣。向人誇述而已。(四)懺燄流。則學習歌唱。拍擊鼓鈸。代人拜懺誦經。放燄設齋。創種種名色。裨販佛法。效同俳優。貪圖利養者也。元代天台宗沙門志磐作佛祖統紀。已謂眞言宗徒。流於歌唄。則其由來久矣。然在彼時。但眞言宗徒耳。禪敎律淨宗徒。鄙夷之曰應赴僧。今則殆爲出家者流之專業。人人皆是矣。右之四流。攝近世佛敎徒略盡。而前之三流。其衆寡不逮後之一流之什一。而除第一流外。餘之三流。人雖高下眞僞猶有辨。其積財利爭家業。藉佛敎爲方便。而以資生爲鵠的。則一也。而第四之流。其弊惡腐敗。尚有非余所忍言者。此四流之外。尚有一種守產業者。美衣豐食。一無所事。亦不受戒。亦不讀經。凡佛教中事。一切不知。或能粗知文字書畫。與俗士遊。則光頭禿頂。雖居塔廟。不與佛教徒數者也。頃十數年來。感於世變。鶩趨於世俗學藝。世俗善業者。寖見繁盛。以本不知佛教學。故多有捨人鍮石而棄己衣珠者。將謂佛法在彼而不在此。則又新起之一流也。孔子曰。飽食終日。游談無藝。不有博奕者乎。則此流雖非佛教之眞。亦稍賢於一無所事者已。然斯蓋鄉婦街士所優爲。何待於至眞至善至高之佛教徒哉。

佛學大系

凡治徹頭徹尾之學。有展手撐破虛空邊。伸脚蹈透宇宙底之大丈夫志量者。殆皆有三個疑問。橫亙心中。務求完全解決。解決那三個疑問呢。

（一）「名名色色」的「本來」是甚麼。

（二）「名名色色」的「現行」是甚麼

（三）「名名色色」的「極成」是甚麼

若有此三個疑問。必求解決。便於一切「宗教」「哲學」皆有了研究的需要。若求個完全解決。則「佛學」便成了唯一的需要。

佛學於上列三大問題的答案怎麼樣。

名名(精神的種現)色。色(物質的種現)是無數無數差異區別的。此無數無數差異區別的。一一各。各都不是永久不壞滅的。故都由「生起始成」的。是由「生起始成」而且不是「永久不壞滅」的。則一一各。各便都是「暫有」「偶有」的。細細看來。不單是「暫有偶有。」而且是「無而忽有。有而卽無。」變時極速疾的。但恆通徧滿於「無數無數類差各別」「極速極速生成壞滅」的。名名色色。確實是有。「未嘗異未嘗變永不異永不變之性」的。譬如有不隔不別不壞不失的水。故那洶洶異。相滔滔變現的波浪。得以無際無斷。但名名色色都是變異的。不是不變異的。故此不變異的。雖不可無。亦不能有。祇得强名之曰「如。」換言之。則祇可强名曰「恆偏而不變異的。」作個記號耳。其餘既都是變變異異的名名色色。則便都不是眞實的。蓋眞實的必常如是。常如是的。必偏如是。然則眞的必是無變無異的。無變無異的。方是眞的。故名名色色的。皆不是「眞。」唯「如」是眞。强謂之曰「眞如。」

「眞如」既是無乎不在無乎不然的。便可知佛學於名名色色之『本體』是甚麼的答案。就是

眞如了

「眞如」是虛豁圓活的。是無形對無識別的。然則那「無數無數物差類別」「無常無常生成壞滅」的名名色色。是甚麼現起存在的呢。實在的祇是「眞如」實無他物。然現爲「名名色色」者。卽由「眞如」是無形對無識別的。所以不曾自知。無明復由「眞如」是虛豁圓活的。所以又得欲知之心。欲知之心乍動。所知之心隨變乃現爲「名名色色」。而「眞如」終不見「眞如」雖不見。而「名名色色」實皆眞如也。名名色色之「貫持者」。乃心之發生力的「意」。名名色色之「變異者」。乃心之了別力的「識」。於是亦便可知佛學於名名色色之「生緣」是甚麼的答案。就是

意識了

意識是參錯流動的。是有執見有創造的。然則那意識又何以不能契證「眞如。」

但發生了別那「變異的名名色色呢。」就因爲「意識」是「眞如不自知」而起的欲知。故所知的皆是所變生的名名色色。不能知「眞如」也。然在意識持變的名名色色中。每每免不了「迷悶」及「牽逼」之苦。由是意識對於名名色色。又起了「悟徹」及「解脫」的心願。信有不由「意識」而生起存在的「不變不異眞如覺性。」一旦契會。便得透脫「名名色色」自在徧照。如此第一步觀察「名名色色」皆是「意識」變生的。此第一層已明確證知。則「名名色色」都唯「意識。」「意識」便不去求知「名名色色。」貫持變異「名名色色」的力量便消滅了。進觀意識卽眞如。眞如卽意識。意識卽眞如。故「意識」便生不了「幻夢質礙。」眞如卽意識。故「眞如」便圓成了「妙覺明知。」眞如圓成了妙覺明知。故徹體圓照名名色色而自性虛靈不昧。意識不生了「幻夢質礙。」故隨緣普現名名色色而當相融映無盡。是之謂無上正等覺。於此便可知佛學於名名色色之「極果」是什麼的答案。就是妙覺了將上來所說的歸納起來便結成三唯勝義。是那三唯勝義呢。

第一　說明「實在」是「眞如」的「唯性論」

第二　說明「現有」是「意識」的「唯心論」

第三　說明「究竟」是「妙覺」的「唯智論」

此三唯論便是佛學的大系了。何以見得呢。茲略爲推較於下。

（甲）三唯論之含攝

（子）三唯論的各攝

五蘊、十二處、十八界──根本法性

三毒、三業、三有──六凡法性

根本法性、六凡法性──眞如性

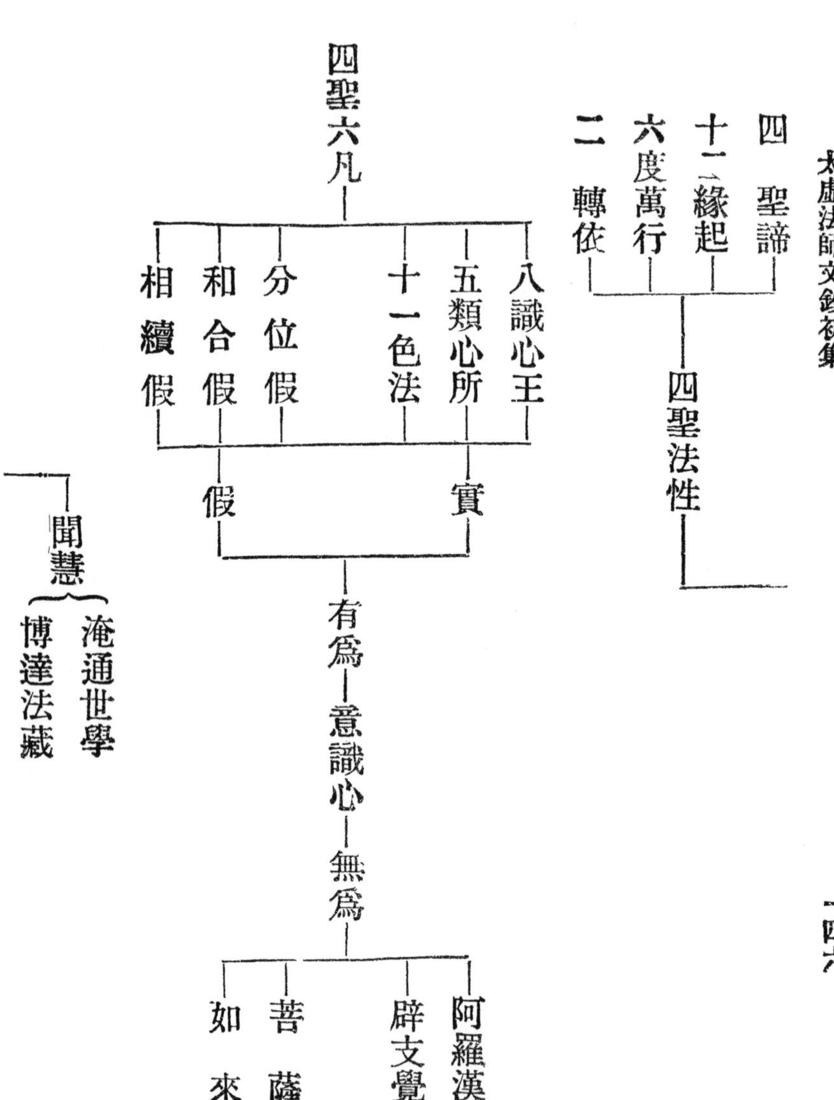
四聖諦
十二緣起
六度萬行
二轉依
四聖法性
四聖六凡
八識心王
五類心所
十一色法
分位假
和合假
相續假
實
假
有爲
意識心
無爲
阿羅漢
辟支覺
菩薩
如來
聞慧
淹通世學
博達法藏

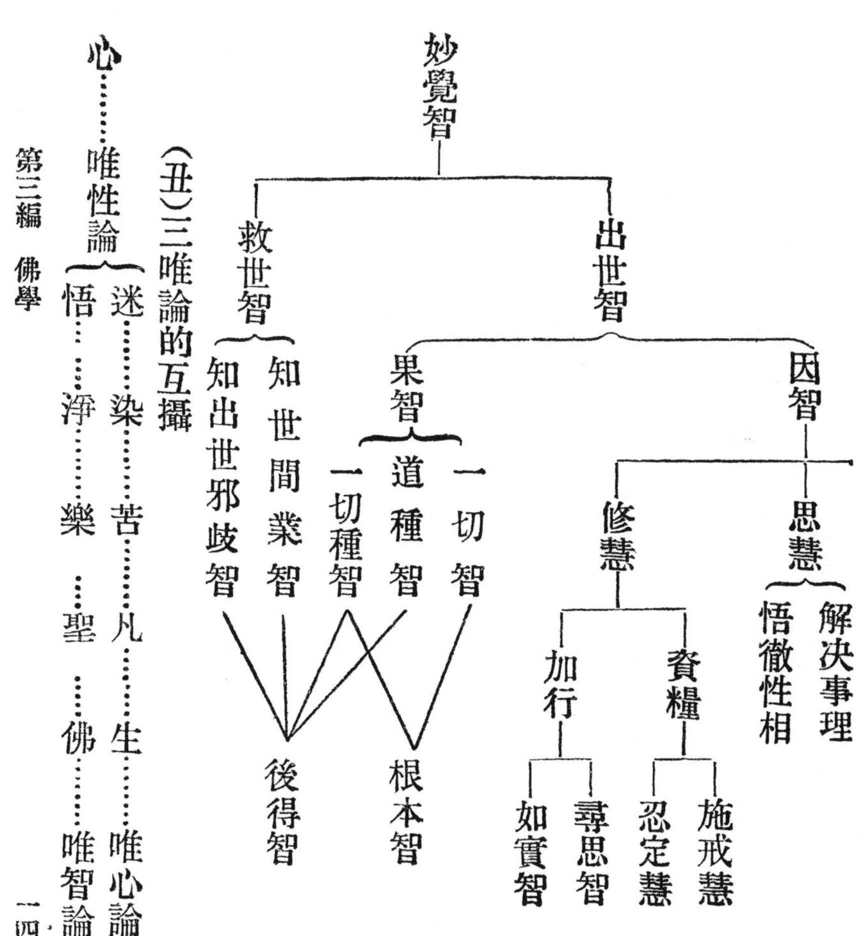
妙覺智
出世智
救世智
因智
果智
思慧
修慧
解決事理
悟徹性相
資糧
加行
施戒慧
忍定慧
尋思智
如實智
一切智
道種智
一切種智
知世間業智
知出世邪歧智
根本智
後得智

(丑)三唯論的互攝

心
唯性論
迷……染……苦……凡……生……唯心論
悟……淨……樂……聖……佛……唯智論

- 衆生……唯心論
  - 體——唯性論
  - 用——唯智論

- 佛——唯智論
  - 性——唯性論
  - 相——唯心論

「心佛及衆生無差別而三。衆生心及佛三而無差別。是謂三唯論互攝之妙法。

(乙)三唯論之貫通

(子)三唯論與大乘宗（人天乘小乘攝在大乘不具論）

- 眞如的唯性論
  - 從「教觀」入者……嘉祥宗（三論）
  - 從「證悟」入者……少室宗（禪宗）

- 意識的唯心論
  - ……注重理論者……慈恩宗
  - ……注重行爲者……南山宗

- 「智性者
  - 實智證現者……清涼宗（華嚴）
  - 權智施顯者……天台宗

妙覺的唯智論——智相者——正報加持者……開元宗眞言
　　　　　　　　　　　　——依報引歸者……廬山宗淨土

(丑)三唯論與哲學

哲學上唯一大事之「本體論。」(亦曰元論。玄論。)雖各有種種的說明不同。說明到「離過絕非。」畢竟平等不可破壞。遣無可遣。立無可立的。必以佛學之「眞如的唯性論」爲極。則哲學對於宇宙的「物質現象」「精神現象」「生命現象。」亦須有「因果」「生滅。」「成壞」「恆轉」「分合」「業用」「功能」「造化」等關係的相當說明。其說明雖亦種種不同。而佛學之意識的唯心論。實能總集其成。使種種不同之世論。皆得一容存的位置。

哲學之所由治者。雖在要知識「實體」之眞相。和「幻象」之通性。換言之。則謂由要獲一「最正確最普通最永久的知識。」亦無不可。故近來哲學上之「知識論。」(亦曰認識論)乃視「本體論」尤爲重要。對於「本體」所知識者益眞確。則宇宙現象之虛渺益明顯。由之可反證「宇宙現象」皆由對於「本體」的「錯誤知識」所生起理正。那「錯誤的知識」成「正確的知識」。則本體洞徹現象。現象洞徹本體。便理事一致了。以言「正確知識」則佛學之「妙覺的唯智論」便是擅長了。

要之本眞如體元絕對都無認識。元無認識。故得起錯誤認識。忽起錯誤認識。將錯就錯。錯上加錯。謬種流傳。迷眼深積。錯錯相結而不解。錯錯相引而不斷。故有「衆生」「世界」「業果」之相續。若自知向來之認識都錯誤了。革了那「錯誤認識」的命。化爲眞確之知識。認識一一法自性的本體。如十字街頭撞見親阿爺一般。一絲一毫都沒有錯誤了。卽爲成了佛。有了都無錯誤的認識。故不復得起錯誤此便是「卽人成佛之學」。成佛不是件奇怪的事。人人可卽成的。但也要有些大丈夫的志量始得。

論佛學次第統編

佛法名相浩繁。義類奧博。對於一大藏經律論著。每使人望洋興嘆。莫知何所適從。雖有一切經音義、翻譯名義、佛爾雅、佛學小辭典、佛學大辭典、等編撰。僅解釋名句耳。雖有大明三藏法數、教乘法數、諸乘法數等編撰。僅錄列名數或略解句義耳。雖有閱藏知津、法海觀瀾、等編撰。僅略序部類。少提綱要耳。雖有隋唐宋明淸之教藏目錄、及日本弘教書院藏、續藏、又續藏、等目錄之編錄。僅次第錄列部帙之名題耳。至乎總括佛學之一切法相義類。依一貫之條理而編次之。可爲航教海之南針。且可憑之得明佛學之系統者。吾未之見焉。以之樂趨簡易者。譏爲入海算沙。鹵莽滅裂。執持其一二端。沾沾自喜。而聖教竟束高閣。或縱探經究論。窮年矻矻。亦往往以不能獲其要領。終而淺嘗輒止。不免糢糊汗漫。更無論已。故今寂照居士之佛學次第統編。爲不可緩。而將大有功於佛法之宏明者也。

或謂阿難四阿含之結集。及小乘有部所撰大毘婆沙論俱舍論等。大乘所撰大智度論瑜伽師地論等。亦何莫非統括佛教之一切法相義類。依一貫之條理而編次之。或加以判攝焉者。傳入中國。援引大智度論之例。若天台之法華玄義文句。淸涼之華嚴懸談疏鈔。其應用者宏矣。復何事後生初學之有此佛學次第統編爲。

然一時有一時之機會。適宜而作。豈能以古擬今。且正由往昔諸大士先德曾爲種種之結撰判攝。不啻於佛法中添出若干之名相義類。各成一門一宗一簇一聚之學說。及今已極形間錯雜糅。極需要有爲之次第統合編集之者耳。故古師之作雖云美備。較今或不妨有所增減。兼之古作之文勢辭氣。與今人之心理相去懸遠。每致艱於了解。則欲通古人之書。亦正須有爲之門徑者。故此編之特長。卽在但貫攝編次。使法義有一系統。而不加批判焉。

編凡有四。今爲用分類法表列之

- 佛學次第統編
  - 外編(一)
  - 內編
    - 正編(二)
    - 旁編
      - 餘編(三)
      - 附編(四)

外編爲敍列教外之各學派各教宗者。餘編爲敍列教內各教相各宗致者。附編則佛教之歷史及地理也。故此四編爲法義之集中者。唯在正編。正編復分七篇。一、世間相。二、出世間相。三、小乘。四、大乘。五、密教。六、人天乘。七、綜合。亦爲用分類法表例如下。

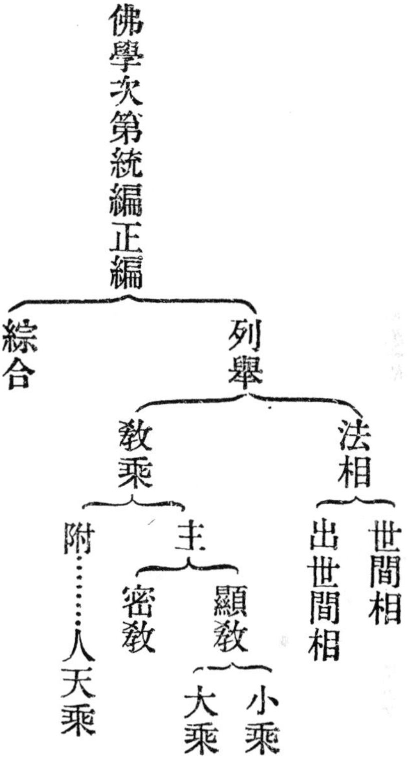

佛學次第統編正編
- 列舉
  - 法相
    - 世間相
    - 出世間相
  - 敎乘
    - 主
      - 顯敎
        - 小乘
        - 大乘
      - 密敎
    - 附……人天乘
- 綜合

今是爲之序論者。意亦僅在其正編也。然手此一編。雖足窺佛學之法統。余則望覽者用爲深入經藏之探海燈。勿徒以是爲足。且更望編者以不懈之搜討、修訂。使益臻完美焉。

序論既終。更出其一例以與編者商之。

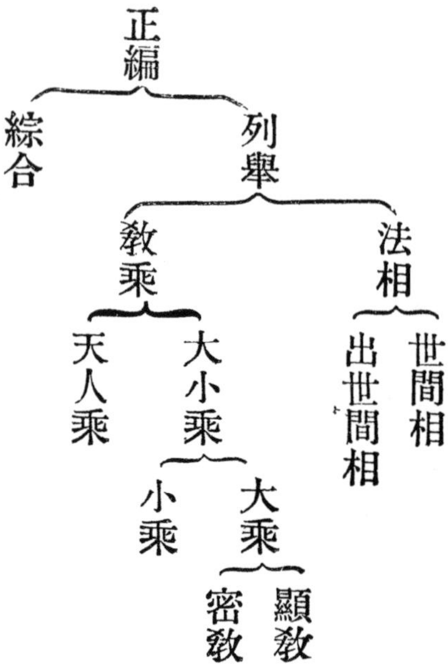

- 正編
  - 列舉
    - 法相
      - 世間相
      - 出世間相
    - 教乘
      - 大小乘
        - 大乘
          - 顯教
          - 密教
        - 小乘
      - 天人乘
  - 綜合

此中次第系統之理。敍列法相。則由世間而及出世間。彰衆生上達之義。上達至究竟卽佛。佛乃下化。故敍列教乘。則由大乘而小乘而天人乘。顯如來垂濟之義。佛自住大乘。但教化菩薩。若施慈悲方便。則由大乘而緣覺乘而聲聞乘而天乘而人乘。展轉資爲攝引。終而綜合。則無異法華之開權示實。涅槃之追說還泯耳。斯則法相爲內證之門。教乘爲外化之道。而內證外化之旣圓。乃會歸而綜合焉。

對辨大乘一乘

去秋北京講法華。嘗略論大乘卽一乘。謂大乘之大有遮表之二義。一、遮餘非大故名大。謂揀除餘乘非大乘、故非此不彰大乘殊勝。然對餘乘名大。故爲相對大乘。卽三乘五乘中相對安立之大乘也。二、表此是大故名大。謂直顯當乘是大乘。故非此不彰大乘普容。但約當乘名大。故爲絕對大乘。卽一乘無量乘絕對圓融之大乘也。凡言大乘。任運具茲二義。諸經論中或聊舉一義。以談隨宜別說。法實無虧。昧者齊名定旨。逐句封宗。不知一乘卽大之轉名。雖有二名。名無二實。以體相用皆平等故。乃橫見大乘一乘之異。是非穿鑿。曲辯多端。徒益乖競。無加法利。豈通人之所樂從哉。

或謂既成二名。便有二義。若無義。何須轉成二名。答曰。謂依分位設此差別。一者佛自住大乘。常以大乘法化諸大心。故唯此直顯是大之一大乘耳。時或遇有須用餘乘化導之根性。卽施設餘乘化之。同時直顯是大之一乘以與餘乘相對。故卽轉爲揀除非大之大乘。迨一期餘乘之化既、終。仍唯直顯是大一大乘存。故轉名一乘。二者能運載有情出惡趣至於善道。則五乘皆有功用。故有相對人天聲緣四乘之大乘。能運載有情出三界分段生死至於生空涅槃。則三乘皆有功用。故有相對聲緣之大乘。但餘乘之體相用。至既出三界分段生死之域。則便失滅。失滅則失其相對。而唯自運至如來位運他無盡之大乘存。故轉名一乘。悟但依分位差別而轉名。則能善巧隨順。不致逐名生執。

然大有方廣之義。以方正之體相顯殊勝。則遍揀一切高標大乘。故恒相對有餘乘。以廣博之性用顯普容。則遍收一切圓攝餘乘。故恒絕對唯一乘。則大乘一乘雖無二。大乘具一乘圓攝之義。一乘缺大乘高標之義。故當以大乘爲正名。一乘爲變名也。迷者取「三乘中大乘」別辨別有「三乘外一乘」之勝。不知唯一大乘故名一絕對不二故名一。今對三辨一。則三與一成二。反失一乘之實也。

前者雖略論如此。但古師執異見者多。末流沿習。視爲固然。蓋法華華嚴諸家蔑不然也。法華諸師盛於光宅。華嚴諸師烈於賢首。故取二師之言辨之。

光宅師云。法華臨門三車。即是權敎三乘。四衢等賜大白牛車。即是實敎一乘。以臨門牛車亦同羊鹿。俱不得故。並無體故。諸子皆索故。

今辨此文。先引經證。譬喻品曰。爲說三乘聲聞辟支佛佛乘。又曰當得三乘聲聞辟支佛佛乘。又曰若有衆生、從佛世尊、聞法信受、勤修精進、求一切智、佛智、自然智、無師智、如來知見、力、無所畏。愍念安樂無量衆生。利益天人。度脫一切。是名大乘。菩薩求此乘故、名爲摩訶薩。如彼諸子爲求牛車出於火宅。又曰是諸衆生皆是我子。等與大乘。又曰初說三乘引導衆生。然後但以大乘而度脫之。又能與一切衆生大乘之法。又於一佛乘。分別說三。於此經文。可見數義。(一)法華中佛乘大乘一乘之三名。其義通用無別。故初於三乘中說爲佛乘。次又以求牛車喩爲求大乘。次又以等與大白牛車喩爲等與大乘。次又以初說三車後但與大車喩爲初說三乘後但度大乘。次又以不分別說爲三者曰一佛乘。可知三種名義。俱通用無別。(二)求牛車者所求大乘。旣卽是求一切智佛智自然智無師智如來知見力無所畏者。試問超如來知見之外。更將何法爲大白牛車之一佛乘。(三)三乘中之大乘旣名佛乘。應卽是不分別說三之一佛乘。謂逐機宜分別說時。則聲緣二乘相對爲三。隨佛意不分別說時。則唯有此一佛乘而已。若猶云離此佛乘外別有一乘。則彼所云別有之一乘應非佛法。以在佛法外故。(四)等與大白牛車。既明文是喻等與大乘。初許三車後但與大車。既明文是喻初說三乘後但度大乘。若猶云離大乘外別有一乘。是明與佛語違抗也。次申義成大白牛車之大佛乘。總以「佛之知見」爲體用。約義解說則大白牛是眞如無分別智。大寶車是具德妙莊嚴智。雖發心求大乘之菩薩未登地前。但依所聞於佛之大乘教理爲境。起修諸大乘行。未證體智。先已出三界煩惱。(攝論等有義。初已盡斷煩惱地)故求牛車者亦不妨與求羊鹿車者俱不得車、並無車體、皆索於車也。然法華本爲會二乘入大乘。故於大乘不深分別。其實求牛車者與羊鹿車者。雖以佛教門出三界苦時。俱不得車、並無車體。皆索於車。而大有不同也。(一)求大乘者於佛乘之教理行證。但以未證爲「不得」「無體」而以求證爲「索」。故其得大白牛車者。卽登地證入佛之知見也。二乘則於佛乘之教理行證都未曾有、爲不得無體。而以求有爲索。故其得大牛車者。但先得佛乘之教理。於行證則從佛授記於將來得之耳。(二)二乘於法華聞從前所修證之二乘行果。皆是爲一佛乘所施之方便。故今皆與授記成佛。殊非本心所期。若本求大乘者。則雖證得佛知見。亦得其本心之所求耳。或謂四衢道中授諸子大白牛車時。皆云非本所望。則大白牛車應亦非本所求之牛車也。然此云非本所望求大乘者之非本所望。不同求二乘者之非本所望。二乘以得聞開示有佛知見爲非本所望。大乘以得證入佛知見爲非本所望。佛知見既本所求。何以證時乃云非本所望。以從前但依教義解行。今得親證。逈然不可言思。故非本所望。經云修多羅教如標月指。若復見月。了知所標畢竟非月。一切如來種種言教開示菩薩亦復如是。此明菩薩已入地者隨順覺性親見月時。了指非月。故非本所望耳。於此可知不應於大乘一乘生異見。將大乘屬於權教之三乘。於大乘別立實教之一乘也。賢首華嚴教義分齊料揀一乘大乘。有十義別。

一、權宜別。同光宅師所辨

二、教義別。謂經云以佛教門出三界苦。三乘中大乘但是教。而一乘方是義。辨曰。此所云義。於教理行果四法中。指理言、指行言、抑指證言。指理指行。則求大乘者本由聞大乘出三界。雖未能盡大乘行。然固有大乘理行矣。二乘但依二乘出三界。故於大乘之教亦未能有指證以言。則可未證。雖然未證。大乘固必趨至乎「證」而具足乎教理行證。故若但以「證」爲一乘。則大乘具教理行證。而一乘則但大乘之證耳。

三、所期別。謂經云非本所望。故大白牛車非本所求之牛車。故此已見光宅師所辨。

四、德量別。謂宅內言牛車不言餘德。露地所授大白牛車。廣敘車德牛德。其德量不同。故辨曰此但前後法喩互爲影略。以避文繁耳。何足據以爲異乎。不見宅內所求之大乘法說中。嘗云求一切智佛智自然智無師智如來知見力無所畏等乎。此非卽言大白牛車之德量乎。故合前後法喩觀之。卽知其無異也。

五、寄位別。謂本業仁王經及十地攝論等。皆以初二三地寄在世間。四至七地寄出世間。八地上寄出出世間。四地至七地寄三乘。八地上寄一乘。八地上與七地下別。故一乘異大乘。辨曰。今謂大乘總包世間出世間及出出世間。若但以出出世間爲一乘。亦名大乘中之一分。非可離異於大乘也。

六、付囑別。引法華云。未來世若有信如來智慧者。尙爲演說此法華經。令得佛慧故。

若不信受者當於如來餘深法中示教利喜謂餘深法卽大乘也非一乘故云餘非小乘故云深法華別意唯在一乘故作此囑辨曰三乘中求大乘者旣卽爲求如來知見者應卽是「信如來智慧當爲演說此經者」餘深法指權乘法非佛自住之唯一大乘故云餘非世間故云深或泛指若華嚴若深密等無小對小之大乘法爲餘深法而專指會權皆實無小非大之大乘爲法華此則法華與餘深法但分位有異而唯一大乘無異也

七根緣別引華嚴云菩薩摩訶薩無量億那由他劫行六波羅密修習道品善根若未聞此經或聞不信受隨順是等猶爲假名不得名爲眞實菩薩謂多劫修菩薩行又不聞不信華嚴經若非三乘權教菩薩是何人也辨曰三乘中大乘旣是求無上覺者由教理行而未能證卽是未聞此經或聞不信此經指入法身爲大乘之眞實菩薩此但於大乘中行證淺深之異不得云於大乘外別有一乘也

八信順別引華嚴云一切世界羣生類鮮有欲求聲聞乘求緣覺者轉復少求大乘者甚希有求大乘者猶爲易信解此法甚爲難謂賢首品正明信位成佛等事既越

三乘。恐難信受。故舉三乘對此決之。辨曰。華嚴舉果令信。別以圓圓果海徹於寂寂因源之法名爲此法。然此法亦大乘中之果法。謂發大心猶易。而於果法能圓信無疑圓解無惑爲甚難而已。豈得指此爲別有一乘哉。

九、顯示別引華嚴云。若衆生下劣。示以聲聞道。若復根少利。爲說辟支佛。若有根明利。有大慈悲心。饒益諸衆生。爲說菩薩道。若有無上心。決定樂大事。爲示於佛乘。說無盡乘法。辨曰。菩薩爲大乘因。佛爲大乘、果。或宜聞說大乘因行。或宜聞說大乘果德。雖有因行果德不同。其爲大乘無二。

十、本末別。引大乘同性經。所有聲聞法。辟支佛法。菩薩法。諸佛法。皆悉流入毘盧遮那一智藏大海。謂此文約本末分異。仍會末歸本。明一乘三乘差別耳。辨曰。此云毘盧遮那智藏大海。總指大乘之體相用大言。以佛法爲大乘果法。菩薩法爲大乘因法。聲緣法爲大乘方便法。故皆攝歸於大乘海。猶圓覺之所云圓覺。與楞嚴之所云如來藏。皆指一切法從流出耳。

古近嚴別於一乘大乘者。其理由不外乎前之所述。但迷而局之則成別。悟而通之固無別也。若夫曲逗時宜而爲一期方便之談。則於一爲無量無量爲一之大乘法中。隨指一法以舉爲最勝。亦何不可。迨妄情執着之既深。取作實法。則又不得不破其情而使順於理也。對辨一乘大乘。即非對辨一乘大乘觀者幸毋於中起分別焉。

三重法界觀

華嚴宗立四重法界。一理。二事。三理事無礙。四事事無礙。而統以一眞法界。今以其所言者未切符心境。另立三重法界爲法本。回互交絡。以觀其義。

何謂三重法界

一　物我法界

二　心緣法界

三　性如法界

一、物我法界者。物謂「各個體相」。我謂「個體主意」。不越此「各個體相」及「個體主意」之範圍者。則謂「物我法界」。若異生及二乘但見佛之應化身土。則雖觀「佛」亦不越於「物我」之域。觀餘更可知矣。故二乘之涅槃必灰身泯智而後證。即彼觀佛亦未至灰身泯智。則不越物我之範圍也。依此以觀之。則法界者。物我而已矣。舉心動念無越於物我者。故契經云。汝暫舉心。塵勞先起。又云。以生滅心辨淨圓覺。彼淨圓覺亦同流轉。蓋除塵勞流轉無心境也。

二、心緣法界者。心謂「慮知靈覺」。緣謂「轉變依持」。觀一切法。無有越於「慮知靈覺」所「轉變依持」之域者。則謂「心緣法界」。在佛大士雖觀地獄亦心識所變所緣境。於其自住三摩地境更可知矣。故登地大士證法界不離心。故見佛身土相好無量經云。諸識所緣。唯心所變。又云。無有少法取於少法。蓋法界無非靈妙變通之心心所緣境耳。

三、性如法界者。性表「常徧眞實」。如遮「變異虛幻」。都非「變異虛幻」之一切法而一切法唯是「常徧眞實」。强名「性如法界」。離名言相離心緣相法界泯絕。無說無證。

今用此三重法界觀。以略觀諸敎義。

一 觀聖敎三學

第一單觀。第二複觀。第三圓觀。今見單觀。

物我法界……戒唯依此以辨持犯

心緣法界……定唯依此以辨定亂

性如法界……慧唯依此以辨眞妄

二乘法中三增上學要唯如此。戒唯止持借作助止。心唯靜定觀化取靜。慧唯滅眞。厭生欣滅。由滅證眞。滅尚非眞。蓋但悟物我法界之患之空。未悟餘二法界之德之不空。故滅有患而取滅有患所成之空也。次複觀者表解如下。

物我法界　　戒

心緣法界　　定

性如法界　　慧

大乘凡位三增上學。大致如此。戒曰心戒。定曰性定。慧曰空慧。若三論宗之慧。當屬於此。利者能見性德不空。鈍者但見物患之空。

次圓觀者。表解於下。

物我法界——戒
心緣法界——定
性如法界——慧

大乘聖位三增上學義見於此。(一)物患泯乎心性。性德充乎物心。心光炳乎物性。故曰金剛心地寶戒。(二)心離乎物而契乎性。性持乎心而顯乎物。物現乎心而寂乎性。故曰海印三昧。(三)性周遍乎心物。物交徹乎性心。心含照乎性物。故曰法界海慧。(注曰大乘入地爲聖。地前爲凡。)

二觀佛乘三法。

一、單複觀。

物我法界——衆生法
心緣法界——心法
性如法界——佛法

舉一心爲衆生。亦舉一心爲佛。心雖非生非佛。可爲生佛交通。故得成無差別之義。

次、復圓觀

物我法界——心生滅相……衆生法
心緣法界
性如法界——心眞如性……佛法

心法……衆生心

大乘起信論之一心二門。可作如此觀法。

三、圓圓觀

物我法界——衆生法
法緣法界——心法
性如法界——佛法

心者物之用。性者物之體。未有不具體用之衆生者。故衆生法全攝心法佛法。平等平等。物者心之相。性者心之性。未有不具性相之心者。故心法全攝衆生法佛法。平等平等。心者性之智。物者性之境。未有不具境智之佛者。故佛法全攝心法衆生法。平等平等。如此乃極成三無差別義。

三觀法相三性

一、單觀

物我法界……偏計執性……妄執唯空

心緣法界……依他起性……從緣幻有

性如法界……圓成實性……本有眞如

二、複圓觀

唯識三性

偏計執性　依他起性　圓成實性

物我法界　心緣法界　性如法界

情有理空……偏計執性

相有性空……依他起性

理有情空

性有相空

圓成實性

賢首三性

三、圓圓觀

（實成圓）（起他依）（執計偏）

物我法界　心緣法界　性如法界

名有實空

迷有悟空

偏計執性

境空心有

眞空俗有

依他起性

物空如有

緣空性有

圓成實性

如此方盡三自性三無性之理。

四觀天台諦觀

一、但單觀

假觀俗諦境……物我法界……眞諦空觀智

中觀中諦境……心緣法界……俗諦假觀智

空觀眞諦境……性如法界……中諦中觀智

初觀從假入空。從俗入眞。則從物我法界到於性如法界。證性如法界之空觀眞諦境。成物我法界之眞諦空觀智。次觀從空出假。從眞出俗。則從心緣法界又到物我法界。證物我法界之假觀俗諦境。成心緣法界之俗諦假觀智。三觀從二入中。則從物我法界到性如法界。同時又從性如法界到心緣法界。故證心緣法界之中觀中諦境。成性如法界之中諦中觀智。此爲次第諦觀。

二、複觀

物我法界　　眞諦空觀此通大小乘鈍者住偏空利者入假中

心緣法界　俗諦假觀
性如法界　中諦中觀

此亦次第三諦三觀

三、圓觀

一境一心
- 物我法界　一眞空一切眞空無俗假中中不眞空
- 心緣法界　一俗假一切俗假無眞空中中不俗假
- 性如法界　一中中一切中中無眞空俗假不中中

此爲一境三諦一心三觀之圓融諦觀也。

五觀賢首法界

一、單複觀

物我法界……事　法　界
心緣法界……理事無礙法界　事事無礙法界
性如法界……理　法　界　一眞法界

二、複複觀

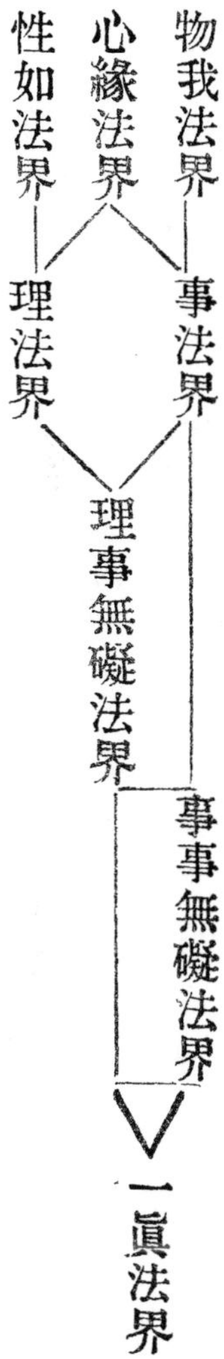

物我法界─事法界─事事無礙法界
心緣法界╲╱理事無礙法界╲╱一眞法界
性如法界─理法界

三、圓圓觀

一眞法界：物我法界、心緣法界、性如法界（交錯）事法界、無礙法界、理法界─事事無礙法界

茲僅略明其致。廣開其義無盡。要之「物我」者業所集生之假相。非體能覆於體。無用能礙於用。諸浮現世間者皆是。「心緣」者果所由起之實用。非體能緣於體。無相能起於相。諸世間轉依者皆是。「性如」者非業非果之眞體。非相不住於相。無用不捨於用。若能心不隨物。心契乎性。則物我覆礙。空性如朗。顯心緣自在。成佛之要。無捷於此。

對辨唯識圓覺宗

或曰。依賢首五敎分判。則唯識乃大乘分敎。與三論同爲大乘始敎。屬大乘權敎攝。而圓覺則正爲頓敎。前綰終敎。後通圓敎。屬一乘實敎攝。又依圭峯三宗分判。則唯識僅爲法相宗。進之乃爲三論之破相宗。再進之乃爲圓覺法性宗。敎相宗體如此迥然不同。今乃合會以爲一宗。其烏乎可。

辨曰。立名取義。判敎分宗。意趣歧異。未應一割求齊。嘗觀天台之立藏通別圓四敎。判三論爲通別圓敎。前攝藏敎。後通別圓。而以通敎爲正。故今亦謂之大乘。攝小宗。以其共般若猶爲三乘之平等法也。判唯識則爲別圓敎。而以別敎爲正。其判華嚴則圓兼別而判唯識則別兼圓雖無明文其義必然獨但大乘不通於小。歷別法相不卽於圓。故今亦屬之大乘不共宗。以其與圓覺同爲大乘之殊勝法也。然在賢首於始敎有分始空始之二。其詮次則分淺空深。遂謂天台之別敎。僅爲分始敎。卽圭峯法相宗。天台之通敎。乃爲空始敎。卽圭峯破相宗。天台以通爲淺。以別爲深。先後之序。已適相翻。但天台之通別。要唯賢首之始敎耳。故天台之圓敎。兼終頓敎。卽圭峯法性宗。非賢首純圓之圓敎。

顧天台亦譏賢首之圓敎爲兼別圓非天台純圓之圓敎。二家之徒裔。各據一勢以爭勝。迄今未有以論決也。然以何意趣成此歧異乎。蓋賢首之圓敎本依唯識演增而相一貫。欲顯華嚴特勝。正由相近而恐相合。故設空始敎終敎頓敎三重隔離之。而天台之圓敎本依三論演增而相一貫。爲顯法華特勝。亦由相近而恐相合。故設別敎一重以隔離之。今以陶融三乘法執入大乘之般若爲無生法性宗。以大乘不共者爲唯識圓覺宗。法華開示悟入佛之知見。佛知見卽圓覺。融會三乘而歸存一大乘。卽是由般若入圓覺。華嚴是佛本自住之大乘。正爲圓覺菩薩悟唯識得一切智。智果卽圓覺。故皆總統於唯識圓覺宗。如此分判。似較賢首五敎及圭峯三宗爲尤當。遍諸敎文。亦無違難。

按梵土傳來大乘顯敎之本宗。蓋唯般若瑜伽。般若爲空宗法性宗。瑜伽爲有宗法相宗。圭峯改名般若爲破相宗。別依勝鬘密嚴楞伽華嚴法華涅槃等立爲法性宗。夫如如不動爲法性。而緣緣無盡爲法相。圭峯所云法性。謂之法性固可。謂之法相亦無不可。且摩訶衍論以眞如當體。以如來藏當相。謂圭峯所云法性是指眞如言。

毋寧謂其是指如來藏言。如來藏雖不遺體用。而於相義爲顯。猶之眞如不遺相用。而於體義爲顯。故圭峯所云法性不如謂之法相尤當也。究之法性法相二名。義詮雖二。法實唯一。何者。性有體性之性。相用之性。相有形相之相。體用之相。相用之性。乃是卽相之性。故法華謂之實相。而涅槃謂之佛性。實無欠餘。體用之相。乃是卽性之相。故楞伽謂之識海。而華嚴謂之法界。亦無欠餘。三論顯性。側重體性之性。唯以遮詮空一切法。殆同有主無賓。劣者未能入於具顯相用之不空性。然固當名之爲法性宗也。唯識彰相。深探體用之相。雖以表詮立一切法。未嘗取貌棄神。悟者皆能證於全彰體用之如幻相。固可名之爲法相宗。尤當與卽相之性法華等卽性之相華嚴等同名爲中實宗也。乃圭峯於三論遺其法實但名破相。於唯識似指其得假遺眞。但彰形相於相性之法華等及性相之華嚴等。又遺法相單言法性而不彰性相不二之中實。似乎皆有未當。今將法義圖示如左。

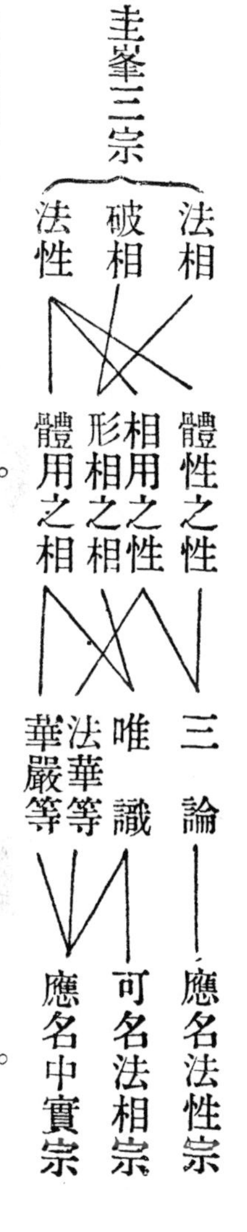

由此觀賢首五敎之大乘四敎。亦可見爲並入大乘妙覺海之四門。而決非如賢首家所排列爲由淺進深之四階級也。先以圖示。後爲說明。

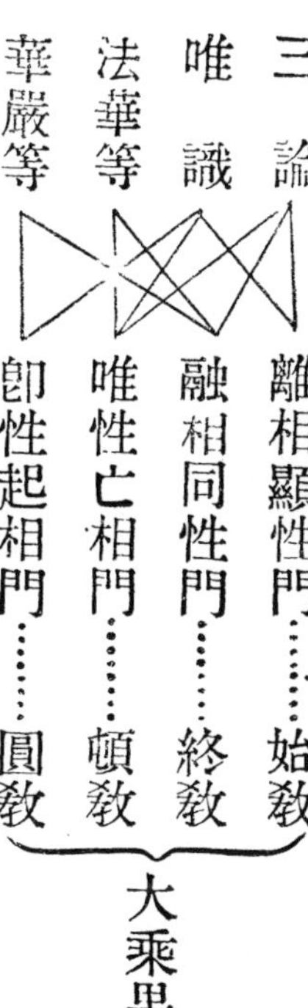

般若宗以遠離蕩除一切法相。皆畢竟空而顯性。眞若性顯卽唯性亡相。則通禪宗。故黃梅曹溪皆宏揚般若。轉之若融一切法相皆等同於法性。則通天台。故天台敎觀乃依智度中論流出也。瑜伽宗先分別離析一切法相皆唯識變而顯性。眞次性顯則唯性亡相。同於禪宗。故少室傳楞伽以印心也。終乃卽性起相而同華嚴。此其序次閱天親三十頌甚明。天台宗法華等經宏融相同性之教。一根一塵皆是法界。一色一心無非中道。然圓教妙覺佛坐虛空座身同虛空。則又唯性亡相。賢首宗華嚴等經宏卽性起相之教。珠網交羅。芥瓶炳現。無際無盡無障無礙。然亦統爲一眞法界。融相同性。由此四門同入密嚴。但以無生法性乃根本智境是大涅槃果。唯識圓覺乃後得智境是大菩提果。一可攝小。一獨在大。故復分爲二宗。

或謂古師嘗立十別以揀異於所云之法性宗及法相宗。一、一乘三乘別。二、一性五性別。三、唯心眞妄別。四、眞如隨緣凝然別。五、三性空有卽離別。六、生佛不增不減別。七、二諦空有卽離別。八、四相一時前後別。九、能所斷證卽離別。十、佛身有爲無爲別。此若未能一一論決。則唯識圓覺猶不得爲一宗也。(一)謂法相之深密等經。以三乘爲實。一乘爲權。法性之法華等經以三乘爲權。一乘爲實。故一乘三乘別。辨曰。約佛意則一乘爲實。五乘爲權。以一雨一地。故約生機則三乘爲實。一乘爲權。以三草二木。故一乘爲實。說爲一乘則權。因機起說。別被不定機。故雖亦兼通餘機專爲則在於是五乘爲權。說爲五乘則實。通被一切機。故又約融相同性門則五乘權一乘實。卽性起相門則一乘權五乘實。故華嚴之無小唯大。異於法華攝小歸大。以顯佛乘最上乘之殊勝大乘。又華嚴或有國土說一乘。或二或三或四五。如是乃至無有量。異於法華廢多存一。以顯一乘無量乘之普容大乘。深密獨爲第三時無上無容之中道了義。是顯殊勝大乘。又云普爲發趣一切乘者。是顯普容大乘。故深密與華嚴同而與法華涅槃異。然不足以別彼宗所云之法相與法性也。以法華華嚴同是彼宗所云之法性宗。故餘義別見對辨大乘一乘。(二)謂法相則說佛性三無二有而有五性差別是實。皆有佛性是權。法性則說一切衆生皆有佛性是實而說五性差別是權。故一性五性別。辨曰。佛性是如來藏異名。如來藏通攝眞如及無漏智種。約融相歸性門指眞如爲佛性。故說皆有佛性。約卽性辨相門指智種爲佛性。故說五種差別。依第二門又有現實展轉二門。約現實如是門以十方三世刹不離刹那心。故則始終決定有五性差別。佛性三無二有。約展轉增上門以唯爲一大事佛種從緣起。故則先後不決定五性差別。佛性可皆能有。然二二門皆不足爲法性法相之別。以在彼宗同是法性宗故。(三)謂法相宗說八識從惑業生。一期報盡便歸壞滅。以其識種引起後識。依生滅識種建立生死因及涅槃因。法性宗立八識通如來藏。但是眞如隨緣成立。故法相之唯心但妄。法性之唯心通眞妄。辨曰既爲涅槃因則已通如來藏矣。況成唯識論之說第八識。與起信論之說阿黎耶識。一爲從淺達深。一爲由深到淺之不同耳。故成唯識第三云。然第八識雖諸有情皆悉成就而隨義別立種種名。謂或名心。或名阿陀那。或名所知依或種子識等。此等諸名通一切位。（此卽通如來藏以無漏智種是如來藏故）或名阿賴耶。無學及不退菩薩位捨。或名異熟識。捨入如來地。此二可爲妄。或名無垢識。唯如來地得。此一則唯眞。偈云。如來無垢識是淨無漏界放脫一切障。圓鏡智相應。且同卷釋「及涅槃證得」句謂能所證皆依此識。則此識通爲眞妄之依明矣。況第九又明眞如卽唯識實性。何得但取其局而不觀其通乎。(四)謂法相宗立眞如常恆不變。不許隨緣。法性宗說眞如具不變隨緣義。故眞如隨緣凝然別。辨曰、不然。眞如卽唯識之實性。不離唯識有故隨緣。一切法常如其性故不變。若定執眞如有能熏所熏則反失不變義而僅隨緣義矣。故唯識眞如具隨緣不變。而彼宗之眞如但隨緣耳。(五)謂法相宗依他是有。非卽眞空。經說空義。但約所執法性宗則依他無性。卽是圓成。故三性空有卽離。別辨曰。唯識三十頌云。由彼彼徧計。徧計種種物。此徧計所執。自性無所有。依他起自性。分別緣所生。圓成實於彼。常遠離前性。故此與依他。非異非不異。如無常等性。非不見此彼。案此頌顯依他幻有雖有而無徧計執所執之實有性。故空雖空而有分別緣所生之幻有相。故有於有依他起法若遠離徧計所執性卽圓成實。故曰圓成實於彼常遠離前性。此非依他無性卽是圓成之義。是何故此語但欺未見成唯識論之人耳。(六)謂法相宗說一分衆生定不成佛。名生界不減。法性宗以一理齊平。故說生界佛界不增不減。故生佛不增不減。別辨曰。約融相歸性門。則一理齊平而生佛不增不減。約卽性辨相門。則五性常別而生佛不增不減。非辨於相。尙無生佛。說何不增不減。非歸於性。旣執生佛。難免見增見減。故須二門以成其義。全則雙是。偏則兩非。然相徹性裏。而性徹相表。表裏周圓。何得何失。夫生佛皆唯識。而識性卽眞如。於一切法。常如其性。寧不一理齊平也哉。(七)謂法相宗眞俗二諦。迥然不同。法性宗第一義空。該通眞妄。故雖空不斷。雖有不常。故二諦空有。卽離。別辨曰。徧計俗有眞空。依他眞空俗有。圓成眞有俗空。有亦該通眞妄空亦該通眞妄。俗有空故不常。眞有空故不斷。不壞不雜。無障無礙。法相如是。未應執取其一而攻其一。（八）謂法相宗因滅非常果生非斷。同時四相。滅表後無。法性宗則四相同時。體性卽滅。故滅與生而得同時。故四相一時先後。別辨曰。約法剋實故曰同時四相。約義釋名則云滅表後無。執名迷實。何至如此。且顯揚論及唯識述記等。明緣生法體性卽滅。其文非一。何不稍窺。（九）謂法相宗根本後得。緣境斷惑。義說雙觀。決定別照。以有爲智證無爲理。義說不異。而實非一。法性宗則照惑無本。卽是智體。照體無自。卽是證如。故能所斷證卽離。別辨曰。所斷能斷。能證所證。惑智。智如。兩種能所。不卽說離。不離說卽。說卽說離。以審名實。說卽以彰德能。不卽不離。何乖何諍。（十）謂法相宗既世出世智依生滅識種。故四智心品爲相所遷。佛果執身有爲無漏。以生法必滅一向記。故法性宗既世出世智依如來藏。始覺同本則有爲無爲非一非異。故佛化身卽常卽法。不墮諸數。況於報體卽體之智。非相所遷。故佛身有爲無爲。別辨曰。既云有爲無爲非一非異。約非一義以辨其異。報化異法。故唯有爲。約非異義以彰其一。化報卽法。故亦無爲。何須自爲矛盾。若歸融相所同之性。固如彼所云之法性。然辨卽性所起之相。必如彼所云之法相。

此在古師設此爲揀。已無當矣。後師依之衍爲八重對揀。每重五義。從初對揀性相至八對揀同別。更屬繳繞無已。故今一切斷之。統立一唯識圓覺宗。

示慧綸皈士法言

(一)皈命以正其信

皈命者。謂舉其現報之形壽資具等。盡投入於佛法僧海。不復執我我所。從此唯佛法僧爲所依之主。唯佛法僧爲所歸之處。決不因形壽資具之變遷。退轉於佛法僧之信。換言之則身可滅。世界可壞。佛法僧之信。終不搖奪。蓋佛法僧如海。現報之身世如漚。漚有存亡。海無得失。能如是皈命佛法僧者。於佛教方成正信。具佛法僧始爲佛教。故總謂之信佛教。別謂之信佛法僧也。然佛法僧有因中之理性。有果上之事相。因中之理性者。各人寂然徧知靈然常覺之自心。卽佛。徧知常覺中所現萬事萬物。卽法。一心萬法調和融合。卽僧。非徧知常覺則無心。體非萬事萬物則無心相。

非調和融合則無心用。故本心卽佛法僧。非佛法僧不明本心。址果上之事相者。自覺覺他覺行圓滿者曰佛。若釋迦牟尼佛阿彌陀佛等是也。依佛言教明理起行證果曰法。若諸經論戒律儀軌規制是也。仰果修因宏法度人之衆裔曰僧。若諸菩薩緣覺聲聞比丘比丘尼沙彌沙彌尼是也。非佛無以有教。非法無以爲教。非僧無以傳教。故佛教卽佛法僧。非佛法僧不成佛教也。察果徵因。由因致果。依本心乃成佛教。歸佛教乃明本心。不執理以廢事。不著相以昧性。性相融徹。事理成就。是爲皈命本心。生信佛教。

(二)存敬以銷其情

心佛在情。如金在鑛。圓覺經云。譬如銷金鑛。金非銷故有。雖復本來金。終以銷成就。銷情之質唯六。曰貪、曰瞋、曰癡、曰慢、曰疑、曰不正見。其根則爲我癡我見我愛我慢。故銷情者換言之卽銷除我執而已。然執情之積甚深。其來罔覺。欲銷除之者。當於所皈命之無盡佛法僧海中。專奉持一佛一法一僧。拳拳服膺。念念在心。如每日稱誦釋迦牟尼佛名。大方廣佛華嚴經名。彌勒菩薩名等。儼同面對。常存恭敬。令身語意三業。不敢稍有懈放。則久之久之。情執漸銷。而心覺明淨也。

(三)發心以宏其願

心體本來廣大平等。不可不開發之。心用本來圓融自在。不可不發揮之。圓覺經云。末世衆生欲求圓覺。應當發心作如是言。盡於虛空一切衆生我皆令入究竟圓覺於圓覺中無取證者。除彼我人一切諸相。如是發心。不墮邪見。故菩提薩埵通發之心。卽五大誓願是也。所謂衆生無邊誓願度。煩惱無盡誓願斷。法門無量誓願學。佛果無上誓願成。福智無窮誓願集。此之深誓宏願。橫盡虛空。豎窮永劫。無限無礙。必發如是無限礙心。乃能生生世世。形形類類。長時修行。不住不著。依此宏願爲本。如發此生誓達之願。或命終時往生之願。方無雜染。

(四)明理以軌其行

瑜伽師地論菩薩地眞實品明二眞實四眞實。已又安立此眞實義相。當知卽是無二所顯。所言二者。謂「有」「非有」。此中「有」者。謂所安立假說自性。卽是世間長時所執。亦是世間一切戲論分別根本。或謂爲色受想行識。或謂眼耳鼻舌身意。或復謂爲地水火風。或謂色聲香味觸法。或謂爲善不善無記。或謂生滅。或謂緣生。或謂過去未來現在。或謂有爲。或謂無爲。或謂此世。或謂他世。或謂日月。或復謂爲所見所聞所覺所知所求所得意隨尋伺。最後乃知或謂涅槃。如是等類是謂世間共了諸法假說自性。是名爲「有」。言「非有」者。謂卽諸色假說自性乃至涅槃假說自性無事無相。假說所依一切都無。假立言說依彼轉者皆無所有。是名「非有」。先所說「有」今說「非有」。「有」及「非有」二俱遠離。法相所攝眞實性事諸法實相是名無二。由無二故說名中道。遠離二邊亦名無上。佛世尊智於此眞實已善淸淨。唯佛與佛乃能究盡諸菩薩智於此眞實學道所顯。右明遠離有及非有二邊契證中道無上眞實之理

又卽此慧是諸菩薩能得無上正等菩提廣大方便。何以故。以諸菩薩處於生死彼彼生中修空勝解。善能成熟一切佛法及諸有情。又能如實了知生死。不於生死以無常等行深心厭離。若諸菩薩不能如實了知生死。則不能於貪瞋癡等一切煩惱深心棄捨。不能棄捨諸煩惱。故便雜染心受諸生死。由雜染心受生死。故不能成熟一切佛法及諸有情。若諸菩薩於生死以無常等行深心厭離。是則速疾入般涅槃。

彼若速疾入般涅槃。尚不能成熟一切佛法及諸有情。況能證無上正等菩提。又諸菩薩由習如是空勝解故。卽於涅槃不深怖畏。亦於涅槃不多願樂。若諸菩薩深怖涅槃。卽便於彼涅槃資糧不能圓滿。由於涅槃深怖畏故。不見涅槃勝利功德。由不見故便於涅槃遠離一切清淨勝解。若諸菩薩於其涅槃深住願樂。是則速疾入般涅槃。彼若速疾入般涅槃。則便不能成熟佛法及諸有情。當知此中若不如實了知生死。卽雜染心流轉生死。若於生死深心厭離。卽便速疾入般涅槃。若於涅槃深心怖畏。卽於能證涅槃資糧不能圓滿。若於涅槃多住願樂。卽便速疾入般涅槃。是諸菩薩於證無上正等菩提無大方便。若能如實了知生死。卽無染心流轉生死。若於生死不以無常等行深心厭離。卽不速疾入般涅槃。若於涅槃不深怖畏。卽能圓滿涅槃資糧。雖於涅槃見有微妙勝利功德而不深願速證涅槃。是諸菩薩於證無上正等菩提有大方便。是大方便依止最勝空性勝解。是故菩薩修習學道所攝最勝空性勝解名爲能證如來妙智廣大方便。（右明修勝空解不受生死不入涅槃是成佛大方便）

又諸菩薩由能深入法無我智於一切法離言自性如實知已。達無少法及少品類可起分別唯取其事唯取眞如不作是念。此是唯事是唯眞如。但行於義。如是菩薩行勝義故。於一切法平等平等。以眞如慧如實觀察於一切處具平等見具平等心得最勝捨。依止此捨於諸明處（即種種學術處）一切善巧勤修習時。雖復遭遇一切劬勞一切苦難而不退轉。速疾能令身無勞倦心無勞倦。於諸善巧速能成辦。得大念力不因善巧而自貢高。亦於他所無有秘吝。於諸善巧心無怯弱。有所堪能所行無礙。具足堅固甲鎧加行。是諸菩薩於生死中。如如流轉遭大苦難。如是如是於其無上正等菩提堪能增長。如如獲得尊貴殊勝。如是如是於諸有情憍慢漸滅。如如證得智慧殊勝。如是如是倍於他所難詰諍訟諠雜語論本惑隨惑犯禁現行能數觀察深心棄捨。如如功德展轉增長。如是如是轉覆自善不求他知。亦不希求利養恭敬。如是等類菩薩所有衆多勝利。是菩提分隨順菩提。皆依彼智。是故一切已得菩提當得今得皆依彼智。除此更無若勝若劣。（右明入法無我善能成熟有情及佛功德）

又諸菩薩乘御如是無戲論理。獲得如是衆多勝利。爲自成熟諸佛法故。爲成熟他三乘法故。修行正行。彼於如是修正行時。於自身財遠離貪愛。於諸衆生學離貪愛能捨身財。唯爲利益諸衆生故。修布施行又能防護。極善防護。由身語等修學律儀。性不樂惡。性極賢善。修持戒行又能忍他一切侵惱。於行惡者能學堪忍。性薄瞋忿。不侵惱他。修忍辱行又能勤修一切明處。令其善巧。爲斷衆生一切疑難。爲惠衆生諸饒益事。爲自攝受一切智因。修精進行又能於內安住其心。令心善定。於心安住。常勤修學。爲淨修治四種梵住。爲能遊戲五種神通。爲能成立利衆生事。爲欲除遣精勤修學一切善巧所生勞勸。修禪定行又性黠慧。成極眞智。爲極眞智常勤修學。爲自當來般涅槃故。修習大乘。修般若行又諸菩薩卽於如是修正行時。於具功德諸有情所。常樂現前供養恭敬。於有德修敬行於具過失諸有情所。常樂現前發起最勝悲心。愍心。隨能隨力令彼除斷所有過失。於有過修悲行於己有怨諸有情所。常起慈心。隨能隨力。無諂無誑。作彼種種利益安樂。令彼怨者意樂加行所有過失及怨嫌心自然除斷。於有怨修慈行於己有恩諸有情所。善知恩故。若等若增現前酬報。隨能隨力如法令其意望滿足。雖無力能。彼若求請。卽於彼彼所作事業示現殷重。精勤營務。終不頓止。彼所悕求。云何令彼知我無力非無欲樂。於有恩修孝行如是等類。當知名爲菩薩乘御無戲論理。依極眞智修正加行。

右明依所明理正修六度等行

此中之理。皆人所應知者。此中之事。皆人所能行者。能明此理。以軌其行。即是人中之菩薩矣。

皈不極則信不純。信不純則敬不隆。敬不隆則情不融。情不融則心不普。心不普則願不圓。願不圓則理不契。理不契則行不淨。信純敬隆。願圓行淨。駕茲佛乘。遊十方剎。自運運他。同登正覺。勉厥始終。努力毋懈。

竟無居士學說質疑

予並世所知識者。最心折歐陽竟無居士與太炎居士之學問。曩昔讀太炎居士齊物論釋。於所說「上推緣生第一因不可得之自然」義。「器世間（若水土等）有末那識身識」義。與其他較小之二三義。（蓟漢微言等尚未及讀）意頗非之。第以章君乃旁及佛言耳。故置之未有論。今不幸於竟無居士之所說。亦未能無所回惑。君既尚論佛法。爲海內佛學者之望。則何可緘默其所懷。不求剖決哉。予讀書好觀大略。使予有所言說。麤疏淺陋。誠不足以仰二君之精博淵雅。但有滯未通。則心不寧。恃居士之厚德。敬蘄采察而研討之。至君門下王君恩洋。於有情法界爲一爲異之問。毅然持法界定異之說。不知居士覽其說爲何若。故置未辨也。謹附識之。

一、質乘三敎一

瑜伽眞實品敍曰。法相三時說敎。一雨普被。乘則有三。敎唯是一。難之者曰。一時二時有上有容。三時普被。高唱一極。判別顯然。云何言一。解此糾紛。當屬機感。有色無色。有想無想。及與俱非。我皆令入無餘涅槃而滅度之。是之謂敎。則唯一。托質圓音雖唯是一。聞者識者各變不同。瀛渤潢汙。率視其量。是之謂乘。則有三、云云

質曰。一往而談。理雖可爾。執爲定然則猶有議。夫佛既無「獨語」及「不契機」之敎。敎豈離絕機感而獨有哉。基師法苑總料簡時利差別云「若據衆生機器及理。可有頓漸之敎。若不約機定判一經爲頓爲漸。時增減者頓漸不成」此亦明不約機理則敎不得獨有也。然則機既有多敎。寧唯一。故乘三則敎亦可三。敎一則乘亦可一也。應漸機。故敎亦成三。應頓機及不定機。故乘亦爲一。至般若法華皆令入

無餘涅槃及開悟佛之知見。此乃如來平等意樂。而「敎乘」位於「如來平等意樂」與「衆生差別機感」之間。將順應「衆生差別機感」之「敎乘」攝歸「如來平等意樂」。則敎一乘亦一。法華之說一乘。除「應不定機」外兼含此意。將流出「如來平等意樂」之「敎乘」從屬「衆生差別機感」。則乘或一或三或多。敎亦或一或三或多。既可應不定機會餘歸大而說一敎一乘。亦可應頓悟機唯大無餘含餘於大而說一敎一乘。應機說三說多可知。若云敎雖係機屬歸佛邊。佛邊之敎仍非定一。以係機故。乘雖由佛攝在機邊。機邊之乘仍非定異。以由佛故。且既可敎一而乘異。亦應可乘一而敎異。圓人觀法無法不圓。聞粗語以悟心。聽淫詞而見性。非「敎雖異」而「乘可一」之實例乎。故君乘三敎一之說。僅偏據之義耳。智者當不執爲必然。

二、質法相唯識非一

君辨此非一。瑜伽敍設十義。眞實敍設六義。文至閎肆精至。今不詳引。因執法相與唯識非一。故謂宗唯三。曰法性宗。曰法相宗。曰眞言宗。以俱舍唯識華嚴俱屬之法相。今就質之。

質曰法相之法。法相之相。都無不通。都無不詳。若然則固無詣非法相者。法相寧得爲宗。（若所云賢首宗慈恩宗之宗字。乃是一家一派之代名詞異此中所云法性宗法相宗爲標宗趣之宗也。）

按賢首家嘗云。語之所尙曰宗。基師亦云宗者崇尊主要之義。夫一切法旣無往非法相。必法相中之崇尊主要義。乃得云宗。泛爾法相。宗尙何在。故唯法性可得名宗。法相絕然不成宗義。眞言亦爾。凡屬遮表言思所詮緣者。無非法相。一一法相莫非唯識。故法相所宗持者曰唯識。而唯識之說明者曰法相。此就唯識宗言者也。若就法性宗言。亦可法相所宗持者曰法性。法性之說明者曰法相。故法相絕然不得以名宗。若名法相爲宗。則豈唯俱舍華嚴可屬法相宗。卽大乘其餘各家與小乘各派外道各派乃至世間小家珍說。孰不可屬法相宗哉。故須大乘所說一切法相所宗持者。乃得名宗。而不得別指有一通三乘之法相宗與唯識宗非一也。法相不得名宗。則大乘教法之所宗何別。予按基師嘗言大乘教法之宗要唯有三。若多說有爲法則宗唯識。若多說無漏行則宗般若。（指無漏空慧爲般若）若多說無爲法則宗眞如。誠欲正名定分。宜依此爲圭臬。今依所見略將支那大乘各派配屬三宗如下

空慧宗……三論宗

唯識宗……唯識宗

眞如宗（卽法性宗）（或法界宗）
- 全體眞如
  - 天台宗
  - 禪宗
- 無垢眞如
  - 眞如相……華嚴宗
  - 眞如用……眞言宗

律與淨土分屬各家。無定所宗。或引賢首家言三論種種所說皆注重於破除法相。故名爲大乘破相宗。唯識種種所說皆注重於說明法相。故名爲大乘法相宗。天台華嚴等種種所說。皆注重於顯示法性。故名爲大乘法性宗。此三宗義較然爲各派語各所尙之宗旨。則歐陽居士三宗之說雖不對而唯識宗固可名爲法相宗也。答

曰不然依空慧破除法相而淨圓空慧依唯識說明法相而成立唯識應名空慧宗唯識宗不應名破相宗法相宗也然此二宗於依他起性上或偏說不壞有之空或偏說不礙空之有聊區別爲大乘空宗大乘有宗斯無不可

評大乘起信論考證

梁任公先生此文未發表前予嘗略聞其緒論且徵與評訂焉乃不圖梁先生愛國心殷以若能否認此論非馬鳴所作實爲中國先民假託馬鳴之名而作則中國於世界學術界中當陡增無限光榮故遂旋發表於東方雜誌焉夫老子之五千言已爲國學之至寶而此論之可寶實駕出老子五千言之上不知其若干倍其可爲國寶也寧不信然惟若論學者忠實之態度則頗爲失之矣自梁先生此文發表以來武漢佛敎會各學者及安徽佛敎者趙壽人寧波佛學者某居士長沙佛敎會周稼孫等紛紛疊請予一言評判予悶然未有以應也今聞該誌十九卷二十號又續載矣諸佛學者多有堅申前請者予乃不得不略貢其所聞持者以請益梁先生并就正當世有道焉壬戌臘月六日著筆謹識

大乘起信論作者譯者之問題。十餘年前日本已囂然於學界吾國章君太炎。嘗著大乘起信論緣起考。亦與之辯此問題者。近年日本之望月信亨復數數言大乘起信論非馬鳴作非眞諦譯而爲支那人撰述。常盤大定等著論駁斥之。迄今猶餘音嫋嫋焉。但世人好奇眩博者多。而卓見眞知者少。故望月大乘起信論之研究出。附和其說者遂占多數焉。

予往者讀奘法師傳。言大乘起信論一卷。印度已失其傳。由奘法師譯華成梵。以還傳於印度云云。頗疑以奘法師之博學。及遊居印度之久。且周使印度而有此論者。當無不知之者。然彼時正印度大乘昌盛之際。何以此大乘論竟失傳耶。於是亦偶起支那人僞撰之疑惑焉。繼思貝葉傳經。鈔寫不易。印土裂阻。流布維艱。學派障礙。授受隱秘。新說代興。束置高閣。此則在全印雖不無少數人。仍藏護講受大乘起信論於奘法師遊印之際。而奘法師亦儘可不知印度之有斯論。故稍後仍不妨有實叉難陀來華重譯也。且深察斯論根基充厚。亦決非釋尊後復興大乘第一人之馬鳴。不能有此。而疑遂冰釋也。

今楷本望月村上輩之所以致疑此論者要惟二因。一者以博覽六朝三唐諸家之經錄。往往載有疑惑僞妄之類。此論眞諦三藏旣爲流寓之際而譯。隋法經著衆經目錄。復因勘眞諦錄無此論。故入疑。而唐均正四論玄義。又引北地諸論師云。非馬鳴造。昔地論師造論借菩薩名目之。於是惑乃滋生。二者以毒迷於西洋人思想學術發達進化之偏說。（卽所云進化之史論及科學之方法）見此論所詮之義。有包舉龍樹無着兩派論義之概。遂判此論必發生於龍樹無着兩派之後。且必發生於善爲調和之說之中國人手。殊不知此二皆誤謬因焉。

第一因爲誤謬因者。要知南北朝諸國。分合起滅不安定。而佛敎各派學者。亦分合起滅不甚安定。往往有爲北方佛敎徒不容而投之南者。有與南方佛敎徒齟齬而投之北者。抱一經一論以爲終身之業者。是非雜出。好惡紛錯。於地論師爲尤甚也。起信論譯於梁。乃於眞諦航海初抵中國時譯。但眞諦三藏後譯諸經論皆在陳朝譯。著在眞諦錄中。而此論及大宗地玄文論等。以非在陳朝所譯。遂未入錄。隋法經未詳其不錄之故。據陳錄入此論以疑誤矣。續高僧傳傳六朝間之禪宗等不盡不實。多辨之者。未可定據至唐均正所引北地論師之說。則出於北方之地論師。借端排斥此論耳。宏地論者懼其學徒徙南以學此論。作此論爲地論師造之說以尼之。而昧者不知焉。迄今猶津津樂道之。吁可哀矣。能抉破此第一誤謬因者。則原文「從文獻上考察」之全節。吾雖未讀。已可不煩言而解矣。

第二因爲誤謬因者。要知西洋人之學術由向外境測驗得來。乍觀一層粗淺零碎皮相。後人憑藉以條貫整齊之。更進察其隱微。於是日趨完密。或因而又發見另一物焉。不然者。則向學說上推論得來。甲立一說而乙駁之。甲乙相駁之下。兩派之短畢彰。兩派之長盡露。於是有丙者起。除兩派之所短。集兩派之所長。而著後來居上之効。故有發達進化之程序可推測。而東洋人之道術則皆從內心熏修印證得來。又不然則從遺言索隱闡幽得來。故與西洋人學術進化之歷程適相反對。而佛學尤甚焉。用西洋學術進化論以律東洋其餘之道術。已方枘圓鑿格格不入。況可以之治佛學乎。吾以之哀日本人西洋人治佛學者。喪本逐末。背內合外。愈趨愈遠。愈說愈枝。愈走愈歧。愈鑽愈晦。不圖吾國人乃亦競投入此迷網耶。吾爲此說非漫無徵據者。在確知東方人道術之來源者。固已不待往下再說。然姑試舉印度支那之學術史數事以證。

(一)一切佛法。皆發源從釋尊菩提場、朗然大覺之心海中所流出。後來任應何時何機所起波瀾變化。終不能逾越此覺源心海之範圍外。此於佛法具信心者。任何人當靡不承認之者。若并此不承認。則根本上且不承認有佛。更何論佛法耶。於此信得及。則釋尊不動寂場。而與同證覺海諸大士說華嚴。當亦能信。此可知佛法初證初說。卽爲最高之境矣。嗣爲因順人心。漸談小法。令徵近効。復爲蕩空功迹。令無執滯。復爲解除偏蔽。開示融貫。卒之談常勸善。堅固信行。則平易通俗矣。此觀釋尊應世說法。可見其發於一人。或同悟人自到自得之最高妙證。漸隨機闡說其一分。漸隨機又闡說其別一分。漸鎔會而歸之簡易之行。習成流俗。浸失本眞。而東方人一派一系之學。其歷程皆可作如是觀也。

(二)馬鳴創始復興大乘亦然。蓋由自內深證大乘悟境。於久來隱沒在小乘中諸大乘經。發見其精奧。宗造大乘起信大宗地玄文尼乾子問無我經應別機而說已漸開龍樹派之端至大莊嚴論經佛所行讚經十善業道經六趣輪迴經等乃暫行導俗勸信之書耳不足以見馬鳴等諸論。皆直提宏綱而規模深遠。與釋尊頓轉華嚴根本法輪。遙遙相呼應。至龍樹則因大乘之根基以立。漸偏重對破外凡小。宗般若經。宏法空敎。又數百年至無着天親時。兼注重對破凡外小及大空宗。深密等。宏唯識敎。又數百年經清辯護法至智光戒賢兩派。言紛義繁。從事調解和會。智光戒賢各判有三時敎。此即成唯識論判敎所本原文謂判敎唯中國所有蓋未詳耳而建理之言論畢矣。於是進於眞言行持諸儀軌。乃漸成俗而就衰滅。此印度大乘史之可徵者。

(三)禪宗在印度僅密印心證而已。達摩入中國。於慧可亦唯導令自悟而自得之。引敎以證則爲楞伽四卷。此亦與釋尊華嚴馬鳴玄文相應者。其發端最高而後來莫能過也。至五祖六祖則多說金剛般若。頗近龍樹提婆。至法眼永明。六祖下五派以法眼宗最居後則漸近華嚴唯識。略似無著世親。其後則參究話頭。漸近密行而浸衰落矣。他若天台賢首等之創開一宗。學者皆可推觀得之。

（四）中國儒家理學周程皆用修證實功得來。大程器識宏遠。規模偉大。後來之朱陸王皆不能出其範圍也。朱闡說其一邊。陸又闡說其彼一邊。至王陽明則呑沒其兩邊而一之以簡易之行。王以後則習成流俗。而理學之局亦終矣。

凡是皆可見東方人由修證內心索闡遺言得來之道術。其變遷歷程與西洋人之學術進化史截然不同。一是頓具漸布。一是漸進漸備。於此義若能審諦不虛者。則原考證「從學理上考察」之說。無論其有百千萬言。皆決然可一掃而空之矣。

又按即姑就西洋之進化史論。則依竟無居士之馬鳴論。亦可見大乘起信論之必爲馬鳴作無疑。故其唯識抉擇談云。眞如緣起之說。出於起信論。起信作者馬鳴。學出小宗。首宏大乘。過度時論。義不兩牽。誰能信會。故立說粗疏。遠遜後世。時爲之也。此證於佛敎史實無可諱言者。（中略）又馬鳴在初中印度盛唱異說。中印度則分別論流行之地也。其思想之受影響。當有其不期然而然者。及後爲脇尊者弟子。（按當是爲尊者剃度弟子而傳法則爲再傳也）北去迦濕彌羅。從五百尊者筆受毘婆沙論之文。備聞一切有部諸師異論。不能慊懷。以至於別宏大乘。其取反對一切有部之思想如分別論等者。又屬應有之事。可無待言也。

（中略）馬鳴著起信論立義。雖多疏漏。然僅此一書。不足以見馬鳴學說之全而決定其眞價也。考馬鳴之重要著述。已傳譯者。猶有數種。一六趣輪迴經。詳談六趣生死輪迴。無甚精義。二大莊嚴論經。歸敬脇尊者而說引凡外入內事。又說歸依供養因果事。說十二因緣事。此似初入佛敎時之作。猶限於小宗所說。三佛所行讚經。與大莊嚴論經同其旨趣。而原典文辭特美。四尼乾子問無我經。昔人於此經未嘗重視。然提法空要領。而談因緣生法俗有眞無。實爲法性宗之要籍。五大宗地玄文本論。此論亦有疑爲僞作者。然其所談五位。義極廣博。甚可推重。所謂五位。乃談五義。非立五宗。一切諸法俱非位。談大般若經法無自性之義。一切諸法俱是位。談阿毗達摩經五姓齊被之義。無超次第漸轉位。談解深密經三祇成佛之義。無餘究竟總持位。談楞伽經亂住之義。周徧圓滿廣大位。談華嚴經帝網重重之義。五經皆大乘最要之籍。而此論已概括其大義而無餘。又其說果位有無量過患故敎化之用盡未來際此既含有無姓之義實爲甚精是故馬鳴所宏大乘。不可但以起信一論相推測也。此則看斯論甚輕。而斷定正由馬鳴在龍樹無着等之前。且爲從小而大之始。故得有此起信論耳。若龍樹無着二系之說。極精詳之後。唯有進之以默行耳。又烏容此粗略疏漏之起信論出現哉。此可見同一史實。同一方向而可成兩相反對之結論。而望月等固執其穿鑿之說以爲是者。亦可以休矣。

於上來所說已認清楚者。則於原文「研究本問題之預備」所列九條。固不須更爲辭費矣。然或有縈繞於枝詞蔓義。而未能脫然者。姑略爲披剝焉。

第一　所云思想展進之階級。佛學與西洋學不同。已如前辨。至於時代背景。各人觀察不同。在吾及竟無居士等觀之。則馬鳴時（佛寂五六百年間）應有起信論之發生。且必馬鳴時乃有起信論之發生也。至某種思想非其時代所必須要者。則不會發生。此不盡然。佛法乃爲衆生無時不須要者。特要有深證妙悟者以發之耳。至影響於後此之思想界否。亦不一定。就有影響者說。後此龍樹等說極精詳之大乘空義。無著等說極精詳之大乘有義。卽由馬鳴造囊括綱要之大乘論。（起信論本名大乘論）曾先立基本之影響也。就不有影響說。馬鳴出家於小乘部。（無著天親等出家者在小乘衆中者龍樹明言出家菩薩即攝聲聞衆中似至戒賢時始另有大乘衆時小乘之正統猶盛。自雖內宏大乘。外還隨順小乘徒衆。以免毀害所宗之大乘經及所造宏大乘之論。或密傳一二人。或藏之名山以待後世耳。案此小乘學者所以祇知馬鳴爲雄於文之文章家也尼乾子問無我義等先傳爲龍樹學。而此大乘總論亦竟可無影響於印度焉。譬如大學中庸二篇。宋明來在中國思想界可謂影響極大矣。然在七國兩漢六朝三唐間有何影響乎。然學庸實非造自宋明儒者也。一學說發生能致無影響之故甚多。故不得謂定有影響。乃原文謂此爲各國思想史所同然。佛教史亦斷不能獨違此公例。吾則謂此爲東西洋各國思想史皆不必然。而佛教史尤斷斷乎不然。

第二　佛在世時不然。已詳前說。佛滅後各時代雖可作如此說。然初五百年亦非無大乘之流傳。特零散隱幽耳。六百年後亦非無小乘之流傳。且仍繁盛。特不能獨占爲佛教之正統耳。龍樹時亦非無異派大乘。如智度論之方廣道人等。無著世親護法等時。更可知非無異派之大乘。特在彼時要以彼代表之一派爲最顯著而已。知此則知馬鳴時雖猶爲婆娑最盛時代。而馬鳴之大乘論不妨成立也。

第三第四　此二段若全未知佛經從何而有者。釋尊未命筆著書。疇則不知者。然不云佛寂後由弟子結集乎。而大小乘弟子各尊所聞以結集爲大小乘契經者。大智度論嘗言原不必皆如來所說。或聲聞說。或菩薩說。或天人說。或鬼神說。但要須於佛法會上由佛印可者。乃得結集爲契經。否則不得以契經名。所以重聖教也。佛在世時。佛爲法本。一切義皆取決於佛。佛寂後。契經爲法本。一切義取決於契經。若契經可由人陸續以添造者。則「依法不依人」等句亦不足爲聖教定量。憑何以證其所了解之法與佛同耶。故此實自爲矛盾之論也。

第五　既以印度人之思想爲超時間者。則當知由印度人思想之產物。亦爲超時間者。以彼超時間之思想學術。乃忽欲以時間拘之抑何矛盾之甚。且今所譯於西洋者。固現流行之品。然亦有譯千百年前之亞里斯德學說者。豈此亦西洋人現代所新造耶。西洋人今有譯中國之五經或道德經者此亦中國人今日所新造耶。且羅什所譯之百論其長行卽屬世親者。何知羅什時無著世親未盛行於印度耶。據此類一偏之見。而用爲硏究佛書之根本方法。宜其所見皆非矣。

第六第七第八第九皆枝蔓之詞。與本問題無甚關係。此其根本硏究法旣九無一當。則從此根本法以發生出文獻上及學理上之考察。吾雖未能得讀。亦儘可置之不論。亦儘可置之不讀也。

要之以佛學言。得十百人能從遺言索隱闡幽。不如有一人向內心熏修印證。一朝證徹心源。則剖一微塵出大千經卷。一切佛法皆湛心海。應機施敎。流衍無盡。一切名句文皆飛空絕迹。猶神龍之變化無方。否則祇有一切世間於彼之事。隨順假立世俗串習悟入覺慧所見同性。而於淨智所行境界及淨智境所流出之至敎定量。終非其分。祇竄繞於一切世間從其本際展轉傳來想自分別共所成立之名相中而已。嗚呼。東西洋之科學哲學文學史學者。而日本於今日所以眞正佛學者無一人也。

法界論

一釋名

唯識論云。法者軌持。軌範物解。任持性相。按大宗地玄文本論。又有三義。一金區義。法界法印。常恒不變。如彼區故。此稟軌持。卽法自性。勝鬘經云。有佛無佛。性相常住。與茲同義。二引導義。攝將行者。令趣治路。如彼導故。此同軌範物解之義。是指一切法教而言。三能持義。善持自相而不失壞。如彼持故。此同任持性相之義。是指一切法理而言。要之梵語之達爾摩。乃是物德事理都名。但舉曰法。攝一切盡界者因種也。族類也。分理也。本際也。依因種故。說染淨界。依族類故。說聖凡界。依分理故。說四法界。依本際故。說眞法界。就顯相說。或全依四。或一二三。就具相說。相交徹故。可全依四。譬如地界。其中亦具水火風界。及虛空界。合而論之。法者自相。比若個人。界者共相。比若人類。法界一致。猶個人是人類之個人。類是個人之類也。各住自相。對一一相。有類不類。是差別相。自類別相。卽是果相。對此果相。有彼因相。此依俗諦分別如。是是法之界依主釋也。法卽是界持業釋也。有界之法。有財釋也。有法之界。亦有財釋。法界一言。通此三釋。

二出義

出法界義。略分爲十二對。子安立諦非安立諦。丑自性性無自性性。寅緣起非緣起。卯業報非業報。辰漏無漏。巳色無色。午動業不動業。未純報不純報。申善趣不善趣。酉變易無變易。戌具德不具德。亥究竟非究竟。

云何安立諦法界。謂是現智可證。此智可說。得以言詮。建立事理。開示衆生。令得悟入者也。此又分二。所謂自性性法界。無自性性法界。

云何自性性法界。分理決定。不可逾越者也。此又分二。所謂緣起法界。非緣起法界。

云何緣起法界。佛陀界乃至地獄界。若依若正。若色若心。若體若用。若性若相。若因若果。若業若報。一切皆是。卽法華十法界百如是也。此又分二。所謂業報法界。非業報法界。

云何業報法界。由淨行。不淨行。福行非福行。功極緣熟。所感果報。生而自然。非由化起者也。此又分二。所謂有漏法界。無漏法界。

云何有漏法界。漏謂漏落溺煩惱。流落生死海者也。此又分二。所謂有色法界。無色法界。

云何有色法界。色欲二有。身根器界。皆攬色等五塵而成。不能超過色礙者也。此又分二。所謂動業法界。不動業法界。

云何動業法界。欲界有情。心行擾濁。未能證得禪定功德。從胎卵濕化。淫欲生。依地水火風飲食住者也。此又分二。所謂純報法界。不純報法界。

云何純報法界。或純善業。感得福報。或純惡業。感非福報者也。此又分二。所謂善趣法界。不善趣法界。

云何善趣。因修戒善。得好依正。禮義相化。仁愛相樂。卽吾人及地居雲居之欲天也。

云何不善趣法界。積惡逆種。招苦惱生。摧折生心。昏愚羸劣。卽地獄餓鬼畜生也。

云何不純報法界。因中善不善業相雜。果上樂非樂受兼具。若有財餓鬼及阿修羅等鬼神是也。

云何不動業法界。四禪天之以禪定光明支林功德自樂者也。

云何無色法界。超過色礙之四空天。取空定爲涅槃者也。上有漏法界竟。

云何無漏法界。斷除煩惱。解脫生死。不復流轉三有者也。此又分二。所謂變易法界。無變易法界。

云何變易法界。或是所證身土。未極清淨。不能徧常相續湛然。有斷有修。或增或減。或是乘機赴感。隨類化身。居淨穢土。成壞無定者也。此又分二。所謂具德法界。不具德法界。

云何具德法界。有諸德能。堪成利樂者也。此又分二。所謂究竟法界。非究竟法界。

云何究竟法界。謂諸如來稱衆生機。或爲菩薩。現他受用身土。或爲凡小現變化身。種種所作。隨宜究竟者也。

云何非究竟法界。謂諸菩薩。自利利他。雖亦分具如來德相。方之果地。未爲圓滿者也。

云何不具德法界。謂聲聞獨覺二乘聖。但證五分法身。而居方便淨土。滯守偏眞涅槃。不具大悲無畏。上變易法界竟。
云何無變易法界。謂諸如來。盡離雜染。自性身土及自受用身土。一味眞實常樂我淨。衆善所依。無爲功德。具無邊種妙色心等。常徧圓滿。永無增減。上業報法界竟。
云何非業報法界。乃依業報法界所起增上事行。而能轉變業報者也。如來雖無變易其成事智亦隨有情機緣生熟所化有異。菩薩斷證時有勝進。二乘聖者。亦能回心。現通下化。修智上求。諸異生類。皆可修習出世法門。而得解脫。或復善趣而行惡業。或復惡趣而發善行。升沉流轉。徧於三有。諸人畜等。亦能不捨現異孰果。修得空天色天禪定。得五神通。卽在自類。隨其學行。賢與不肖。苦樂智愚。現攝受事。亦可改轉。此在有漏法界。人之力用爲最大也。如人勤巧。則臻富貴。博施濟衆。則皆愛戴。恣睢暴熳。則嬰刑戮。淫湎飢寒。則得病夭。此皆非夙業所報成者也。然而菩薩未能全作佛事。羅漢終不更行淫欲。畜生不能全效人事。牛不能飛。魚不能巢。人亦莫解鶯啼燕語。各有自性分定。故非無自性。性上緣起法界竟。
云何非緣起法界。非因非果。無名無爲。不可思量。不可言說。卽一切法。離一切相。皆依此起。起皆非此。是諸佛法性身。亦是衆生心根本性。爲令衆生。雖念離念而得隨順。故立言詮。種種決擇。對彼緣起有爲法界。否則衆人無由悟入。其實即是非安立諦一眞法界。今既有義可說。有智可證。有爲無爲。其性各異。有說有證。隨物淺深。取言逐思。恐生執滯。是故別於非安立諦上自性性法界竟。

云何無自性性法界。則以諸法空無自性。一一相待。一一無待。即一切法。妙一切法。平等不礙差別。是故常究竟常非究竟。常具德常不具德。乃至常自性性常無自性性。常安立諦常非安立諦。差別不障平等。是故有說有證與無說無證平等。而安立諦非安立諦圓融。清淨功德與雜染惑業平等。是故漏無漏圓融。純惡業與不動業圓融。是故無間獄與三禪天平等。如是輾轉乃至圓融平等與不圓融平等亦融圓。而自性性與無自性性亦無不平等。一具一。一具一切。一切具一。一切具一切。一入一。一入一切。一切入一。一切入一切。常具常入無具無入無一無一切無一一無一切一切。常一一常一切一切。常一常一切。一一各位。一一交徹。重重相攝。無遺重重相涉。無盡演說。莫窮。恐繁且止。天台之圓中三諦觀。最契應此。專明果德。則賢首之一眞無障礙法界智。佛地經之四智清淨法界義。亦符順。上安立諦法界竟。

云何非安立諦。○○○

成大乘論

皈心分第一

皈心無方自心體。自心常如眞實性。廣大清淨德相海。無礙圓明微妙用。及彼滿成大菩提。究竟正覺自心者。剎身莊嚴不思議。願輪平等周法界。大智大悲大修行。無量無盡、無上士。徧入同體微塵國。利喜衆生窮未來。出世正道解脫聖。受用三昧眞寂樂。與彼種種隨、意欲。五乘發心趣果者。積集福德禪定力。有大功用大方便。善能主導諸世間。護持正法爲饒益。自心情與無情類。空散消沉斷命品。形形色色毛塵種。一切融偏如來藏。我今略說少分義。迴施安利人非人。望垂加被同攝受。隨喜成就無間歇。

述意分第二

何因何緣。作成大乘論耶。曰、爲開陳自宗。簡擇融攝一切宗教。故何因何緣簡擇融攝一切宗教耶。曰、覺悟有情之迷罔。故遣除習俗之封執。故隨順習俗名言。略開示自心本性自智本德。故引發有情信樂。漸證入自心本性自智本德。故交蘆子曰。夫自心本無迷罔封執。迷罔封執。在乎有情之展轉積習。有情展轉積習之迷罔封執。還即有情之自心。一切有情。皆吾同體。一切有情之迷罔封執。即吾心之迷罔封執。自心覺悟。遣除自心之迷罔封執。新沐彈冠。新浴振衣。理有固然。事所必至。其充生乎不能自已者。又豈有待而然哉。

性相分第三

交蘆子曰。有法爾之常道。有證成之定理。有觀待之體象。有作用之德能。貫持乎體象德能之常道定理曰性。充塞乎常道定理之體象德能曰相。非性不相。非相不性。性相同根。言說殊致。問曰。何爲說性耶。曰爲印定名理故。是觀念眞妄所由分故。何爲說相耶。曰爲緣起想思故。是言詮本末所依止故。以何性幾性印定名理耶。曰有三性。一者圓成實性。二者依他起性。三者徧計執性。以何相幾相緣起想思耶。曰有五相。一者自相。二者共相。三者差別相。四者因相。五者果相。問曰。奚謂圓成實性。曰、訓其名義。則圓者偏融明妙。成者滿善淨樂。實者眞常一如。而明淨卽實。妙常卽成。如滿卽圓。故此三義不可離減舉其定理則眞有妄無。凡眞有者。一切具足。是名圓成實性。奚謂依他起性。曰訓其名義。則依者藉仗。他者因緣。起者轉變。轉變之相。卽是因緣所作。因緣之起。由於互相藉仗。仗因藉緣。乃成轉變之相。故此三義。不可離減。舉其定理。則名實玄紐。有而不眞。一切如幻。是名依他起性。奚謂偏計執性。曰訓其名義。則偏者眞理周偏。計者取相妄計。執者逐名迷執。非取相妄計。不致逐名迷執。非逐名迷執。不障眞理周偏。非眞理周偏。不顯計執迷妄。故此三義。不可離減。舉其定理。則有妄無眞。但離妄見。一切空寂。是名偏計執性。而此三性。又各互具。以互具故。得論九種。一曰圓成實性之自性。是圓成之實體。亦是依他偏計之還滅。二曰圓成實性之依他起性。是圓實之成德。亦是無漏依他之緣起。三曰圓成實性之偏計執性。是成實之圓用。亦是遠離計執之偏觀。四曰依他起性之圓成實性。卽是因源緣本。五曰依他起性之自性。卽是轉變幻相。六曰依他起性之偏計執性。卽是交藉相仗。七曰偏計執性之圓成實性。卽是偏觀法界之概念。八曰偏計執性之依他起性。卽是計相立名之亂想。九曰徧計執性之自性。卽是執名爲實之倒見。此九種。又相離。合離合互殊。眞妄相雜。是故轉成重重眞妄差別。然轉成重重差別者但増語轉。非實義也。試以方理巧爲譬說。今有多人。處深山中。常觀日輪。從東山出。漸漸昇空。向西山沒。如是乃至有人處海處村處市。各依所處。觀日出沒。夫人心日光交涉相徧。隨心方位。障人行止。見日東出而從西沒。盡宇宙人。皆如是觀。本是圓成實性。今日從東山出。向西山沒。如是乃至從東市出。向西市沒。蓋是處山處海處村處市之人。習見不同。變呈礙相。則依他起性也。若取此礙相。決說日輪東山所出。且有出穴。西山所沒。必有沒藏。除此深山。更無日輪。設山之東。復有人者。定見日輪。但從西山起。往西方。設山之西。復有人者。定見日輪。但從東方來入東山。如是處海處村處市。各如是說。執爲實然。是偏計執性矣。人心日光各住自相。卽是圓成實性。自性心日相緣。東出西沒。是圓成實依他起性。盡宇宙人。皆如是觀。是圓成實偏計執性。人日山村各住自相。是依他起圓成實性。日出東海。或沒西市。卽是依他起性自性。山村海市。各各方位。是依他起徧計執性。東西方位。宇宙普同。不以山人。礙見轉移。

是徧計執圓成實性。分別日是東市所出。或分別是西村所沒。或依同山同海之人。先所分別。隨順計著。是徧計執性。依他起性。執此分別。決爲實然。更增文飾。互相告敎。諍然諍否。起諸煩擾。種種推求。逐妄不休。卽是徧計執性。自性徧計執性。純無非有。宇宙方位。亦心觀念。若離人心。決無方宇。執爲實有。純妄非眞。依他起性。亦無亦有。亦眞亦妄。人日山村。自相當有。村觀則東。海觀則西。此東西觀。實義皆無。人日山市。合成礙見。日出東山。或沒西市。其相幻有。圓成實性。人體日光。宇宙方位。皆唯心故。純有非無。純眞非妄。此三定理。不可引轉。可引轉者。但由所處各各礙相。妄見取著。而有差別。有定理故。故有眞妄。有轉相故。故有差別。說此差別。卽是增語。隨順山海村市之人。所有名言。令得解悟。引以超出山等礙相。同觀大宇。心光圓徧。與不思議自由妙用。受無障礙。平等眞樂。故設三性。甄擇名理。法喩難齊。比顯微分。而其重重眞妄差別。歷事而辨。不可備陳。交蘆子曰。試舉三性。以擇三明。學術一明。但徧計執。人倫明兼依他徧計。唯宗敎明。有圓成實。問曰、奚謂自相。曰、自在之體。是謂自相。唯無分別。現量智得。從安立諦。卽智卽得。非安立諦。無智無得。一相無相。一性無性。

離諸戲論。絕諸對待。雖復遠離名言想念。名言想念。皆託之起。若無此一。不有後四。所謂無不從此法界流。無不還歸此法界者是也。奚謂共相。曰、大共之名。是謂共相。一名既生。二義隨待。如曰有爲。卽非無爲。有爲無爲。攝一切法。罄無不盡。故曰大共。如是乃至有物無物。有情無情。有言無言。纔立名字。便有異共。同者則共。不共則異。所謂自無以適有者是也。奚謂差別相。曰、共中之別。是謂差別。如曰有爲。有爲之法。總該心物。卽是共相。有爲中物。是差別相。又如曰物。物爲共相。物中之人。是差別相。又如曰人。人爲共相。人中之舜。是差別相。又如曰舜。舜爲共相。舜目重瞳。是差別相。累差積別。巧歷莫窮。所謂自有以適有者是也。奚謂因相果相。曰、就差別相。責其生緣。今得如此。先當如彼。卽果窮因。是因相也。以先如彼。故今如此。察因知果。是果相也。此因果相。實無前後。以此故彼。以彼故此。二相同現。一念並著。所謂如稱兩頭氐卬時等者是也。交蘆子曰。法法莫不徹本該末。故茲五相。一切同具。思想有封。言詮斯殊。試舉五相。以歷三明。則人倫明。唯後三相。而學術明。但無自相。在宗教明。偏攝五相。交蘆子曰。由相觀性。自相卽是圓成實性。差別因果。是依他起。共差別相是徧計執。由性詮相。則自相及五相之體。皆圓成實。後之三相及五相之事。皆依他起。共相之理及五相之名。皆徧計執。淵哉性相。義類無邊。大綱犅舉。綱目可尋。

回迴分第四

交蘆子曰。乘者運也。法輪恒轉之謂運。乘者載也。性空普容之謂載。卽運是載。生死如實際。涅槃等虛空。佛不度衆生。衆生不成佛。全載爲運。一切有情心中之正覺。已乘今乘。一切正覺心中之有情。今乘當乘。盡乎十方。無內無外。極乎三際。無始無卒。唯茲一乘。故曰大乘。詮大乘義。是大乘論。持大乘論。是有情心。卽有情心。是大乘體。本不曾壞。今亦無成。本自完成。今亦無作。無作如是作。無成如是成。我交蘆子已略說竟。願見聞者。速登正覺。

三明論

緣起分第一

交蘆子若存若亡。不覺心動。昏擾淆然。攖於心。光象昡然。要於知。渾渾芒芒。恍恍惚惚。初不辨象從知出。知從象來。擾故心動。心動故擾。然心動而不能自止。知出而不能自弭。如有所使如有所係。其知彌出。其光象彌闢。其心頻動其昏擾頻煩。又忽若有所自覺者。要乎。攖乎。感乎。覺乎。其光若有晦明乎。其色象若有青黃赤乎。忽焉有所動而光象泯滅。忽焉有所動而光象炳現。光乎象乎殆係於動乎。其昏若有堅濕煖乎。若有香味乎。其擾若有輕漾囂叫乎。忽焉有所動而有所得。忽焉有所動而有所失。昏乎。擾乎。殆亦係於動乎。光象昏擾係乎動。其動殆亦有所寄乎。動其寄於感乎覺乎知乎。動感覺知。其交紐若一乎。其不能獨存乎。其不可分擘乎。此不可分擘者。殆卽不覺而心動乎。光象泯滅昏擾或無減焉。光象炳現昏擾或有增焉。推求昏擾於光象。或得或不得焉。光象昏擾二者其有種界乎。昏昏默默。或得堅煖焉或兼得堅煖香味焉。擾擾蕩蕩。或得輕漾焉。或兼得輕漾囂叫焉。一一昏擾其亦有種界乎。或各得種種光象昏擾之一焉。或都得種種光象昏擾焉。或都不得種種光象昏擾而仍若有所覺知焉。其更有起滅離合光象昏擾之元樞乎。種種種界殆亦有所係有所寄乎。其所係所寄者殆有分屬乎。其分屬者殆有六族乎。六族其恒轉總持聚處間列者乎。其卽光象昏擾之都宅乎。忽焉辨之羣象羣礙中。若有一聚之昏礙光象。凡動感覺知。咸與俱焉。此殆卽六族所聚處間列者乎。盡從之推求六族之所居乎。恍若司覺堅礙等者。卽此礙象之全聚焉。司覺囂叫者。有兩竅焉。司覺光象者。有兩朶焉。司覺香臭者。亦有兩竅焉。司覺甘苦等者。亦有一段之色礙焉。而此礙象之表裏。又恒有冷煖虛脹痛癢等觸覺而不能離焉。此礙象內容之光色。雖莫得而見。其昏觸固冥有所感覺焉。始焉若有六族。今歷辨乎礙象。特五族耳。殆但有五族而無六族乎。則又不然。蓋嘗倀倀乎有所遊處。若由佗聚頓失五族所司之感覺。而重現此聚五族所司之感覺者矣。其頓失者與重現者。兩者全異。則必有第六族以恒轉總持此聚他聚之五族所曾受之感覺者。且可與此聚他聚之五族離合焉。故得忽失他聚五族所司之感覺而重現此聚五族所司之感覺歟。顧雖知必有第六族。而終不知第六族之奚存耶。則亦虛擬之爲感動覺知憶念思想之共主而已。於是乃有分司之五族及共主之一族所積聚連持者。得執之曰吾矣。吾者何。能感動覺知憶念思想之一色礙聚也。執此一色礙聚爲吾。乃格彼一一色礙聚爲非吾。更推知彼一一色礙聚。其爲色礙聚同。故其執有能感動覺知思想憶念之吾亦同。知愈。推出境。愈差別由一一色礙聚之同。然復辨一一色礙聚之異。然異中更同。同中更異。取同異之分齊者曰。想想卽名也。名所楷定之分齊。相卽吾及非吾之物。物計同異之分齊者曰。念念卽數也。數所貫綜之分齊。相卽吾及非吾之一一。以數持名。以名持數。名數交紐。是名萬物。以憶歷念思動三而似有相續者曰。時時則由剎那秒忽以至阿僧祇劫可也。以想區感覺知而似有並着者曰。方方則由點綫面積以至華藏剎海可也。然吾能感動覺知思想憶念之色礙聚。既恒有冷煖虛脹痛癢香味等感受覺知。貫澈表裏。又恆有光象囂叫等感動覺知。尋伺周遮其感覺者平等調順則快樂。其感覺者損益乖違則煩惱。所惡者煩惱而所欲者快樂。故常欲調順而常惡乖違。常欲調順快樂。則法爾須交藉於非吾之一一色礙聚而後得。然交藉於非吾之一一色礙聚。或不能藉。彼而爲彼所藉。反得苦障。或渴願藉彼而無力藉彼。徒殷希望而非吾之一一色礙聚中。則有與吾形同欲同者也。形同欲同。故易得親愛。抑其天官之意物也。同故比方之疑似而通。而漸能相狎識形聲所表示別別之情欲想思。因相狎識。乃相要求。求互助以祛不能藉彼而爲彼所藉之苦障。求合作以達渴願藉彼而無力藉彼之希望。以互鬥合作之羣力。故竟得苦障祛而希望達。煩惱減而快樂增。於是知羣力之妙。可以無求不獲。乃汲汲以彀充其羣爲第一要事。然而得親愛狎識以成互助合作之羣者。蓋因形欲之同。而欲之所同。則在藉物之力而濟我之私。故所同之欲。乃私欲也。私欲同。故親愛所同者。是私欲。故又憎忌。憎忌交加。故互助者或以互拒。互作者或以互毀。拒毀並作。故又恐怖。拒毀相續。故又怨恨。怨恨私欲。同時奮發。故不獨互拒互毀。而亦互爭互奪。毀奪紛乘。則愈恐怖。以恐怖故。愈求互助。求互助故。愈相親愛。親愛憎忌。恐怖怨恨。轉輾增上。轉輾衍結。故互助互作。互拒互毀。互爭互奪。同時並存。同時並行。其毗於我私憎忌怨恨恐怖之甚者。且倒以互助互作爲射。互拒互奪爲鵠焉。乃反以合羣而益增煩惱益多苦障矣。於是又知合羣而互助求樂之術。不獨彀充其羣。尤須有職守綱維之事也。乃爲之名位而職守。乃爲之政法而綱維。然政法相制。名位相格。以利害故。羣各自羣。以親疎故。羣又分羣。毀奪間作。仍不能免。且攬綱維者。或毗重我私。恐怖而用強權。執政法者。或毗重憎忌怨恨。而尚復仇。則又反以術羣之職守綱維。而益增煩惱益多苦障矣。沿習彌久。流變彌雜。終以一親愛之善情。對於憎忌怨恨恐怖之惡情。寡不敵衆。故雖術羣之道。逐事修良。卒不能達互助互作而不互拒互毀互爭互奪之初願也。益密其牽制。有若三權憲政。益嚴其拒格。有若地方自治。益巧其掠奪。有若株社印稅。益盛其爭毀。有若帝國軍政。夫以羣功交利而增之快樂固多。而以羣力交害而增之煩惱尤衆。此增起之煩惱。豈使志之所期哉。夫快樂以羣而增進。煩惱亦以羣而倍快樂爲增進。然則以離羣而快樂減省。煩惱亦必以離羣而倍快樂爲減省。煩惱既不可獨祛。則快樂不可獨得。其有不願以合羣求快樂而增煩惱。願以離羣損煩惱而失快樂者乎。損之又損。以至於無。煩惱快樂。胥何存哉。然以損斷煩惱而并失快樂。殆亦非吾之始志乎。則欲遂吾之始志。羣又終不可離乎。交蘆子曰。吾初認識一能感動覺知思想憶念之色礙聚。始確知有吾矣。吾繼認識一一異形異能異欲之色礙聚。始確知有非吾之萬物矣。吾繼又認識一一同形同能同欲之色礙聚。與之共求所欲。共習所事。始確知吾爲人。吾爲人羣之一人矣。交蘆子曰。名始確知有吾。確知有非吾之萬物。確知吾爲人羣之一人。卽蘊積三種之疑問。憤憤然而欲明之矣。云何三種疑問。曰吾及非吾。宇宙萬物。誰爲有本。誰爲本體。云何起源。云何究竟。一也。曰吾及非吾。宇宙萬物種種形質。種種名理。種種事用。云何能知。二也。曰吾及非吾。吾及吾人相待之理。交藉之業。如何施設。方稱吾願。三也。蘊兮發兮。積兮續兮。自詰自應。自疑自明。明已復疑。疑已復明。轉疑轉明。轉明轉疑。不明必疑。纖疑必明。蓋嘗疑窮量絕。明極光通。疑無可疑。明無可明矣。云何明明於明。云何不明不明於不明。明者自明。無明明者。不明者自不明。無不明不明者。交蘆子亦自明其明。明其自明而已。無明明者。無不明不明者。故卒亦不明其果明果不明耶。蛇知蛇足。不咬蛇足。然一經非蛇者咬嚼。明非不明。不明非明。非三不明。必是三明。則姑名之曰三明云爾。

名義分第二

曷謂三明。一曰學術。二曰宗教。三曰人倫。明此三事。是名三明。曷謂宗教。曰、心明自心。見心自性。證一切法性唯自心。悟入自心。更無一法。境智如如。言思永絕。宗也。自心起心。緣心自相。自心無相。相相卽萬法。開示自心。具一切法。德業重重。名理無盡。教也。宗唯自證。無表無示。離名絕義。教待緣起。有師有資。建言立行。宗則非教。教則非宗。宗教相違。宗教各立。一也。以自證故。能稱法性。開示名相。以緣起故。覺悟有情。趣入法性。以宗成教。以教成宗。宗教相持。宗教同立。二也。心符法性。稱性緣起。卽宗之教。教依宗立。三也。法隨法行。還證自心。卽教之宗。宗依教立。四也。具此四義。是名宗教。交蘆子曰。此宗教之勝義也。隨俗稱謂。復有多義。一曰宗者崇尚尊信。教者律儀言行。是應可崇尚尊信之律儀言行。或是俗所崇尚尊信之律儀言行。故名宗教。二曰宗者趣向。是必要之由致。教者法義。乃楷定之名理言行。契應。故名宗教。三曰宗者家派。教者學行。是一家之學。或是一派之行。故名宗教。四曰宗者道理。教者名詮。是名詮所傳持之道理。是道理所依止之名詮。故名宗教。此之四義。但隨俗稱。具前勝義。方名宗教。不具前義。非眞宗教。人天小教。假名宗教耳。曷謂學術。曰隨順名數尋伺事物。形質德業。同異總別。因果前後。生化次第。簡擇明了。勝解印持。學也。隨順尋伺。習令慣熟。任運明了。巧便效用。或藉別緣。加行尋伺。勤勇無間。增進勢力。術也泛義言之。則計聞思念模擬練習皆學也。積習累行巧知慣能皆術也。一物不學一物不知。一事不學。一事不能。故曰不學無術。若以嚴義格之。此未得稱學術。凡學術卽學卽術。卽術卽學。不獨必學乃有術。亦必有術乃爲學。故學術者。是學術之士。條貫所知義理。所具功用。依比量規律。著爲言詮。能令未成學術之人。研思效習而可就成學術者也。曷謂人倫。曰倫者類也。對待立名者也。倫者羣也。同類相聚者也。倫者能也。交藉爲用者也。倫者習俗也。相沿成性者也。倫者侖思也。有道術以調劑和平利樂其羣俗者也。（侖思猶云理性亦猶云有意識之行爲）羣俗之相待相聚相藉相沿。有名義楷定其分齊而持守者曰倫理。有倫理之羣俗所起之事行曰倫業。人倫所明。在正倫理。以利倫業。非以明人。明人則學術宗教之事也。物皆有羣。不必有倫。非徒有羣。故名曰倫。倫不必人。是人之倫。遮非非人。故曰人倫。

界分別第三

明無明相。一切相。離離相。如如。亦離離相。譬彼虛空。寧堪割據。然彼虛空。方圓任器。車得車空。卽有坐乘運載之功。舍得舍空。卽有居處安藏之業。不可責舍業於車空。不能取車功於舍空。空者理事也。器者名言也。能詮名言。分齊既立。所詮理事。限量隨殊。學術之名。不具宗教之理。宗教所言。非盡人倫之事。又烏得無界別哉。

交蘆子曰。三明之界別。既定於名義分矣。今特就名所詮義對辨之耳。對辨之數。且分四門。一廣狹門。以量外幟。二深淺門。以測內容。三先後門。以察生起。四永暫門。以序存在。卽此四重。又有三觀。一者依法界觀。現證心性。周徧含容。離一切相。卽一切法。卽此心法。寄言宗教。無中無邊。亦中亦邊。無上無下。亦上亦下。無起無滅。亦起亦滅。無始無終。亦始亦終。言思所及。兼所不及。一切有法。皆宗教攝。是故宗教最廣最深最先最永。學術次廣次深次先次永。人倫爲狹爲淺爲後爲暫。列表如左。

- 宗教
  - 宗
    - 無始無終
    - 無起無滅
    - 無上無下
    - 無中無邊
    - 言思不及
  - 教
    - 凡界
      - 教
        - 獄界
          - 教(亦許有學術定無人倫)
          - 宗
        - 畜界
          - 教(許有學術若龍等故定無人倫是畜倫故)
          - 宗
        - 鬼界
          - 教(許有學術若神等故定無人倫是鬼倫故)
          - 宗
        - 人界
          - 教(或有學術或無學術或有人倫或無人倫)
          - 宗
        - 天界
          - 教(或有學術或無學術是天倫故定無人倫)
          - 宗
      - 宗

- 聖界
  - 宗
  - 教
    - 眞覺界
      - 宗
      - 教（以利他故許有學術）
    - 偏眞界
      - 宗
      - 教
        - 已入滅者及獨覺者無教無學
        - 未入滅者及聲聞者定有學術
    - 大士界
      - 宗
      - 教（定有學術）

二者依理界觀。現見宗教人倫之理。皆以名數文字等學表詮楷定。雖曰華藏刹海。勝祇刧波圖騰社會。大同世界。我神彼君吾族他社。乃至無方無體。無時無生。仍此名數文字等學。表詮楷定。若離學術。必無從建立宗教人倫之理詮。然宗教閎大非限人倫。人倫蹗躓。難擬宗教。是故學術爲廣爲深爲先爲永。宗教次廣次深次先次永。人倫最狹最淺最後最暫。三者依業界觀。現見學術。宗教之事。皆是人倫之所造作。不得離人倫而外有。不得前人倫而已成。然宗教之事。必藉學術。學術之事。可非宗教。以宗教事。亦由效習名言起也。是故人倫最廣最深最先最永。學術次廣次深次先次永。宗教爲狹爲淺爲後爲暫。而此四重三觀之辨。吾明學術。取理界觀。吾明宗教。取法界觀。吾明人倫。取業界觀。學術之明。卽名想而觀察法相。是因俗以立詮。宗教之明。順事相而證入法性。是妄詮以體眞。人倫之明。隨法性而起事行。是由眞而適俗。眞俗二諦。不可偏廢。則並存之可也。而三明施設之次第。本當先宗教而後學術人倫。何則。非先明宗教。則無以起信定志趣道造極。一也。未明宗教。則必於名相多所惑亂取著。而反爲學術障礙自心。二也。未明宗教。則必溺情習俗。不能自勝。無以正德利用膏沐羣倫。三也。然建立名言。固以利俗。魚相忘於江湖。人相忘於習俗。不因習俗之所知所守寖導有情而轉思轉化。縱能自得。必難悟人。則言與不言等。豈所謂善巧名言者歟。且學術雖不卽眞。而人心固好求實。彼孜孜爲學術者。奚嘗一旦忘庶幾得悟眞理耶。遣其所偏擴其明見。揭其所封。存其成法。亦未始非闢裂迷網之前矛也。是故學術明居先。宗教明次之。而以人倫明殿焉。蓋兩利爲利。人所共知。況有情同體。本無自他者哉。

曹溪禪之新擊節

達摩別傳一宗。至曹溪而大行中國。宋時遠及朝鮮日本。迄今流衍未衰。可謂盛矣。

自達摩以逮曹溪。雖別傳之心印實超敎外。而悟他之法要不離經量。曹溪曰。吾傳佛心印。安敢違於佛經。又曰。涅槃經吾爲講說。無一字一義不合經文。乃至無語眞無二說。又曰。執空之人謗經。直言不用文字。既云不用文字。人亦不合言語。只此言語。便是文字之相。又云。直道不離文字。卽此不立二字。亦是文字。見人所說。便卽謗他言著文字。汝等須知自迷猶可。又謗佛經。不要謗經。罪障無數。故達摩慧可授受楞伽。黃梅曹溪宏演金剛也。夫楞伽乃大乘妙有法輪之天樞。而金剛亦大乘眞空法輪之斗杓。洪源遙流。酌之不改初味。雪山寶林。湛焉有如新瀉。每讀信心之銘證道之歌。觀般若瑜伽諸經論。輒覺渙然融釋。妙洽無痕。惟後時宗徒。既混入知解（謂荷澤等宗徒）敎徒亦彌挺荊榛。（四敎先亂般若。五敎尤亂瑜伽）江西石頭以下諸師。爲救其弊。數變其法。或由旁敲側擊。使親悟。或由電驟雷轟。令頓契。然皆要期自證。不爲語通。絕言思之妙心。終不用父母所生以爲說。故曰。若能不觸韓當令也。勝前朝斷舌才。雖易臨機之用。不失敎外之傳。而要以曹溪法寶爲綜前開後之大規範。今者般若瑜伽重暢。試爲一拈唱焉。

(一)曹溪之自悟

夫諸法緣生。生空無性。此大乘般若之輪也。諸法惟心。心幻無性。此大乘瑜伽之輪也。破我法之執。彰眞俗之諦。發理量之智。證性相之境。說或小異。撥無不同。曹溪聞誦金剛般若心卽開悟。卽悟此也。後呈其悟。故書偈曰。菩提本無樹。以諸法爲心故。明鏡亦非臺。以心幻無性故。本來無一物。何處惹塵埃。以諸法緣生生空無性故。然此二輪猶收敎內。敎外之傳尙須一徵。其夜五祖以袈裟遮圍爲說金剛經。至應無所住而生其心。乃言下大悟一切萬法不離自性。(自性二字見下)遂言何期自性本自淸淨。何期自性本不生滅。何期自性本自具足。何期自性本無動搖。何期自性能生萬法。五祖知悟本性。(卽下本心)謂曹溪曰。不識本心。(卽上本性)學法無益。識自本心。(無性本心)卽名丈夫天人師佛。此大悟界唯逈絕言思之妙心。(觸諱罪過)名想之所不能安立。故敎下雖强名一眞法界。或曰本如來藏妙眞如性。旋曰非安立諦。廢詮不詮。此云言下大悟。實非言悟能到。故爲敎外別傳之『宗』。此『宗』何指。姑借一言假詮表則曰無性空心。心圓衆妙。心幻無性。故應無所住。無性眞心。故而生其心。心（此無本性心。卽曹溪所云『自性』）圓衆妙。故本自淸淨。本不生滅。本自具足。本無動搖。能生萬法也。由是總其悟旨。可謂二言。諸法唯心。心幻無性。（亦可諸法緣生生空無性）無性空心（亦可無性幻心）心圓衆妙。後世三關之意。亦不外是。諸法緣生而生本空。一也。諸法皆心而心如幻。二也。無性妙心。心卽諸法。三也。夫至無性妙心。心卽諸法。則隨手舉來。莫非涅槃。（本空無性）妙心也。明也。然此實非此智假詮可及。故云敎（此智敎詮）外別傳。

（二）曹溪之悟他

曹溪說法悟他。皆從自悟境界流去。然以大悟之界。須人自達。故其所言。不離敎內空有二輪。說空破有。說有破空。遣除邪執。發生正智而已。意在敎外。言不離敎。此曹溪禪所由高也。由此其說法之綱要。祇是萬法心生。生空無性。（非風幡動。仁者心動。法心生也。佛性無常。諸法是常。空無性也）俗眞眞俗。出沒卽離。其言外之旨。在使人執亡意消。躍然自得。故曹溪曾喚其門人法海等曰。汝等不同餘人。吾滅度後。各師一方。吾今敎汝說法。不失本宗。（按壇經載。然須傳授。從上以來。默傳分付。不得匿其正法。若不同見同行。在別法中。不得傳付。損彼前人。究竟無益。（恐愚人不解謗此法云云。此所云同見同行。卽已悟可爲一方師者。分付卽付囑其悟他說法之典要。令不失本宗。後世一般邪魔外道。秘爲六耳不傳之據。謬甚。）先舉三科法門。動用三十六對。出沒卽離兩邊。說一切法不離自性。忽有人問汝法。出語盡雙。皆取對法。來去相因。究竟二法盡除。更無去處。（案此曹溪傳其入室弟子說法之要。亦猶洞上有參同契及寶鏡三昧等。其密傳不令衆知者。皆爲護持不同見同行在別法中者。恐彼謗法獲罪。執語障悟。別無他義。）此上所舉。祖有自釋。今按動用對法出語盡雙。卽離兩邊。來去相因。乃連空有二輪。以摧有空二見者也。（空有眞俗等相對法）盡除盡除者。是敎下假詮說一切法（五陰十二入十八界等三十六對法）不離自性。不離者是敎外妙心。（指一切法離言自性。）在般若瑜伽諸經論。指其要歸。無不如此。故曹溪乃眞通敎意眞能說法者也。又曰。若有人問汝義。問有將無對。問無將有對。問凡以聖對。問聖以凡對。二道相因。生中道義。爲志徹說涅槃經常無常義。又爲神會說見不見痛不痛義。對臥輪有伎倆曰。惠能沒伎倆。對住心觀靜長坐不臥是病非禪拘身何益。對空知無見曰。不見一法存無見。大似浮雲遮日。面不知一法守空知。還如太虛生閃電。對念佛生西曰。西方只在目前。（誤十萬億佛土爲十萬八千里。此因不觀經文。未解經義之故。）此其與人解縛去黏抽釘拔楔之妙。如所謂馬前相撲倒便休。活潑潑地。赤灑灑地。坦蕩蕩地。露堂堂地。誠有不可言喩形容之者。其曰吾有一物。無頭無尾。無名無字。無背無面。問諸人還識否纔被神會喚作本源佛性。卽呵之爲知解宗徒。以說一切法雖不離這個。而這個終不能言陳出之。神會名作本源佛性。以爲假智假詮可得。遂滯於名相知解中而失教外之傳。此與賢首等之知解教徒。以諸美辭種種形容繪畫絕言思之一眞法界自謂超越先哲。能言龍樹世親諸祖所不能言。同一僭妄。殊不知諸祖豈不能言哉特以實非言思之所及耳。雖搆種種形容繪畫之說。徒益名想之影。反障證悟之門。故曹溪力呵之。有曹溪力呵之故。雖有神會等知解宗徒。而宗風仍暢。慈恩等於知知解教徒。未力呵斥。故四教五教興。嘉祥慈恩之教輪輟。清凉而引化之陷泥已深。圭峯則由知解宗徒兼爲知解教徒。宗下承曹溪風能斥去之。故宗彌盛。而清凉於圭峯又不能呵却之。故教益晦。厥後永明順而正之。落草愈甚。宗徒教徒殆皆沒入知解。不期離言妙悟。封著名相。二三眞禪。唯用峻險或截擊為法門。務以颺落知解爲事。以延教外之傳。故墮於知解者。不唯失宗亦失於教。若曹溪之說法悟他。不唯得宗亦得於教。昔一居士請雲門曰。三藏十二部教意卽不問。如何是祖師西來意。門曰。祖師意且置。汝道如何是教意。士罔措。門大加呵斥而去。故宏宗演教者當學曹溪悟他。以知佛祖說法之妙。

（三）曹溪之自性

曹溪於其叙悟及教說法等中。若諸偈言及長行等。三科法門三十六對。亦是常途語句。最關要者唯在「自性」一名。於其自叙及教他中。若不識「自性」一名何所指。必難瞭然其自叙中叙悟「自性」本清淨等。其教他中令說一切法不離「自性」等。皆必知其「自性」所名。乃有着落。好在曹溪曾自釋云。自釋能含萬物。名含藏識。（此指第八本識）若起思量卽是轉識。（此指第七末識）多以轉識爲心。如云心爲地。性爲王。性在心存。性去心壞。（性指一報之主之異熟識。心指前七）生六識出六門（六根）見六塵。如是十八界。皆成「自性」（指含藏識）起用。（從藏識所藏之十八界種子。起十八界現行曰起用。卽以前六三不起現行爲息用。粗似易經寂然不動爲體。感而遂通爲用。亦似中庸未發爲中。發而中節爲和。覈於成唯識論等義。此種見解猶有疎謬。以異熟識非眞寂故）「自性」若邪起十八邪。（無漏無垢識緣有漏種起有漏現行）「自性」若正起十八正。（無漏無垢識緣無漏種起無漏現行）若惡用卽衆生用。善用卽佛用。（由此有諸趣及涅槃證得）用由何等。由「自性」有。（無始時來界一切法等依）依此觀之。曹溪確指「第八識」名「自性」明也。其頌四智。亦曰大圓鏡智性淸淨。平等性智心無病。此亦以「第八」名「性」「第七」名「心」者謂自性（第八）若淸淨卽大圓鏡智。自心（第七）若無病卽平等性智也。然第八識名義糾紛。頗解分解。通名或曰一切種識。或曰阿陀那識。或曰本識。或正曰心。在有漏位。或曰阿賴耶識。或曰界趣生體。或異熟識。在無漏位。或曰庵摩羅識。或曰大圓鏡智。或曰眞佛身。就有漏中指無漏界曰如來藏。亦曰佛性。以假智詮指絕言思界曰一眞法界。亦曰眞如。（眞如一名諸經論中多指遮空二執空理。然起信云。唯是一心名爲眞如。又說眞如之自體相及眞如用。楞嚴亦說本如來藏妙眞如性曹溪亦說眞如自性是眞佛及說眞如用此等所眞如每與指一眞法界或如來藏同非但二空空理）而曹溪言「自性」亦復通此多義。言「自性」本自淸淨等。是指如來藏或「一眞法界」也。言自性邪正起十八邪正。是指異熟識或阿賴耶識。或庵摩羅識。或一切種識也。其名義之玄紐若此之甚。無怪因起信論「眞如」一名生後人歷久之諍歟。

禪宗悟本體禪主人翁。禪所悟雖亦離言法界。在異生位仍卽「阿賴耶異熟識」，前六剎那不生。末那我愛執藏暫現。此若執實雖悟唯心。不悟無性。或入外道。了幻無性。取無性空不透末後。或歸二乘。進悟「無性心源含融萬法」乃大徹了。故深密云「阿陀那識甚深細」一切種子如瀑流。（易經說爲寂然不動。中庸說爲天命之性。未發之中。可知不當）我於凡愚不開演。恐彼分別執爲我。（執爲我。卽執爲性。我義卽性義。未悟無性。故入外道）然在凡位欲求頓悟。除悟此亦別無眞體。故大佛頂曰。恐迷眞非眞。迷此非眞欲別求眞。終亦無眞可得。嗚呼。此可知曹溪「自性」言所關之大已。然「自性」應專指「諸法離言自性」。（亦曰諸法離言自相）若曹溪說爲含藏識。不如易以通名。名以「一心」 曰「自心」爲當。故吾有取於永明之（舉一心爲宗照萬法如鏡）唐圭峰以瑜伽爲法相宗。般若爲破相宗。自居爲法性宗曰。一乘顯性教以有情有本覺眞心名如來藏又名佛性。此亦以「如來藏」名「法性」者。不如名以「眞心」爲當。然其不脫知解。不悟諸法離言自性。作源詮嘗曰「心」是其「名」「知」是其「體」。「知」之一字衆妙之門以爲舉「知」字即能得「心體」。宗門或斥之曰。知之一字衆禍之門。明永覺賢以眞心具空寂與靈知之二義。補曰空寂之知。謂圭峰取「知」遺「空寂」不了「眞心」。今按「空寂」即「無性」。義空寂靈知即無性心。即「心」不悟「無性」故成妄執。妄心若悟無性。即契眞如。故空寂知始是眞心。彼執「知」爲「心體」。且不悟「心無性」。更可解乎「無性心」哉。故後世宗師於曹溪所云。「自性」。亦諱言之。但云「這個」『這一着子』以指示之。誠以說似一名即不中也。

唯識諸家會異圖

家	識	唯
清辨 境有家 / 護法 四分家 / 陳那 三分家	識（唯識依圓諸法）存實	唯（我法徧計二執）遣虛
難陀 二分家	識（純識見分）留純	唯（濫境相分）捨濫
安慧 一分家	識（能變識體）歸本	唯（所變見相）攝末
無所家	識（有力心王）顯勝	唯（無力心所）隱劣
清辨 識無家 / 體同家	識（正智眞如）證性	識（相名分別）泯相

佛教各宗派源流

第一章　總論

第一節　佛說自證法一音無異

法界性相。雖本來常住如是然。未成無上正徧知。則終在窈冥恍惚之域。大覺圓明。

如光照了諸色。乃如實而證。如證而說。故佛教之一切法流宗派。若直探其起源。則謂皆出釋尊菩提場中之智證可也。稱佛智所自證之法界而說。證周圓故說亦周圓。所謂毘盧遮那佛願力周沙界一切國土中恒轉無上輪。斯則一音普宣三際常演。雖有情隨類生解。而佛之所說。固初無差異也。

第二節　佛隨機說故有諸乘差別

乘。譬有情依佛法所成運載之功用。謂具因之異生。聞果教而起信。順信解理。依解修行。行深得證。證圓果滿。故名之曰乘也。既隨有情依佛法所成功用以名乘。則有情之根器性欲差別。故佛逐機而教者。亦遂有諸乘差別。二三四五乃至無量。約其大類言之。一人天乘以濟無姓。二小乘以濟聲聞姓。三中乘以濟緣覺姓。四大乘以濟如來姓。五一乘以濟不定姓。此皆佛住世時已有差別種姓之人所乘之差別行果之教矣。

第三節　佛示寂後結集諸藏差別

佛爲一切教法本。佛應世時。親聞佛說。佛示寂後。依佛遺教。佛之遺教。卽諸聖弟子所聞持結集之法藏也。然法藏之結集傳說非一。善見律但傳四阿含與小阿含之經藏結集。島史但傳四阿含經藏與律藏之結集。摩訶僧祇律但傳經藏論藏之結集。眞諦則傳阿難誦經富樓那誦論優波離誦律大迦葉爲上首由七葉窟界內上座衆結集之。其未及加入窟中者曰界外大衆。別以婆師婆爲上首。結集佛說此四祇及小乘者。四分律則傳經藏論藏之結集。而阿含經外別有雜經藏。兼攝方等諸經。此則兼通大小乘者。西域記則傳阿難誦經。優波離誦律。大迦葉誦論。其不加入窟中之大衆部。別開會誦出經藏律藏論藏雜集藏禁咒藏。雜集藏攝根本大乘經。禁咒藏攝陀羅尼。此則兼通大小乘顯密教者。眞諦又傳說文殊師利阿逸多等與阿難在鐵圍山結集大乘經。或傳大乘經由廣慧菩薩結集。而佛地經論亦言傳法菩薩結集。此三則專屬大乘者。故雖總唯一佛法藏。或分爲聲聞與菩薩之二藏。或分爲經律論之三藏。或分爲經律論雜之四藏。或分爲經律論雜集禁咒之五藏。因結集時已有差別也。著者意見則七葉窟中迦葉阿難優波離富樓那等界內上座。係當時儀式最嚴正之結集。然僅小乘之三藏耳。此外大小乘諸聖弟子之結集。

其所聞者應不一而足。文殊彌勒等應亦曾結集。相傳迦葉衆結集已。出至窟外復有衆弟子之結集。即宣言未制者莫制。已制者我等隨順。殆結集後曾和合界內外大小乘衆。共相參印。而文殊等或嘗請阿難證其所傳。故有與阿難在鐵圍山結集大乘經之傳說。此讀增一阿含之序分。亦可想見髣髴。而大乘莊嚴論謂大小乘契經原來並行流傳者。深爲可憑信也。

第四節　小乘大乘之差別

綜上三節所論。則佛從菩提場之自證法界而起。應機說法。已有諸乘差別。示寂後諸聖弟子結集法藏。復有諸藏差別。此誠佛教一切法流宗派差別之源海也。然根本唯是小乘大乘而已。在藏即爲聲聞藏與菩薩藏。以緣覺大都出無佛敎之世。値遇佛世。即攝於聲聞衆。雖智解稍廣。功行稍深。而自利之心生空之果相同。故人天業果。或爲出世階梯。或爲利他方便。附屬於小乘大乘。故一乘之敎乃爲由小乘轉入大乘之漸悟菩薩說。故諸乘諸藏之差別。要唯小乘大乘之差別耳。由小乘大乘乃復流出一切宗派。於下列各章次第分述之。

第二章　小乘各宗派源流

第一節　印度之小乘宗派

第一條　教義之分派

第一段　上座大衆之分派

第一科　分裂之遠緣

今考佛弟子中有上座大衆之部類名稱者。實起於佛示寂後窟內外之結集。彼時雖未分裂為二派。且佛寂百餘年後分裂為上座大衆之二派。亦與結集時窟內上座及窟外大衆無何淵源。但名稱之襲用未始非一遠緣也。又相傳阿難陀尊者經行林間。聞一沙彌誦伽陀云。若人生百歲。不見小潦鶴。不如生一日。而能得見之。尊者呵以此非佛說。亟令更正誦云。若人生百歲。不了生滅法。不如生一日。而得見了之。數日後聞前沙彌誦水潦鶴如故。詢由彼剃度師謂阿難陀已老耄昏憒記憶錯亂。乃令沙彌仍誦如故。尊者遂嘆息示寂云云。見付法藏因緣傳亦可見當時已有各宗其所聞之衆矣。復次佛教初期盛行中印度。至阿育王時遍布五天。兼及西域南洋。混合多數方土風尙各異之民族同爲一佛敎徒。其內部自應易起分歧。若耶舍尊者與吠舍離僧會議非法二事。雖義關律學。且仍勒歸一律。要及僧衆分裂之見端也。設非醞釀已至成熟。則大天縱雄辯。亦何至遽得大多數僧之宗仰哉。故細察其分裂之緣。所由來遠矣。

第二科　分裂之主因

按玄奘三藏譯世友菩薩造異部宗輪論云。如是傳聞。佛薄伽梵般涅槃後。百有餘年。去聖時淹。如日久沒。摩竭陀國俱蘇摩城。王號無憂。統攝瞻部。感一白蓋。化洽人神。是時佛法大衆初破。謂因四衆共議大天五事不同。分爲兩部。一大衆部。二上座部。四衆者何。一龍象衆。二邊鄙衆。三多聞衆。四大德衆。其五事者。如彼頌言。餘所誘無知。猶豫。他令入。道因聲故起。是名眞佛敎。基師述記引大毘婆沙論。敘大天在家時。會烝母。弒父。弒阿羅漢。弒母。出家後又誑徒誣佛。乃爲一五逆十惡具備之人。五事。一阿羅漢爲餘魔等所誘。得有漏失不淨之事。頌餘所誘是。二阿羅漢得有不染汙無知。頌無知是。三阿羅漢得有處非處疑。頌猶豫是。四阿羅漢但由師令證入不能自知。頌他令入是。五大天自知罪重。夜呼苦哉。弟子驚問。飾謂聖道須因唱苦聲起。頌道因聲故起是。此一頌卽大天集其誑徒之說。以誣爲眞佛教者也。由諍五事致僧分裂者。以無憂王時高僧多聚居雞園寺。大天出家後善能講誦三藏。王時請入內宮說法。臣庶多所歸仰。後雞園寺上座漸歿。布灑陀時輪大天昇座說戒。當衆宣說誑徒之五事。誣稱是眞佛教。衆中之有學無學持戒多聞修靜慮者。咸起斥云。汝言非佛教。於是廣集四衆。分成兩朋。鬥諍紛然。不能和息。無憂王躬至寺中。從大天請依多數爲解決。時附和大天五事之凡衆多。而否認大天五事之賢聖少。王遂訶伏上座之賢聖。衆僧乃分裂爲上座與大衆之二部云。

第三科　分裂後之狀況

無憂王既贊成附和大天五事之多衆。彼否認大天五事諸上座。乃相約捨離雞園寺。現神通力同往迦濕彌羅國。無憂王聞之。雖嘗堅請重返雞園寺。卒以上座衆不允。遂就迦濕彌羅造鴿園寺等數百僧伽藍以居之。盛行上座部之化。而無憂王所居波吒釐城。則相率供奉雞園寺內附和大天之大衆部僧。於是上座與大衆之二派。分道揚鑣。各傳所宗。依此二部爲本。遂更分裂出下述諸部。然異部宗輪論傳佛示寂二百年時。更有一名大天者。多聞精進。重提五事。似係一人傳說異詞。論主隨聞兩存耳。又基師瑜伽略纂。頗褒譽大天。分別功德論且云唯大天一人是大士。則若非別有一人名大天者。必出於宗奉大天之大衆部所傳說耳。由是可反證上座部所傳說大天五事及其惡行。未可盡信。而此中所云大天。必係多聞精進之傑出人才。爲僧中後起之新進派領袖。由之分立爲大衆部。可無疑義。抑推其諍論之起。起於上座漸歿。輪大天昇座說戒。可知向來雖未分裂。第因上座猶多。致新進派無由表見耳。實則其潛勢力積之深矣。

第二段　大衆部之一再分派

第一科　一說部說出世部雞胤部

論云。後即於此第二百年。大衆部中流出三部。一一說部。二說出世部。三雞胤部。按述記謂大衆部中凡多聖少。容易分裂。故不久又出三部。一說部說世出世法唯一假名。皆無實體。與大衆部本旨不合。遂別分爲一派。以說唯一假名。故名一說。此依所立義爲名者。說出世部。說世間法但有假名。出世間法則皆眞實。與大衆部本旨及一說部皆有不同。因又另成一派。以說出世法實名說出世。亦依所立義爲名者。雞胤部梵語憍矩胝部。此從部主之姓立名者。眞諦三藏譯名灰山住部。述記曾辯其非。此部於三藏中唯宏阿毘達磨藏。不宏經律。謂經律是佛方便之敎。應捨經律說。心唯依正理正勤修行。疾斷煩惱。此其主張頗近宗門。故又另立一派。此大衆部第一期所分出之三派也。

第二科　多聞部……說假部

論云。次後於此第二百年。大衆部中復出一部。名多聞部。次後於此第二百年。大衆部中更出一部。名說假部。此爲大衆中部第二期第三期所分出之二派。按述記名多聞部者。廣學三藏。深悟佛言。從部主德立多聞名。又傳佛世有一無學名祀皮衣。入定雪山經二百年。出定至大衆部宏其三藏。多有深義。超舊所聞。或信不信。遂又分爲一派。說假部則說世出世法中皆有少分是假。與大衆部本旨有異。亦不同一說部說出世部。故另名說假部。從所宗之義立名也。或譯分別說部。

第三科　制多山部西山住部北山住部

論云。第二百年滿時有一出家外道。捨邪歸正。亦名大天。於大衆部中出家受具。多聞精進。居制多山與彼部僧重詳五事。因茲乖諍分爲三部。一制多山部。二西山住部。三北山住部。此中大天即疑與前大天是一人者。然宗輪論於前大天不詳所以。於此則指其先係出家外道。次於大衆部中出家受具多聞精進。後與彼衆重詳五事。乖諍分爲三部。言之鑿鑿。或係同名之另一人。亦未可知。以印度人往往同名也。制多此云靈廟。乃山名也。大概彼時大衆部僧。多有聚居於制多山者。一日重論大天五事。或然或否。分爲三部。占優勝者仍居制多山。曰制多山部。其餘二部或遷居制多山之西。曰西山住部。或遷居制多山之北。曰北山住部。皆以所居之處立名。以上爲大衆部之分派。

第三段　上座部之一再分派

第一科　說一切有部雪山部

論云。其上座部經爾所時一味和合。三百年初有少乖諍。分爲兩部。一說一切有部。

亦名說因部。二卽本上座部。轉名雪山部。按述記上座部傳承迦葉之敎。首宏經敎。律論次之。造大毘婆沙本論之迦多尼衍子。彼時於上座部中出家。首宏對法。經律爲次。與本旨有異。復因上座中有信奉大天五事者。致稍起乖諍。順迦多尼衍子不信大天五事者。以說有爲無爲一切法皆有實體。故名說一切有部。卽梵語薩婆多部也。復於一法廣爲分別說其所以。亦名說因部。義理深長。人多信奉。於是遵迦葉先經後律論而復信大天五事之耆舊。雖仍襲用上座之名。以遷避入雪山。故轉名雪山部。雪山部卽本上座部。述記取眞諦三藏譯本及文殊問經。辨十八部卽二十部。與雪山部卽本上座部甚詳。著者細按上座部分爲說因部與雪山部之二部時。頗與大衆部流出各部不同。蓋裂成二部後。卽無復本上座部之存在也。

第二科　犢子部……法上部賢胄部正量部密林山部

論云。後卽於此第三百年中。從說一切有部流出一部名犢子部。次後於此第三百年。從犢子部流出四部。一法上部。二賢胄部。三正量部。四密林山部。犢子部乃以部主之姓立名者。眞諦譯可住子部。述記辨其非。是此部與衆不同。獨說有我。後世多指爲附佛法外道云。法上賢胄正量密林山之四部。則皆從犢子部流出。據述記法上乃部主之名。法中之上。故名法上。賢亦部主之名。胄指苗裔。此衆皆賢阿羅漢之苗裔。故名賢胄。量謂衡審刊定。自以所立法義。審定無邪。故名正量。密林之山。部主所居。故依居處立名。此四部各釋舍利弗阿毘達摩義。有出入。後有各取經義添著造論。與犢子部本旨乖異。遂離犢子各成一派。

第三科　化地部……法藏部

論云。次後於此第三百年。從說一切有部復出一部。名化地部。次後於此第三百年。從化地部流出一部。名法藏部。自稱我襲采菽氏師。按述記化地部主先是國王。後於說一切有部中捨國出家。宏宣佛法。化所統地。名爲化地。大概因化盛僧多。別成一派者。卽梵音彌沙塞部也。次法藏者。是部主名。亦得名爲法密。梵音卽曇無德。此部宗說法藏有五。一經。二律。三論。四明咒。五菩薩。既乖化地。他部亦不信之。遂獨立一派。引大目犍連爲師以證。

第四科　飲光部……經量部

論云。至三百年末。從說一切有部。復出一部名飲光部。亦名善歲部。按飲光卽迦葉波。乃部主姓也。善歲是稱部主早歲便有賢善之德也。此部卽或存梵音名爲迦葉維部者是也。論云。至第四百年初。從說一切有部。復出一部名經量部。亦名說轉部。自稱我以慶喜爲師。按述記此師唯以經爲正量。不依律及對法。凡所援據。以經爲證。卽經部師從所宗法名經量部。亦名說轉部者。此師說有種子。唯一種子現在相續轉至後世。故言說轉。或說度部。與說轉同。慶喜卽阿難陀。於結集時慶喜宏經。滿慈宏論。近執宏律。今既宗經不宗律論。故以慶喜爲師。

第四段　印度小乘二十部之統系

論云。如是大衆部四破或五破。本末別說合成九部。一大衆部。二一說部。三說出世部。四雞胤部。五多聞部。六說假部。七制多山部。八西山住部。九北山住部。如是上座部七破或八破。本末別說成十一部。一說一切有部。二雪山部。三犢子部。四法上部。五賢胄部。六正量部。七密林山部。八化地部。九法藏部。十飲光部。十一經量部。按所云大衆部四破或五破者。連根本之分爲大衆部上座部。則有五次破裂。若專從大衆部所分出者以言。則但有四次破裂也。所云上座部七破八破者。亦連根本之分爲大衆部上座部。則有八次破裂。若專從上座部所分出者以言。則但有七次破裂也。今依各派所從出及破裂之先後。撮爲一表如下。

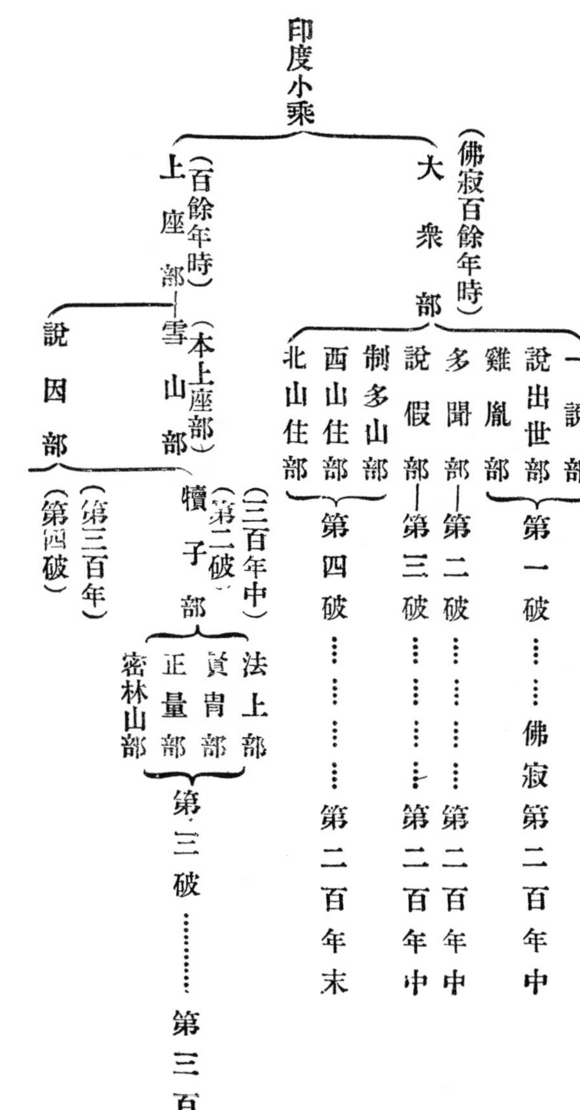

（第一破）化地部—法藏部—第五破……………第三百年
（三百年初）飲光部—第六破……三百年末
經量部—第七破……四百年初

按異部宗輪論所傳印度之小乘宗派。盡此二十部矣。然此論之世友論主。乃佛寂五百餘年間人。後之分派。或容有未及知之者。傳說戒律由二十部轉爲五百部。又安知教宗之不分裂爲五百哉。第末由考之耳。

第五段　諸部法義之對勘

第一科　宗輪論諸部本末宗義之宗異

論云。如是諸部本宗末宗同義異義。我今當說。按述記此中所云本宗同義與末宗異義可作兩解（一）假如化地部從說因部流出。初起諍時與說因部所同之義名爲本宗同義。分裂後由化地部所增立之義。與本說因部異者名末宗異義（二）假如化地部內本所同義。名爲本宗同義。後時有異論起。乖所宗義則名末宗異義。今依此義爲表如下。

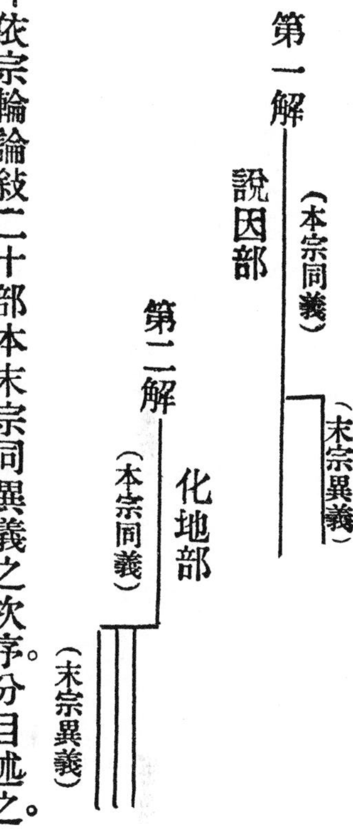

今依宗輪論敍二十部本末宗同異義之次序。分目述之。

第一目　大衆部一說部說出世部雞胤部本宗同義者

第一世尊觀　謂四部同說諸佛世尊皆是出世。一切如來無有漏法。諸如來語皆轉法輪。佛以一音說一切法。世尊所說無不如義。如來色身實無邊際。如來威力亦無邊際。如來壽量亦無邊際。佛化有情令生淨信無厭足心。佛無睡夢。如來答問不待思惟。佛一切時不說名等。常在定故。然諸有情謂說名等。歡喜踴躍。一剎那心了一切法。一剎那心相應般若知一切法。諸佛世尊盡智無生智恒常隨轉。乃至般涅槃。按此概同大乘。而與薩婆多宗等不同也。

第二菩薩觀　一切菩薩入母胎中皆不執受羯刺藍頞部曇閉尸鍵南爲自體。一切菩薩入母胎時作白象形。一切菩薩出母胎時皆從右脅生。（按上皆說一切最後身菩薩者）一切菩薩不起欲想恚想害想。菩薩爲欲饒益有情願生惡趣。隨意能往。（按此說一切第二阿僧祇劫以上之菩薩者）亦與薩婆多等不同。

第三智識觀　以一剎那現觀邊智。遍知四諦諸相差別。眼等五識身有染有離染。色無色界具六識身。（按此句在佛法大小乘中爲最特別義）五種色根肉團爲體。眼不見色。耳不聞聲。鼻不齅香。舌不嘗味。身不覺觸。在等引位有發語言。亦有調伏心。亦有諍作意。此大都與餘部有異。

第四聖果觀　所作已辦。無容受法。諸預流者心心所法能了自性。有阿羅漢爲餘所誘。猶有無知。亦有猶豫。他令悟入。道因聲起。苦能引道。苦言助道。慧爲加行能滅衆苦。亦能引樂。苦亦是食。第八地中亦得久住。乃至性法地皆可說有退。預流者有退義。阿羅漢無退義。無世間正見。無世間信根。無無記法。入正性離生時可說斷一切結。諸預流者造一切惡。唯除無間。案此中諸說。與餘部差異者頗多。而大衆部與上座部分裂之諍本亦出於此。

第五教法觀　佛所說經皆是了義。無爲法有九種。一擇滅。二非擇滅。三虛空。四空無邊處。五識無邊處。六無所有處。七非想非非想處。八緣起支性。九聖道支性。心性本淨。客塵煩惱之所雜染。說爲不淨。隨眠非心。非心所法。亦無所緣。隨眠異纏。纏異隨眠。隨眠與心不相應。纏與心相應。過去未來非實有體。一切法處非所知非所識。是所通達。都無中有（此句義亦特別）諸預流者亦有靜慮。其不同處與下說一切有部對勘可知。如是等是本宗同義。

第二目　大衆部一說部說出世部雞胤部末宗異義者

此四部末宗異義者○如如聖諦諸相差別。如是如是有別現觀○有少法是自所作。有少法是他所作。有少法是俱所作。有少法從衆緣生○有於一時二心俱起○道與煩惱各俱現前○業與異熟有時俱轉○種卽爲芽○色根大種有轉變義。心心所法無轉變義○心遍於身○心隨依境卷舒可得○諸如是等末宗所執展轉差別。有無量義。

第三目　大衆部所分出餘部之本宗同義

第一。其多聞部本宗同義。　謂佛五音是出世教。一無常、二苦、三空、四無我、五涅槃寂靜、此五能引出離道故。如來餘音是世間教。及大天五事之一偈○餘所執多同說一切有部。

第二其說假部本宗同義。　謂苦非蘊。十二處非眞實。諸行相待展轉和合假名爲苦。無士夫用。無非時死。先業所得業增長爲因有異熟果轉。由福故得聖道。道不可修。（此句特義）道不可壞○餘義多同大衆部執。

第三其制多山部西山住部北山住部。如是三部本宗同義。　謂諸菩薩不脫惡趣。於窣堵坡興供養業不得大果○餘義同大衆部。

第四目　說一切有部本末宗同異義

其說一切有部本宗同義者

第一，總法觀　謂一切有部諸法有者皆二所攝。一名、二色。過去未來體亦實有。一切法處皆是所知。亦是所識及所通達。生老住無常相心不相應行蘊所攝。有爲事有三種。無爲事亦有三種。三有爲相別有實體。三諦是有爲。一諦是無爲。

第二、雜法觀　四聖諦漸現觀。依空無願二三摩地。俱容得入正性離生。若已得入正性離生。十五心頃說名行向。第十六心說名住果。○世第一法一心三品。世第一法定不可退。○預流者無退義。阿羅漢有退義。非諸阿羅漢皆得無生智。○異生能斷欲貪嗔恚。有諸外道能得五通。亦有天中住梵行者。○七等至中覺支可得非餘等至。一切靜慮皆念住攝。不依靜慮得入正性離生。亦得阿羅漢果。○若依色界無色界身。雖能證得阿羅漢果。面不能入正性離生。依欲界身非但能入正性離生。亦能證得阿羅漢果。○北俱盧洲無離染者。聖不生彼及無想天。○四沙門果非定漸得。若已先入正性離生。依世俗道有證一來及不還果可說。○四念住處攝一切法。○一切隨眠皆是心所。與心相應有所緣境。一切隨眠皆纏所攝。非一切纏皆隨眠攝。○緣起支性定是有爲。亦有緣起支隨阿羅漢轉。○有阿羅漢增長福業。○唯欲色界定有中有。○眼等五識身有染無離染。但取自相。唯無分別。○心心所法體各實有。心及心所定有所緣。○自性不與自性相應。心不與心相應。○有世間正見。有世間信根。○有無記法。諸阿羅漢亦有非學非無學法○諸阿羅漢皆得靜慮。非皆能起靜慮現前○有阿羅漢猶受故業○有諸異生住善心所○在等引住必不命終○佛與二乘解脫無異。三乘聖道各有差別○佛慈平等不緣有情。執有有情不得解脫○應言菩薩猶是異生諸結未斷○若未已入正性離生。於有情地未名超越○有情但依現有執受相續假立○說一切行皆刹那滅○定無少法能從前世轉至後世。但有世俗補特伽羅說有移轉○活時行攝即無餘滅無轉變諸蘊○有出世靜慮。尋亦有無漏。有善是有因。等引位中無發語者。

第三教法觀　八支聖道是正法輪。非如來語皆為轉法輪。非佛一音能說一切法。世尊亦有不如義言。佛所說經非皆了義。佛自說有不了義經。

此等皆為本宗同義

末宗異義其類無邊。

案依此與前大眾等四部之宗義一一對勘。猶並峙之二峯也。

第四目　襲本上座之雪山部宗義

其雪山部本宗同義。謂諸菩薩猶是異生。菩薩入胎不起貪愛。無諸外道能得五通。亦無天中住梵行者。及大天之五事一偈。餘義同說一切有部。

按大天五事。本爲上座部與大衆部所由之起諍而分立者。乃事過未及百年。上座部因分出說一切有部而轉爲雪山部。遂至數典忘祖。反認大天五事。則此襲稱上座之雪山部。已不啻投降於大衆部。而此後上座部之正宗。遂在說一切有部而不在雪山部矣。

第五目　犢子部等五部之宗義

其犢子部本宗同義。謂補特伽羅無卽蘊離蘊。依蘊界處假施設名○諸行有暫住。亦有刹那滅○諸法若離補特伽羅無從前世轉至後世。依補特伽羅可說有移轉○亦有外道能得五通○五識無染亦非離染○若斷欲界修所斷結名爲離欲○非見所斷○卽忍名相世第一法。名能趣入正性離生○若已得入正性離生十二心頃說名行向。第十三心說名住果○有如是等差別多義。

因釋一頌。執義不同。從部中流出四部。謂法上部賢冑部正量部密林山部所釋頌

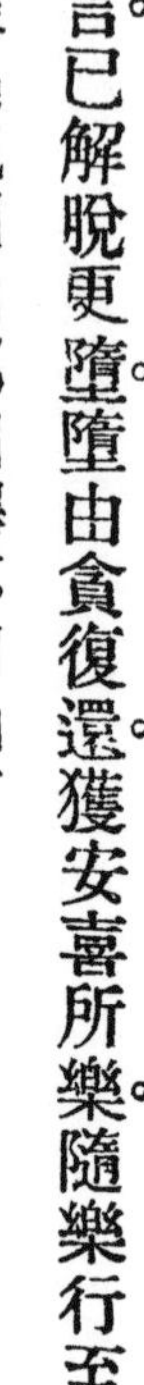

言。已解脫更墮。墮由貪復還。獲安喜所樂。隨樂行至樂。

據述記列四部四釋不同如下

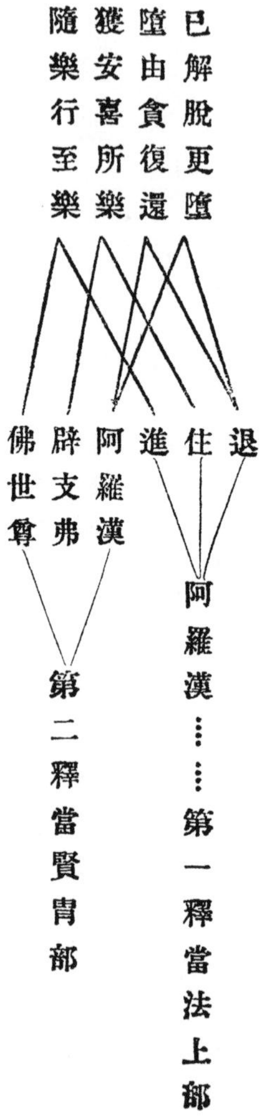

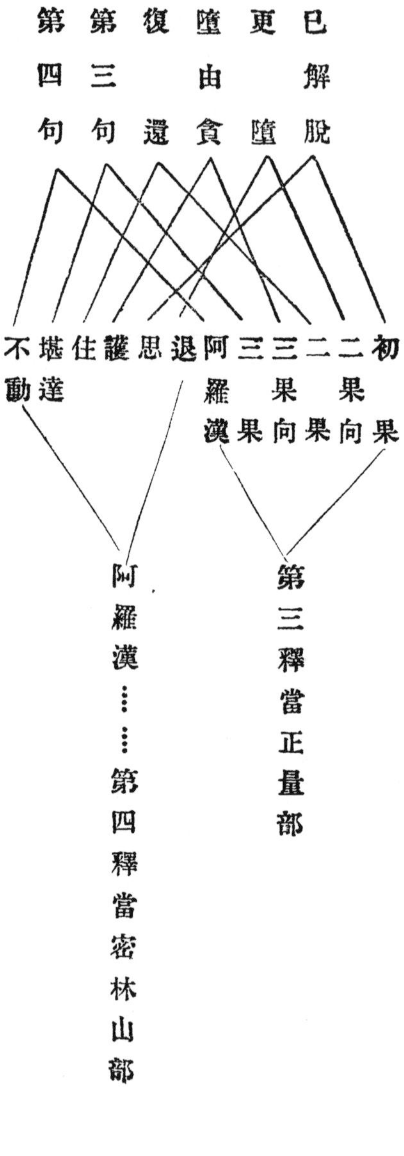

已解脫更墮
墮由貪復還
獲安喜所樂
隨樂行至樂

退　住　進　→　阿羅漢……第一釋當法上部

阿羅漢　辟支佛　佛世尊　→　第二釋當賢胄部

已解脫
更墮
墮由貪
復還
第三句
第四句

初果　二果向　二果　三果向　三果　阿羅漢　→　第三釋當正量部

退　思　護　住　堪達　不動　→　阿羅漢……第四釋當密林山部

第六目　化地部本末宗同異義

第一。其化地部本宗同義者

謂過去未來是無。現在無爲是有。於四聖諦一時現觀。見苦諦時能見諸諦。要已見者能如是見。○隨眠非心亦非心所亦無所緣。與纏異。隨眠自性心不相應。○異生不斷欲貪嗔恚。無諸外道能得五通。亦無天中住梵行者。○定無中有。○無阿羅漢增長福業。○五識有染亦有離染。○六識皆與尋伺相應。○亦有齊首補特伽羅。○有世間正見無世間信根。○無出世靜慮。亦無無漏尋。善非有因。○預流有退。諸阿羅漢定無退者。○道支皆是念住所攝。○無爲法有九種。一擇滅。二非擇滅。三虛空。四不動。五善法眞如。六不善法眞如。七無記法眞如。八道支眞如。九緣起眞如。○入胎爲初。命終爲後。色根大種皆有轉變。心心所法亦有轉變。○僧中有佛。故施僧者便獲大果。非別施佛。○佛與二乘皆同一道同一解脫。說一切行皆剎那滅。○定無少法能從前世轉至後世。

此等是彼本宗同義。

第二。其末宗異義者

謂說實有過去未來。亦有中有。一切法處皆是所知。亦是所識。業實是思。無身語業。尋伺相應。大地劫住。於窣堵坡興供養業所獲果少。隨眠自性恒居現在。諸蘊界處亦恒現在。此部末宗因釋一頌執義有異。如彼頌言。五法定能傳。諸苦從此生。謂無明貪愛五見及諸業。

第七目　法藏部……飲光部……經量部之宗義

第一。其法藏部本宗同義　謂佛雖在僧中所攝。然別施佛果大非僧○於窣堵坡興供養業獲廣大果○佛與二乘解脫雖一。而聖道異○無諸外道能得五通○阿羅漢身皆是無漏○餘義多同大衆部執

第二。其飲光部本宗同義　謂若法已斷已遍知則無。未斷未遍知則有○若業果已熟則無。果未熟則有○有諸行以過去爲因。無諸行以未來爲因○一切行皆剎那滅○諸有學法有異熟果○餘義多同法藏部執

第三。其經量部本宗同義　謂說諸蘊。有從前世轉至後世。立說轉名。非離聖道有

蘊永滅○有根邊蘊。有一味蘊○衆生位中亦有聖法。○執有勝義補特伽羅。○餘所執多同說一切有部。

第二科　依中土諸師立六宗以總束前之二十部

第一—我法俱有宗

此中有二一人天乘二小乘。謂犢子法上賢胄正量密林山五部。彼立三聚法。初二是法。後一是我。又立五法藏一過去。二現在。三未來。四無爲。五不可說。第五是我。以不可說是有爲無爲故。然此五部。餘大小乘共推不受。呼爲附佛法外道。以諸外道所計雖殊。皆立我。故此亦等。取經量部之勝義我之少分。

第二—法有我無宗

謂薩婆多上座多聞三部。彼說諸法二種所攝。一名。二色。或四種所攝。謂三世及無爲。或五種所攝。謂一心二心所三色四不相應五無爲。故一切法皆悉實有。於諸法中並不立我。以無我故。異外道計。又於有爲之中立正因緣。以破外道邪因無因。此亦兼攝末化地部少分。實爲最純正之小乘宗也。支那所傳之小乘俱舍宗亦依此爲本宗。調和經量部而進化之者。

第三—法無去來宗

謂大衆經量雞胤制多西山北山法藏飲光之八部。等取本化地部之一分。唯說現在諸有爲法及無爲法爲有。故以過去之法。體用俱無。故成實論依此爲本宗。

第四—現通假實宗

謂說假部。就前現在有爲法中。在五蘊爲實。在界處爲假。隨應諸法假實不定。其成實論末經部論皆是此類。

第五—俗妄眞實宗

卽說出世部。謂世俗法皆假。以虛妄故。出世法皆實。非虛妄故。此則可通大乘三論宗之少分。

第六—諸法但名宗

卽一說部。謂一切我法。但有假名無實體故。此亦能攝大乘三論宗之少分。

案此六宗乃依從有入空爲序。—從我法俱有而我空而過現法空而現法一分空而世法空而一切法空也。

今將六宗攝二十部列表如下

我法俱有宗——人天乘
　　　　　——小乘犢子法上賢胄正量密林山五部
　　　　　——兼攝本經量部少分

法有我無宗——薩婆多上座多聞三部
　　　　　——兼攝末化地部

法無去來宗——大衆經量雞胤制多山西山北山法藏飲光八部
　　　　　——兼攝本化地部

現通假實宗——說假部
　　　　　——兼攝末經量部少分

俗妄眞實宗——說出世部
　　　　　——兼含大乘三論宗少分

諸法但名宗——兼含大乘三論宗少分
　　　　　——一說部

第三科　統論二十部離合之勢

此小乘二十部之漸次分裂。起自第二百年至第四百年。爲時最多。亦不過二百年耳。此二百年中。小乘宗派之蔚起。乃呈此波譎雲詭之觀。亦可見印度於阿育王後。小乘佛法之盛行一時矣。然自第二百年至第三百年間。可視爲大衆部最發達之時代。以大衆部八派皆在彼時分出故。自第三百年至第四百年間。可視爲薩婆多部(上座部代表)最發達之時代。以上座部十派皆自彼時分出故。進至第五百年。則漸爲大乘代興之時代矣。統觀此二十部離合之勢。初諍大天五事分爲大衆上座之二部。此一大變矣。後上座部分爲薩婆多雪山之二部。襲稱上座之雪山部反奉持大天之五事爲宗義。此亦一大變矣。後大天重詳五事而分制多山等三部。此一小變也。本從大衆部流出之多聞部。其宗義乃多同說一切有部。本從說一切有部流出之法藏部飲光部。其宗義乃多同大衆部。此亦一小變也。回互交絡。其經緯組織之奇。殆五光十色。燦爛同霞錦矣。

第二條　律學之分派

按印度小乘律學之分派。今可考稽者無多。律藏及付法藏因緣傳等。雖略曾敍及。未有專史詳其事焉。佛曾稱吾弟子中持律第一者優波離。是故佛示寂後。窟內上座皆推優波離結集律藏。且律唯佛制。弟子唯有嚴守此於律學固應一味無異也。然當時窟外大衆。既曾別爲結集。保無稍有出入之處。雖迦葉宣言窟外衆未制者莫制。已制者我等隨順。窟內外衆仍一味和合無間。而罅隙之痕。卽留此矣。今就其顯著者畧述於下。

第一段　耶舍之矯正非法十事

佛寂百年時。䟦耆種族。於吠舍離城出家者頗多。其衆於吠舍離左近。唱非法十事而自行之。（見五分律卷三十十誦律卷六十善見律毘婆沙卷一）

一薑之鹽漬者得貯至異日　二得間食　三雖既一食得復就座取食　四雖一在寺內食入市邑時得再取食　五酪得和酥油石蜜食之　六得飮闍樓伽酒　七座席敷物得大小隨意　八出家前雖屬俗士之所習而於出家後不妨行之　九說戒之法會得一部僧衆各別行之事後求全體僧衆之承諾　十得

受金銀錢貨貯藏之

彼衆於每月說戒之日。參觀者多時。盛水於鉢。至俗士羣集處而告之曰。願施錢於僧衆。俗士或施錢或鄙棄之。時有高僧耶舍。見其狀且驚且悲。誡令勿如是非法求施。彼衆誤會耶舍之意。各分錢耶舍。耶舍知不可化。轉勸諸俗士勿非法施。施受俱無利益。彼衆大憤。乃宣告公逐耶舍。厥時中印東部多新進之僧。西部多耆舊之僧。耶舍乃或親身往或遣徒訴其事於西部諸耆舊。而彼衆亦邀東部諸新進。東西兩部。新舊對峙。阿育王患之。乃集二派僧於吠舍離重閣講堂。開誦律會以論決之。兩派各舉四高僧爲審辦委員。東派爲一切去沙留屈闍須毘多沙薩婆伽眉。西派爲薩婆多修摩那三摩三浮陀耶舍。推薩婆多爲委員長。向一切去逐事責問。一切去逐事答辯。又互審檢律部。會議七月。結果判決吠舍離十事爲非法。其時中印之僧衆形式上雖仍統爲一。而實質上則已離而爲二也。相傳佛示寂一百年後漸分二部。恐即指此。不然。則僧因教義之諍分爲大衆上座之二部。律亦隨之分爲二部歟。

第二段　傳聞印度小乘律曾由二部漸分至五百部

傳說如來在五十年。隨事制宜。滅後弟子結集爲一部八十誦律。佛寂百年。五師瓶瀉。純是一味。未分異見。一百年後漸分二部五部及二十部乃至五百。今按律分五部。相傳由優婆毱多（疑即大天等師）弟子五人異見所分。至二十部大約即前由教義而分之二十部。各誦一部律耳。若今所傳曇無德部律等。故古云異見兢鼓。猶如浩波。經律論藏。悉成分裂也。以律之分成五百部。更可推知經論之所分者亦多也。但考今所傳者。則僅四律五論及毘奈耶有部諸律耳。詳下律學之東傳宗派。

第二節　東傳之小乘宗派

第一條　律學之東傳宗派

第一段　諸部律學之翻譯

佛教東來　初譯皆小部之經。曹魏時法時尊者。雖創受戒律論。未度。晉釋道安等以僧伽闕儀律頗憂。及之至羅什漸出大部經論。幷與覺明三藏共譯薩婆多部之十誦律。事半未就。得僧伽羅乂續成之。共六十五卷。是支那有廣律之始也。次由佛陀耶舍譯出曇無德部之四分律共六十卷。彼時由佛陀跋陀羅共法顯譯七葉窟內根本上座部之僧祇律得四十卷。而法顯遊求那跋陀羅譯彌沙塞部之五分律亦成三十卷。當譯出時四並傳行。唯後代則獨宏曇無德部耳。至迦葉遺律唯傳戒本。其廣律未傳。應即僧祇律也。（按戒本梵名波羅提木叉。廣律梵名毘尼或毘奈耶）至唐時義淨三藏譯根本一切有部律甚多。此外若毘奈耶律至趙宋時猶有翻譯。然東之大藏未有宏傳者也。嘗觀各部之廣律所述律文及緣起之迹大致從同。出入甚少。足見其是從一本轉鈔各宗派分誦耳。至其造論解說則各彰宗義異同者多。各宗釋律之論。東傳者凡五。一毘尼毋論。二摩得勒迦論。此二是宗薩婆多律立論者。三善見論。此解四分律者。四薩婆論。此亦釋薩婆多之十誦律者。五明了論則依正量部律立論。四律五論。爲東土從古所傳稱之小乘律也。

第二段　四分律之宏傳

四分律乃佛寂第三百年時。由法藏部主（即曇無德羅漢或譯法正尊者是）集誦而出。既來東土。化緣獨深。於諸部律獨宏此部。先由慧光律師作畧疏四卷。稍後相部（即法礪）律師作中疏十卷。智首律師作廣疏。名三要疏。厥後除南山道宣律師外。更有嵩岳律師作相部大疏飾宗記十卷。東塔律師四分開宗記十卷。玄惲律師毘尼討要三卷。蓋唐時已不下二十餘家矣。此皆依六十卷之四分廣律。及宗釋四分律之善見論。以廣爲宏揚者也。

中國在初時四律雜宏。未有定習。迨終南山道宣律師承智首律師之統。專依四分律。以明受體而談隨行。漸成專尚。然當時與之並宏四分律者。尚有相部法礪律師及東塔懷素律師之二家。宗義相差。門徒互諍。謂之唐朝四分律之礪宣素三派。其律義不同之處。今不能詳考矣。而不久之間。諸家槪廢絕不行。唯終南山道宣律師一派獨傳。自爾以來。遂號南山律宗。以南山宗義受隨相稱。行相備足。大小途和。解行相應。故古今諸德。俱競歎美。中日各宗。並承依學。其所著行事鈔作記解者且百數家。可想知其盛矣。

第三段　南山律宗與四分律

東土四分律之宏。本不始於南山律師。而此師於四分律之遺傳後世。實有大因緣也。

(一)因此師建立化制二教故。(亦名化行二教)謂化教者經論所詮定慧法門。四阿含等大小乘經論是也。制教者律教所詮戒學法門。四分律等大小乘律教是也。明律藏教。以戒爲宗。戒行清白。定慧自立。故先持戒制禁業非。然後定慧伏斷煩惱。爲道制戒。本非世福。三乘聖道。唯戒爲基。能判攝如來一代遺教故也。(二)因此師融通小大乘故。四分一律。慧光云是大乘。法礪玄惲云是小乘。南山律師獨云義通大乘。業疏中立五義分通。謂沓婆回心。施生成佛。施一切衆生皆共成佛道。識了塵境。相召佛子。捨財用輕。遙超餘部。實爲深義。又謂此教所依本是小乘四分律本。元被小乘故。然義當大乘。根機漸進。故當分小乘。故小乘無不兼分通大乘。故大乘無不攝。(三)因此師束諸戒爲四科故。謂一者戒法。如來所制。法通萬境故。一者戒體。受者所發。心府領納故。今四分宗依成實論非色非心爲體。三者戒行。受者隨持。三業廣運故。四者戒相。美德外彰。持相可軌故。故南山律宗雖爲融小歸大之一乘律宗。而實爲四分律宗傳統之祖。自曇無德尊者曇摩迦羅尊者法聰律師道覆律師慧光律師道雲律師道洪律師智首律師以至於師。稱爲四分律宗九祖也。

等四段　南山宗明小乘律之大綱

南山律師於小乘戒學。曾著有章疏五大部。一行事鈔三卷。二戒疏四卷。三業疏四卷。四釋毘尼義鈔三卷。五比丘尼鈔三卷。此外若戒本羯磨註解及小部律章諸文部帖。皆律宗之北辰。戒學之南針也。其大綱不出止作二持。畧表如下。

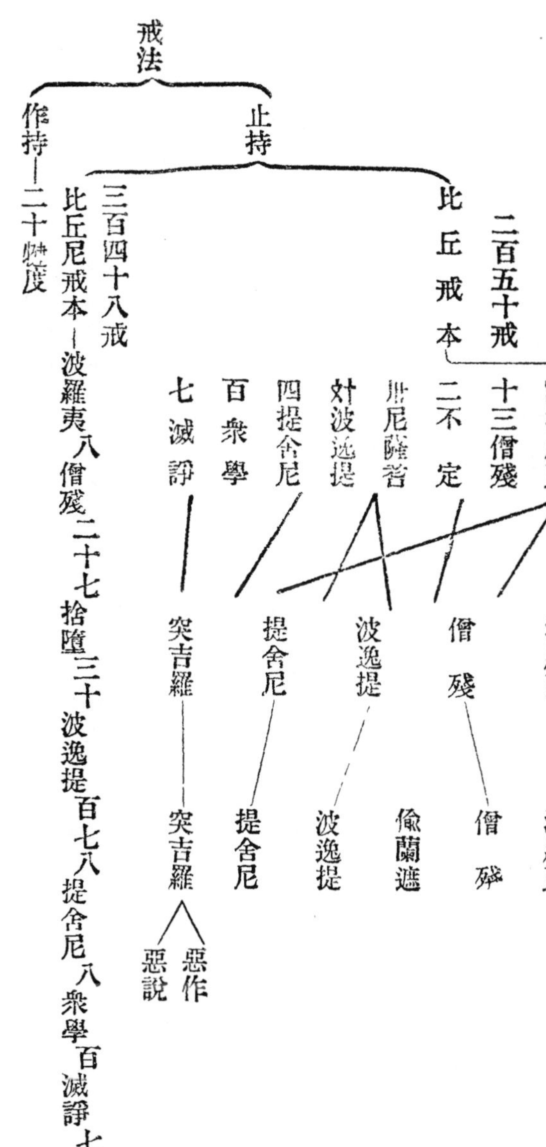

止作二持。別攝律學。廣攝一切佛法。二具足戒。其比丘戒。廣則無量。中則三千威儀。八萬細行。略作二百五十。比丘尼戒廣亦無量。中則八萬威儀。十二萬細行。略則三百四十八戒。以比丘比丘尼受具戒時。並得如此無量無邊等戒。故名具足戒也。其五戒八戒十戒六法皆攝於具戒。漸誘機根以爲具戒方便故。戒總有五位。比丘比丘尼具足戒。式叉摩那受六法戒。沙彌沙彌尼受十戒。優婆塞優婆夷五戒。八戒則爲在家衆授暫時之出家戒也。

第二條　教義之東傳宗派

等一段　小乘經論之傳譯

自漢明帝夜夢金人。派蔡愔等十八人迎得摩騰竺法蘭。白馬馱經像來。後支那佛法。卽增高繼長。迄今流衍不絕。但初時摩騰等僅於小乘經中摘譯若干條法義以示於人而已。若今所傳之四十二章經八大人覺經之類。其次漸抽譯阿含等一品數品或其餘小部之經。大概皆小乘經也。嗣乃漸譯般若法華等大經。然未譯論也。至鳩摩羅什始譯小大乘論。成實論卽譯於其時者。其後小大乘經及論。飜譯漸備。

眞諦三藏譯論頗多。俱舍論曾由一譯。復由玄奘三藏重譯。按譯傳來之小乘經論未嘗不多。然以支那人根習相遠。不成宗。尙故成爲宗派者僅小乘中最進步之成實論與俱舍論傳宏一時。然唐宋來亦早銷沈矣。

第二段　成實宗之源流

第一科　成實宗之原委

宗成實論立敎之家派。故名爲成實宗。成實論者。佛寂九百年時。薩婆多宗學者俱摩羅陀。有高足訶黎跋摩者。嫌師見解疏淺。簡取小乘諸部之長。以釋成如來所說三藏中之實義。故名成實論也。論主述懷云。故我欲正論三藏中實義。卽其命名之意。亦其作論之故。姚秦時羅什三藏翻譯。且弘講之。其門下呆承師說。製造章疏。自是講習頗盛。乃與大乘之三論宗。同爲中國最早所成之宗派也。唐代傳至日本。亦無何進步。漸歸寂落。古德章疏。早皆散滅。今殆無從得之矣。宗此論者。大都兼習三論般若。故無嚴正之傳承宗系云。

第二科　成實論大小乘及二十部之判屬

成實論是大乘乎。抑小乘乎。若係小乘。則於二十部屬何部乎。頗成六朝隋唐間諸古德討論之一問題。此論梁時最爲盛弘。大槪與諸部般若及中論等並視。故光宅法雲法師。開善智藏法師。莊嚴文旻法師。皆判爲大乘也。至天台嘉祥。始將判爲小乘。後南山律師靈芝律師。復云與四分律同敎。是小乘義通大乘。然天台之後。大都評定爲小乘論中之長耳。既判歸小乘。當屬於小乘二十部中之何部。說亦不一。或云依多部。或云依化地部。或云依曇無德部。或云取諸部之長。然由奘師基師考定爲屬末經量部。兼取諸部之長。爲六宗中之現通假實宗。其義分通大乘般若宗。爲從小乘進入大乘之一塗徑云。

第二科　成實論之法相

此宗立八十四法。以攝敎理。立二十七賢聖。以攝行果。所云二十七賢聖者。一隨信行。在聞思位。二隨法行。在四善根位。三無相行。卽前二人入見道。故此三位人名預流向。四須陀洹果。五一來向。六一來果。七不還向。不還果中開十一人。一中般。二生般。三有行般。四無行般。五樂慧。六樂定。七轉世。八現般。九信解。十見得。十一身證。並前七人合成十八名有學人。自下九人。並是無學。一退法相。二守護相。三死相。四住相。五可進相。六不壞相。七慧解脫。八俱解脫。九不退相。並前十八有學位。合成二十七賢聖。所談行果。不出小乘。故屬於小乘教也。

第三科　成實論之宗義

此宗得諸部小乘中最長之義者。卽以其具明人法二空也。論中立二種觀以觀二空。一者空觀。如瓶中無所盛之水。五蘊之中無人我。故此卽人空觀也。二無我觀。如瓶體相無實。五蘊諸法皆假名。故此卽法空觀也。然此宗雖具觀二空。唯在斷見思惑。證空理滅。故不能具斷二障。以證二空眞如也。若依賢首家義。成實論雖義通中論。仍是析空拙度。不同中論體空巧度。但以利根智解深。故未析空前先見其空。實則仍須析而後空。若依天台家義。可是體空巧度。實法既堅情冰釋。假有亦幻象林森。三乘同以無言說道而出生死。以鈍根故。僅見於空。未見不空。故止於小乘涅槃耳。

第三段　俱舍宗之源流

第一科　俱舍宗之名義

宗俱舍論立教之家派。名俱舍宗。然俱舍論具云阿毘達磨俱舍論。阿毘譯對。達磨譯法。俱舍譯藏。今云對法藏論。對法藏卽論藏。總名以此論總爲決擇評論對法藏之義。故別得名爲對法藏論也。對法體卽無漏慧。境對有二義。一者對向涅槃。故二者對觀四諦。故法有二義。一勝義法。卽是涅槃。二法相法。通四聖諦。謂無漏慧對向對觀涅槃四諦境。故藏有包含所依二義。包含義者。此論包含發智論等諸勝義言。故名爲藏。對法之藏。依主釋也。所依義者。此論依彼發智論等而造。故全取本論對法藏名。有對法藏。故名對法藏。是有財釋。畧釋論名。其義如是。

第二科　俱舍論之緣起

此論於佛寂九百年時。世親菩薩初學小乘時所造。源出婆沙。勢插諸教。婆沙是本發智六足。如來示寂第四百年。迦濕彌羅國王迦膩色迦。敬信佛法。往往請僧入宮供養。王因問道。僧說不同。怪問脇尊者曰。佛敎同源。理無異趣。諸德宣唱。何其有異。脇尊者曰。諸說皆正。隨修得果。佛旣懸記。如折金杖。王問諸部立範。孰爲最善。我欲修行。願聞。指示。脇尊者曰。諸部之中。莫越有宗。王欲修行。宜遵此矣。王卽歡喜。令集有宗法藏。有德之僧。四方雲集。簡凡留聖。簡有學。留無學。於無學內。擇果滿六通智圓四辯。內閑三藏。外達五明者。唯得四百四十九人。遂推世友尊者爲首。足成五百聖衆。初集十萬頌。釋素怛纜藏。次集十萬頌。釋毘奈耶藏。後造十萬頌。釋阿毘達磨藏。卽大毘婆沙論是也。五百聖衆。旣結集已。刻石立誓。唯聽自國。不許外國。勅夜叉神。守護城門。不令散出。世親尊者。初習有宗。後學經量。將爲當理。於有宗義。懷取捨心。欲定是非。潛名重往。時經四歲。屢破有宗。時有宗阿羅漢悟入尊者。入定知之。告曰。此衆未離欲者。知長老破。必相致害。長老可速歸還本國。時世親還至本國。已講毘婆沙。日造一頌。刻赤銅葉。成六百頌。攝毘婆沙。其義周盡。標頌香象。擊鼓宣令。誰能破者。吾當謝之。竟無一人能破斯頌。使賫往迦濕彌羅國。時彼國主及諸僧衆。聞皆歡喜。謂弘己宗。悟入獨非。遂請造釋。世親應請。造釋成八千頌。果如悟入尊者所言。於是悟入弟子衆賢。造論破俱舍。名俱舍雹論。世親見之。讚改順正理論。今藏中譯成八十卷。衆賢論師。又造一顯宗論。譯四十卷。後世稱新薩婆多宗。此俱舍論與說一切有宗大毘婆沙論前後之關係。亦即俱舍論之緣起也。

第三科　俱舍宗之傳衍

此論成後。印度內外道大小乘俱習學之。稱聰明論。支那陳朝眞諦三藏初譯成二十卷。並造疏五十卷以弘講之。一時學者頗多。惜其疏早亡逸不傳。至唐遍學三藏玄奘。永徽年中於慈恩寺重譯成三十卷。傳之門人普光法師及寶法師。各作疏釋。號俱舍宗。故此宗以世親爲祖。玄奘三藏普光法師以相傳承。唐後此宗雖絕不傳。且少研鑽於此論者。然既爲從小乘法相轉進大乘法相之大關鍵。而天台之三藏教。賢首之小教。其義亦皆取之於是。傳於日本。雖與成實宗同無傳統之宗徒。至今大乘各派。尤多研習之云。

第四科　俱舍論之文義

此論三十卷文。總有九品。一界品二根品三世間品四業品五隨眠品六賢聖品七智品八定品九破我品。其頌數云。界二根五世間五業六隨三賢聖四智二定二破我一。是名俱舍三十頌。此九品中初之二品。總明有漏無漏。後之六品。別明有漏無漏。就總明中。初界品明諸法體。次根品明諸法用。別明六中。初之三品別明有漏。後之三品別明無漏。明有漏中。世品明果。業品明因。隨品明緣。明無漏中。聖品明果。智品明因。定品明緣。其破我品明無我理。今撮錄爲一表如下。

- 俱舍論
  - 明諸法相
    - 總明有漏無漏諸法
      - 明諸法體（第一界品）
      - 明諸法用（第二根品）
    - 別明有漏無漏諸法
      - 明有漏果（世間品）
      - 明有漏因（業　品）
      - 明有漏緣（隨眠品）
      - 明無漏果（賢聖品）
      - 明無漏因（智　品）
      - 明無漏緣（定　品）
  - 明無我理（破我品第九）

第五科　俱舍宗之法相

此宗立五位七十五法以攝一切法表其名數如下

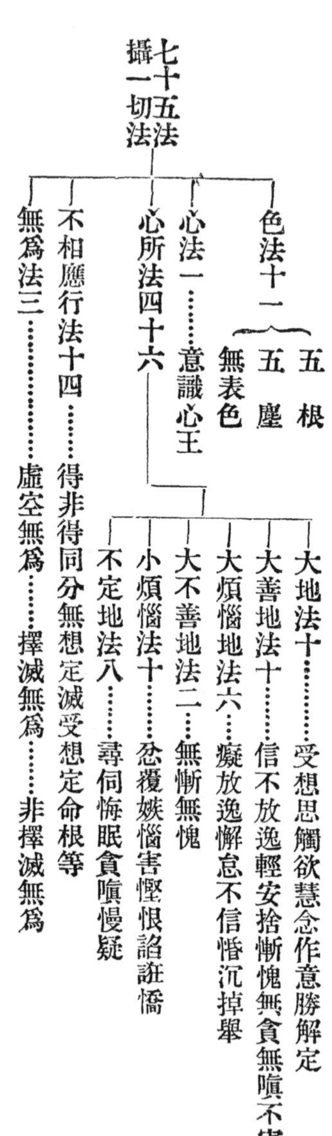

第六科　俱舍論之宗旨

此論雖祖述有宗。時亦取攜經量部義。且由論主自爲權衡。評斷諸說。故論文云。迦濕彌羅義理成。我多依彼釋對法。又云。經部所說不違理故故其宗旨顯宗說一切法實有。爲法有我無宗。密通本末經部法無去來宗及現通假實宗也。約其顯宗言法有者。謂三世法實有大毘婆沙論有四說。法救尊者說由類不同有三世。妙音尊者說由相不同有三世。世友尊者說由位不同有三世。覺天尊者說由待不同有三世。俱舍論主評此四家。則以世友尊者之說爲最善云既三世法實有。則不觀法空。

然明無我。故以觀五蘊和合聚中無實人我。證生空理爲宗旨也。

第七科　俱舍論之行位

此論總明三乘行果。謂聲聞觀四諦經三生六十刧修行得果。方便有七階級。即五停心總相念別相念煖頂忍世第一也。果即四果四級。緣覺觀十二因緣。經四生百刧。修因證果。因行積集。直登無學。無有多階。唯一向果。菩薩行六度經三阿僧祗刧。百刧之中植相好業。最後身中於金剛座斷結成佛。化緣已盡。三乘同入無餘涅槃。有爲無漏行果有別。無爲無漏之果是同。天台所立三藏敎。全依此論以明行果也。

第三節　各地小乘之有無

前節所言東傳之小乘宗派。僅及中華日本。但西藏蒙古唯傳密敎。其敎義與大乘龍猛無著之論相表裏。故不傳小乘。而高麗亦無小乘宗派可言。唯南洋列島若暹羅緬甸諸處。則皆爲純一無二之小乘佛敎。且全國風行。著爲政俗。歷千百年如一日。迄今猶存佛世三衣一缽乞食安居之形儀。其敎化之深入民心習成族性者。非他國所能及。然以南印度之錫蘭島等處爲尤盛。故不唯印度佛敎之重興。應以此爲樞紐。而駸駸且由之駛向西洋矣。歐美二洲。於佛說雖多研究。但研究學理而已。未足以云信受奉行於佛教也。有之則唯英國由錫蘭所傳入者耳。錫蘭等處之小乘佛教法頗稱純粹。近來之發達亦殊可驚。雖不慮其有攙雜異教學之虞。而彼之決然排斥大乘爲非佛說。則未嘗非大法昌用之梗。此吾人所當先注意以大乘佛教宏傳南洋者也。

（小乘各宗派源流章終）

第三章　大乘各宗派源流

第一節　印度之大乘宗派

第一條　傳教之大乘宗派

第一段　未分宗派之大乘

婆伽梵所說大乘教法。雖有窟外大衆暨文殊彌勒等。曾結集爲大乘法藏。與小乘並流行於世。然在初五百年間。全印所宏傳者。唯小乘爲盛。而大乘法若存若亡。未能光顯焉。故後時大乘崛興。其執著小乘者。甚或斥之爲非佛說。雖至無著時其諍猶烈。依彌勒大乘莊嚴論舉十義證成大乘爲佛說者可知也。釋尊滅度五百餘年。有馬鳴菩薩興世。外攘異道。內抑小乘。獨揚大乘至教。除大莊嚴經論等。雜說因緣暫用導俗外。他若大乘起信論等。皆直宗大乘一眞法界而造。頗與釋尊之初轉根本法輪遙相呼應。此唯建大乘根本。純然未有宗派之分別也。至龍猛提婆。漸偏重闡揚大乘畢竟空義。以治外小之增益執。無着世親。漸偏重闡揚大乘之如幻有義。以治外小之損減執。但仍互融無間。未據所宗自爲其派。故此前皆可謂之未分宗派之大乘也。然空宗有宗已隱含其分派之兆。於龍猛無着。且須上溯乎妙德慈氏矣。

第二段　空宗有宗之大乘

沿龍樹一系之大乘義而至清辯。沿無著一系之大乘義而至護法。佛寂已千數百年矣。於是時大乘始分宗派。謂清辯論師遠尊文殊。宗本龍猛提婆。造大乘掌珍論等。爲欲極顯畢竟空義。故破斥兼及護法等師。而護法論師遠尊彌勒。宗本無着世親。造成唯識論等。爲欲極彰如幻有義。故破斥兼及清辯等師。然空宗正名般若宗顯空卽彰妙有而有宗正名唯識宗。彰有卽顯眞空。故雖相破。實以相成。智光承清辯之學。戒賢承護法之學。門徒既衆。宗派斯嚴。故大乘空宗確立於清辯守持於智光。大乘有宗確立於護法。守持於戒賢。茲後則轉爲大乘密教之胎金二界。此二宗於印度幾乎無聞矣。

第三段　顯教密教之大乘

嘗察顯密之異。異在能詮言對所詮義之或顯或密而已。義顯之言曰顯教。唯影像假智詮義。密之言曰密教。爲本質眞智境。故亦名眞言也。復次顯教是依佛之教聲以彰學理者。密教是依佛之果德以軌觀行者。由教理而進於行果。既爲適當之程序。而胎藏界之教理依般若。金剛界之教理依唯識。顯教之二宗與密教之二界相應一貫。尤顯然可見。故印度之大乘佛教。在吾華盛唐之際。由顯教進轉爲密教。其迹可依。來吾華傳教者得之。自唐善無畏至宋法天等所譯。多爲密教。卽其明證也。然印度於小乘教根習較深。雖幾經大乘掩抑。而俱舍成實順正理等論皆盛行於佛寂千載間。有部經部等卒未嘗衰息焉。今印度佛教所僅存之餘喘。亦唯小乘。故大乘之化。在印度似至密敎寖滅。

第二條　傳證之大乘宗派

此派相傳。釋尊於靈山會上。拈花示衆。人天罔措。獨摩訶迦葉破顏微笑。佛乃曰吾有正法眼藏涅槃妙心實相無相微密法門。今付於汝。汝善護持云云。於是由迦葉傳阿難。由阿難遞傳至馬鳴爲十二代。龍猛爲十四代。世親爲二十一代。達摩菩提爲二十八代。卽傳入吾華。於印度無復傳者。達摩菩提謂直指人心。見性成佛。以心傳心。不立文字。的爲此派宗旨。蓋不依敎理知解。唯悟心者。卽證相傳。故別於傳敎而曰傳證焉。然在印度祇一代一代密爲傳證而已。其顯於言行者。仍不外小大乘之經律。故其二十八代相傳承者。卽是小大乘統法諸祖。而別無宗派可云也。

第二節　中華之大乘宗派

第一條　大藏經論之傳譯

佛敎自傳入吾華。迨後漢西晉時支謙竺法護支婁迦讖等。始稍稍翻譯般若法華等經。而未能盛宏也。大乘論則猶無傳譯之者。逮鳩摩羅什。始廣譯大小乘經律論且宏講之嗣後佛陀跋陀羅曇無讖菩提流支輩。翻傳涅槃華嚴地持十地等經論。流通頗盛至眞諦漸譯講唯識諸經論。入唐初玄奘譯傳最富義淨所譯亦間及唯識。善無畏金剛智不空專從事譯密教。實叉難陀重譯華嚴。趙宋初施護法天等所譯大乘。密部居多。此皆其表表可知者。今綜合觀之。童壽爲法性經論之大譯師。玄奘爲法相經論大譯師。不空爲密部經論大譯師。而覺愛眞諦善無畏亦其次焉

第二條　三論宗之源流

第一段　此宗之名義

三論宗者。依三論立宗故名。三論者。一中觀論。二十二門論。此二論皆龍樹偈頌靑目長行也。三百論。提婆偈頌世親長行也。三論皆羅什譯。若加大智度論。亦名四論宗。而三論爲通申大小乘諸經之通書。智度爲別申大般若之別論也。或亦稱爲法性宗。破相宗。空宗。然此宗以文殊爲高祖。馬鳴爲二祖。龍樹爲三祖。龍樹下分二派。一、龍樹龍智淸辯智光師子光之傳。二、龍樹提婆羅睺羅多沙車王子羅什之傳。羅什三藏爲吾國此宗之高祖。三藏旣譯三論。高弟各敷講之。其中道生曇濟道朗僧

詮法朗吉藏諸師。次第傳承。吉藏卽嘉祥大師也。於隋朝盛宏三論。製作繁多。難以具舉。三論之盛者。由此師也。然其宗義至嘉祥略變。於是嘉祥以前名古三論。亦名北地三論。嘉祥以後名新三論。亦名南地三論。唐惠遠智拔惠喻法影諸德皆盛汲其流者也。唐後竟成絕學。今欲復興。當以嘉祥之學求之。故余以尊祖之義。曩者曾名此宗曰嘉祥宗。復按三論或四論。皆依能詮之言敎立名。法性破相空皆依所崇之義旨立名。第余意依所崇之義旨立名。當名以般若宗云。

第二段　此宗之相用

此宗蓋以眞俗二諦爲法相。破顯二門爲法用者也。中論正破小乘傍破外道等顯大乘義。百論正破外道傍破其餘顯大乘義。十二門論並破小乘外道正顯大乘深義。由破邪顯正之妙門。成下救上弘之大用。故此亦名破顯妙宗。然破邪者。總破一切有所得見。約之爲四。一破外道實我之邪見。二遣毘曇實有之執見。三拆成實偏空之情見。四擢大乘有所得見。內外盡破。大小偏斥。故莫不被責也。言顯正者。破邪既盡。無有所得。所得既無。言慮無寄。無別顯正。然對破邪。强言顯正。一源不窮則戲論不滅。毫理不盡則至道不顯。無源不窮故戲論斯滅。無理不盡故玄道是通。寄言談正。莫不顯明直至離四句絕百非而强名顯正。爾或謂言慮俱絕。有無齊遣。卽是空義。何關顯正。不知旣遣有無。寧復住空。湛湛寥寥。無寄無得而已。復次有無無寄。諸法緣生。緣生諸法卽是假有。假有卽無所得。眞俗二諦。依之以立。以俗諦故不動眞際。建立諸法。以眞諦故不壞假名而說實相。故空宛然而有。有宛然而空也。二諦唯是教。文不關事理。以機緣故立二諦。以理實故泯二諦。有是空之有。故言有非有。空是有之空。故言空非空。非有談空。非空說有。諸佛說法。常依二諦。故此宗所顯。卽無得正觀而已。無得正觀。卽是空慧。卽見般若。卽是宗之眞宗旨也。然此宗依中論則立八不中道。卽不生不滅不斷不常不一不異不來不去也。依嘉祥師別立四重二諦。以對破外道毘曇成實有得之執見。茲表於下。

一 ┌ 有……………………俗諦
　 └ 空……………………眞諦

二 ┌ 有空…………………俗諦
　 └ 非空非有……………眞諦

三 { 空有非空非有……俗諦
　　非非空非非有……眞諦

四 { 前三重之二諦……俗諦
　　非非不空非非不有……眞諦

八不亦可有此四重。即如生滅一重。不生不滅二重。非不生非不滅三重。非非不生非非不滅四重。爲此宗建法之大綱。

第三段　此宗之判攝

中土開立敎宗。皆注重評判統攝一大藏敎法。此宗依大智度論立二藏。一聲聞藏攝諸小乘法盡。二菩薩藏。攝諸大乘法盡。依法華立三轉法輪。一根本法輪。是華嚴。二枝末法輪。是阿含以至般若。三攝末歸本法輪。是法華。依此以攝盡釋尊一代之時敎。復從而融會之。大小二乘。顯理同一。隨機故敎異。諸大乘經。顯道無二。對緣故有別。評判諸大乘經。各立等勝劣三。爲此宗判敎之大綱。

第四段　此宗之行果

此宗既以無所得爲本旨。故以一切衆生本來是佛。本自寂滅。無迷無悟。有何行因證果可論。故論迷悟及成佛不成佛皆假名。爾依假名門人根有利鈍。成佛有遲速。一念頓覺是短。三祇成佛是長。一念不礙三祇。三祇不妨一念。一念卽三祇。三祇卽一念。如一夕眠夢百年事。事雖百年。眠祇一夕。經三祇故萬行積成。在一念故佛果速疾。而三祇積行之菩薩。經五十一位而至於妙覺。故此宗立五十二位。以統括大乘行果也。但此宗以覺卽本體。由迷故有生死。返本還源。拂除客塵。本有覺體宛爾卽顯。對迷立悟。對悟有迷。悟發則無迷。無迷亦無悟。無迷無悟。迷悟本無。染淨諸法本來寂滅。無得正觀。卽至極妙道也。

第三條　涅槃宗之源流

一、宗名　此宗依涅槃經立。故名涅槃宗。梵語般涅槃那。略云涅槃。或云泥洹。或云泥曰。皆一音之轉變。故譯曰『滅』亦譯『不生不滅』亦譯『寂滅』依基師謂具云波利匿縛喃。譯曰圓寂。乃『圓滿體寂滅』之義。隨俗以如來示世息化爲涅槃。此經於佛示涅槃時所說。廣談如來究竟安住之涅槃義。名涅槃經。但通於大小乘有之。今依以立宗者。屬大乘涅槃經。

二、宗史。　此宗於印度無何淵源之可尋。故卽依北涼高祖元始十年創譯此經之曇無讖三藏爲開祖也。但此經有二譯。一曇無讖所譯四十卷一十三品。僅得元本三分之一。以傳於北方。號北本涅槃。一、宋文帝時。勅道場寺惠觀烏衣寺惠嚴及謝靈運更加補定。得三十六卷二十五品。以傳於南方。名南本涅槃。本經既譯。在宋則有惠靜曇無成僧莊道汪靜林慧定曇斌超進法瑤道登曇度道成等諸師製疏作章。敷揚甚茂。在隋則有淨影智徽法礪道綽等宏講。在唐則有南山法寶等宣講。南山法寶雖兼宏別業。志則在於涅槃。迨及天台宗盛。此宗遂屬於彼。別無講涅槃者矣。惠靜等古章疏。今皆無可考。藏中唯存有天台大師門人灌頂所著之涅槃疏。故此宗益可附歸天台也。

三、宗旨　此宗古疏既失。判攝時教等均無稽考。唯知其以佛性常住爲宗。謂一切衆生皆有佛性。而佛性卽不生不滅常住不變之涅槃而已。

第四條　地論宗之源流

此宗依十地論立宗故名十地論者。華嚴第六會十地品別行十地經之釋論也。是經有堅慧金剛軍世親諸論傳譯來華者。爲世親之十地論。此論於梁天監七年。北朝魏宣武帝永平元年。詔菩提流支及勒那摩提諸三藏於太極殿翻譯。帝親筆受。凡經四年始譯竣。故此宗在東土卽以菩提流支爲開祖。於印度則遙承世親者也譯竟光統律師卽盛爲宣講。惠順道愼諸師繼之。在隋有靈祐惠藏惠遠智炬。在唐有道宗法侶靈斡辨相皆爲地論之哲匠。迨及中唐。華嚴宗勃興。淸涼澄觀國師著華嚴疏鈔。將十地論完全融納於疏內。此宗遂屬之。別無以地論名宗者矣。

第五條　禪宗之源流

第一段　印度之淵源

梁大通元年南天竺菩提達摩泛海到廣州。帝迎之問法不契。遂渡江往魏止嵩山少林寺。終日面壁而坐。魏孝明聞之。三召不到。九年得慧可傳以心印。於大同元年示寂。是爲吾華禪宗之開祖。卽印度大乘傳證一流之二十八祖也。此宗師資傳承極嚴。故必溯其淵源於印度。

第二段　支那之流派

第一科　此土之五祖及其旁支

禪宗自迦葉至惠能稱三十三祖。達摩以前皆印度之祖。達摩傳慧可。可傳僧璨。璨傳道信。信傳弘忍。忍傳惠能。自慧可以下。是爲此土之五祖。但信祖下曾旁出牛頭山嬾融禪師。一支遞傳數代而絕。忍祖下旁出大通神秀禪師。一支行於北地。對能祖之宏於南。號稱南北二宗。然北宗不久亦卽消滅。唯南宗由南及北。盛行全國。溢及日本高麗云。

第二科　南宗下二流五家七派之別

達摩初授慧可。嘗傳衣表信。至能祖止不傳。以門下得法傳心印者。各爲一方師匠。非止一人故。當時若荷澤神會等。分傳甚盛。第至唐季。莫不寥落。唯南嶽懷讓與青原行思二流。獨繁衍於後世。蓋能祖門下之善知識。本以讓思二師爲最優越也。讓傳馬祖道一。一傳百丈懷海。海下分出二家。一爲黃蘗希運。運傳臨濟義玄。是爲臨濟宗之開祖。二爲潙山靈祐。祐傳仰山慧寂。是爲潙仰宗之開祖。思傳石頭希遷。遷後有天皇道悟及藥山惟儼。儼之法孫名洞山良价。价之法子名曹山本寂。是爲曹洞宗。而道悟後有龍潭崇信。信傳德山宣鑑。鑑傳雪峯義存。存下又分二家。一雲門文偃。是爲雲門宗。二玄沙師備。備之法孫法眼文益。是爲法眼宗。此卽臨濟潙仰曹洞雲門法眼之五家是也。至宋時臨濟分出二派。曰楊岐派。曰黃龍派。合前五家號爲七派。但晚明來潙仰雲門法眼皆失傳。而臨濟下黃龍一派。亦數傳卽絕。仍復臨濟舊稱。故遞流及今。祇有臨濟及曹洞二家爾。

第三段　此宗之名義及宗旨

此宗雖傳說釋尊拈花示衆。迦葉悟旨微笑。以爲起源。但其事不見經傳。宋王安石云。嘗見此事載於密府大梵王問佛決疑經。顧今考藏經中。乃並此經而無之。故此宗全不依經敎爲根據。號敎外別傳。傳佛心印。不立文字。唯證相應。正名爲佛心宗。通稱禪宗。以禪那爲宗故。梵語禪那。此云靜慮。由淨妄凝念以窮明心源。故要之此宗以直指人人本心。俾見性成佛爲主旨。而脫然無所留滯於名言義相之間者也。余以尊祖庭故。嘗名之爲少室宗。五代來宏通旣盛。革律挾淨。與餘依敎義者相對立。稱餘爲教下。自稱爲宗下或宗門。故明淸來支那之佛教。可卽稱教下三家宗下二家之佛教。而律與淨則附焉而已。

第四段　唐季來此宗獨盛行之故

唐季時遭武宗滅佛之厄。又經歷五代之亂。佛教大小乘各宗莫不衰息。唯此宗專務淸簡。不必寺宇。不須經典。不拘儀制。不擇壇場。不需器物。不重像設。窮山冷谷渡口亭邊。隨便可安身行道。結衆說法。開地墾田。自食其力。蓄養智德。以待時機。抵宋初國內澄平。帝王尊信。起而興復者。皆此宗之禪侶。禪宗之風。風靡全國。不獨佛教之各宗派皆依以存立。卽儒道二家亦潛以禪爲底骨。此其故一。其餘各宗皆依據譯傳來之經律論。辭旣高雅。義復艱奧。學者皆難之。獨此宗用通俗話之語錄及詩文以播其化。旣平易近人。又裕興味。傳之自能擴充。此其故二。小乘教義多從反外道而立。大乘教義多從反外小而立。此七旣本無外道小乘之心理思想爲基礎。頗不易得解。天台賢首雖融通變化。仍未脫其窠臼。獨此宗竟全脫經律等羈絆。間借用儒道二家之言以利化導。對於第一義諦。則唯引人之鑽究自悟。而與人言者。不過樸素之平常話。而與國人之心習鄰近。人喜相就。則易發達。此其故三。第元明已成末流。而有清一代。尤鮮哲匠。二三規模尙好之叢林。亦同餼羊之僅存而已。

第六條　攝論宗之源流

攝論宗者。以專宏講攝大乘論得名。此論之論本。乃阿僧伽菩薩別釋阿毘達摩經之攝大乘品者。世親無性二師各作釋論。以解阿僧伽之本論。眞諦三藏譯阿僧伽之本論爲三卷。世親釋論爲十五卷。無性釋論十卷。都合三部。爲今宗所宗依。沙門惠曠親從眞諦三藏聞講攝大乘論。同時有法常智儼諸德互相研究之。其後道嶽惠什僧辨靈潤惠遠法祥諸師。師資相承於陳隋間。此宗極爲昌盛。至唐玄奘重譯此論三部。以張顯唯識宗。乃無別立攝論宗者。蓋攝大乘論因成唯識論所依十一本論之一也。

第七條　天台宗之源流

第一段　此宗之得名

天台乃山名也。陳宣帝建德七年。此宗大祖智顗即智者。入此山爲終身道場。一宗之教觀二門皆依以成立。後代尊稱天台大師。故名天台宗也。或名法華宗。則由此宗依法華經以判一代時教。且最尊崇法華經故也。但伊人法師義例云。一家教門所用義旨。以法華爲宗骨。以智論爲指南。以大經爲扶疏。以大品爲觀法。引諸經以增信。引諸論以助成。觀心爲經。諸法爲緯。織成部帙。不與他同。余嘗謂天台爲隋時集佛法之大成者。故不唯法華是宗也。宋以來亦有稱爲性具法者。法華是此宗特重之本經。性具是此宗特立之主義。以之名宗。雖無不可。然不若名爲天台宗尤善。故今仍之。

第二段　此宗之傳統

此宗雖以天台爲大祖。然始由北齊慧文大師讀中論智論。悟一心三觀之旨。以傳南嶽慧思大師。依之悟法華三昧。登六根淸淨位。智者大師從以修習。得法華三昧之前方便。乃傳其觀法。依法華廣宣教義。由門人章安集錄其說。始卓然成一家言。然中論智論皆造自龍樹。故溯此宗之遠源。莫不尊龍樹爲初祖。慧文爲二祖。慧思爲三祖。而智者乃爲第四祖也。智者傳章安灌頂。頂傳法華智威。威傳天宮慧威。慧傳左溪玄朗。朗傳荆溪湛然。作諸部疏釋。發揚宗義以焜耀唯識華嚴禪那諸宗之間。使天台之學萎而復振。然傳道邃智雲等八傳至四明知禮。於經唐末五代諸宗皆頹廢之餘。此宗藉以中興。而山家山外二流亦分。於是山家乃四明之徒所自稱。以妄心爲觀境及許有事造三千者也。山外乃四明之徒所貶稱。始於慈光悟恩。恩傳奉先源清。清傳梵天慶照及孤山智圓。以眞如爲觀境及不許事造三千者也。其後以山家爲正宗。廣智神照南屏等傳受不絕。山外雖有仁岳從義等相繼。不久消息。逮明季幽溪傳燈盛宏正宗。傳爲靈峰蕅益。頗引唯識宗禪宗之言以資發其教觀。而以持名念佛往生淨土爲歸宿。清代所傳。乃依此爲指南焉。

第三段　此宗之典籍

天台一宗之學。當以法華玄義法華文句摩訶止觀爲根本。玄義以判教相。文句以解名義。止觀以示觀行。三部相須不可缺一。他若南嶽大乘止觀覺意三昧天台釋禪波羅密次第法門及六妙門等諸部止觀。天台維摩玄義及疏金光明玄義及疏章安涅槃疏荆溪釋籤疏記輔行四明妙宗鈔等諸部疏鈔。以及荆溪之金錍義例。

四明之十不二門指要。幽溪之生無生論等著述。皆學此宗所必知者。至諦觀之四教儀與蕅益之教觀綱宗。則此宗入門之要徑焉。

第四段　時教之判攝

此宗立化法四教化儀四教及五時五味以判攝世尊一大法藏。化法四教者。一、三藏教。正化二乘旁化菩薩。大致依俱舍論三乘賢聖品而立。間兼採成實論義。二、通教。諸大乘中三乘共教屬之。用般若中之三乘共十地。三、別教。諸大乘中不共二乘獨被菩薩之教法屬之。用信住行向地等妙各大乘教行位。四、圓教。諸大乘中生佛相卽染淨無礙等圓融教法屬之。十信前加立五品位而初住卽同別初地。判法華經為純圓教。此宗所重正在於圓。餘則方便所施之權耳。此四教猶藥品焉。化儀四教者。一、頓教。頓教部若華嚴等。頓教相遍在諸經。二、漸教。漸教部若阿含般若等漸教相亦遍在諸經。三、秘密教。秘密教部若諸眞言等。秘密教相若一會中聞大聞小互不知等。四、不定教。若一會中聞大聞小互相知等。唯法華部非此之四教。而此四教猶世藥方焉。五時五味在通別。通則無定。別則以華嚴等為第一時乳味。阿含為第二時酪味。方等爲第三時生酥味。般若爲四時熟酥味。法華涅槃爲第五時醍醐味。以之判攝一代時教。古今用之。

第五段　觀法之安立

此宗大義。教觀二門盡之。教如上述。觀亦隨之有析空體空次第一心之異。然所主者唯在與圓教相應之一心三觀耳。此觀觀蘊妄之一念。當念絕相無相卽是空。當念三千宛有卽是假。當念絕待不二卽是中。能觀爲卽空假中之一心三觀。所觀爲卽眞俗中之一法三諦。能所不二同唯一念而已。所云三千宛有者。謂從地獄至佛之十法界。各有性相體力之十如是。而一界又互含九界。所含九界具十如是亦同。則成千法。又分爲依報與正報及五蘊各一千。則成三千法矣。此三千法。一念中現性相假實色心主伴依正生佛因果染淨。莫不交徹融攝於一念中。不壞不雜。此天台圓觀之要也。三觀與眞俗中之三諦相當。他若迷中之惑業苦三道。見思塵沙無明三惑。悟中之般若解脫法身三德。一切道種一切種三智。以及三佛性三菩提三解脫三法身等。皆三觀相應之法門。而同居方便實報寂光之四土。理性名字觀行相似分證究竟之六卽。亦此宗法海之瀾也。

第八條　南山宗之源流

第一段　明此宗爲大乘宗

若言四分律宗。雖曰義通大乘。究屬小乘。已如前小乘中所述。而此言南山宗者。本由道宣律師恆居終南山紵麻蘭若得名。此師所立宗在大乘。攝小於大而非局大、於小。後世傳此宗者。若宋之元照允堪。明淸間之慧雲。亦無不以大乘爲、歸。故當屬之大乘也。按宣師爲奘三藏譯場上首。又嘗精修般舟三昧。德崇業廣。實爲融小歸大之律宗開祖。其判如來一代所說法門。𠀤約分三敎。一、性空敎。一切小乘。卽此中攝。二、相空敎。一切大乘淺敎悉攝。三、唯識圓敎。一切大乘深敎悉攝。判四分律宗僅性空敎中之一分。而宅心所在。則爲唯識圓敎三學圓融之無礙行。其談敎蓋與唯識宗同也。

第二段　圓融戒行

宣師業疏中明諸宗所談戒體。出有宗空宗性宗三敎之宗義。而以唯識敎攝圓敎妙體。謂大小二宗各立三學。且大乘圓教之三學。戒者卽護三聚淨戒。藏識種子以爲其體。定慧者卽唯識妙行。止觀並運以爲其相。戒卽定慧。無一法而非定慧。定慧卽戒。無一法而非戒。此名圓融三學。行相言三聚淨戒者。攝律儀戒。一切諸惡皆悉斷捨。故攝善法戒。一切諸善悉皆修行。故攝衆生戒。荷負衆生遍施利益。故此之三聚。亦圓融行。故三聚互攝。諸戒融通。如不殺生。卽具三聚。乃至一切諸戒皆爾。隨持一戒。三聚全具。雖是一行。廣攝萬行。故雖一念頓經三祇。不壞三祇而立一念。不退不念而經三祇。長短無礙。生佛平等。諸法互遍相卽無盡。則法華之玄旨亦攝於是矣。

第三段　融小歸大

嘗就三聚中攝律儀戒以論之。攝律儀戒有三。一、別解脫戒。二、定共戒。三、道共戒。初別解脫中有身語意三業所持戒。身語二戒有共不共。意業之戒唯是不共。而聲聞所受唯此身語一分共門之分齊耳。四分律等所說戒相卽此分齊。但四分律分通意戒。由此義故有小乘戒。今大乘宗。此共門戒入三聚中會爲大乘。故小乘律所說戒行皆是三聚圓頓大戒。更無別相。純一圓極。彼七衆軌則全同小律。乃律儀戒中建立之相應然也。則法華之開顯亦攝於是矣。今更攝爲一表。以見流出融歸之意。

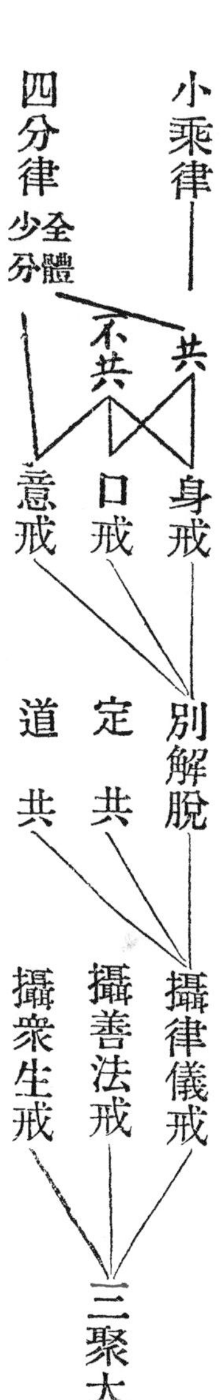

第四段　通受別受

通受別受語出瑜伽菩薩戒本。通受三聚。云通。別受律儀。曰別。此宗依之立白四羯磨所受圓意比丘戒法。卽別受也。七衆通受菩薩戒法。卽通受也。故今律宗學者。通別二受。遍納壇場。四分梵網。並護戒相。蓋亦源遠流長矣。設非此會小歸大之南山律宗者。則吾華既不行小乘。而戒律或致隨小乘而澌滅。故宣律師之有功中華佛教。非鮮也。

第九條　淨土宗之源流

淨土宗者。以樂求往生阿彌陀佛之極樂淨土爲宗旨得名。所宗依者則曹魏康僧鎧所譯無量壽經。劉宋畺良耶舍所譯之觀無量壽經。姚秦鳩摩羅什所譯之佛說阿彌陀經。及菩提流支所譯之往生淨土論。號稱此宗之三經一論者是也。他若華嚴法華等大乘經曁馬鳴起信論龍樹十住毘婆沙論等大乘論。亦往往稱揚之。而此土始於廬山慧遠大師結蓮社專修習之。約可分為二流。一為慧遠之流。後之慈雲元照等師屬之。二為善導之流。後之懷感法照少康屬之。然淨土之確然建興實由長安光明寺善導大師也。師初誦法華維摩。忽思敎門非一。當求契機。投大藏信手探得觀無量壽經。專精誦習。後謁西門道綽禪師。益喜入道津要莫過於是。遂上承曇鸞道綽二師之意。作觀經四帖疏及大疏淨土法要等大宏於長安。道俗並從其化。故此當依以為高祖也。然吾國明清來相承以廬山遠公為初祖。至雲棲蓮池為八祖。昔者嘗論為尊祖庭。當稱此宗為廬山宗云。

第十條　唯識宗之源流

第一段　名義之審定

此宗論尊祖庭。當名慈恩宗。以奘師基師多居大慈恩寺。而宋明來所稱敎下三家。

亦舉慈恩與天台賢首並稱故。然大都就所詮理依判決諸法性相或闡明諸法本相之義名之爲法相宗。夫判決諸法性相。或闡明諸法本相。乃磨怛理迦循環研覈之大小乘對法藏通義。殊不足以名此宗。或以此宗明一切法皆應理圓實。故名應理圓實宗。此在餘宗亦可引稱。餘大乘宗未嘗不應理圓實。故或以此宗所重之第三時教。爲發趣一切乘者說。故名普爲乘教。此說教則可。而非教言所尙之宗也。故今依此宗所詮之旨。定名唯識。此明大義在唯識。故以唯識義統諸法。故性相行果皆唯識。故諸法性相不離識。故諸法本相卽是識。故若明諸法唯識則應理圓實。故則能正被大乘普被一切乘。故

第二段　經論之依據

此宗所本之經有六。華嚴深密如來出現功德莊嚴大乘阿毘達摩楞伽密嚴是也。就中如來出現功德莊嚴與大乘阿毘達摩未譯來華。至此宗所依彌勒無著世親陳那護法諸論。殆不勝繁舉。但以瑜伽師地論爲本。奘基師資所糅護法等十家言之成唯識論爲綜合。故百法明門論等爲瑜伽之十支。而瑜伽因明成業等爲成唯

識論之十五依也。其判攝如來一代時教。漸則依解深密經第一時法有我空教。攝諸小乘教。第二時諸法皆空教攝諸大乘般若教。第三時應理圓實教攝諸大乘中道教。由我空而法空而中道。故頓則若佛華嚴經等頓入中道。不歷時階。此其所據經論之大致焉。其五位百法四重二諦三身四智五事三性等。茲不具述。

第三段　師資之傳承

此宗乃由玄奘三藏。從中印度那爛陀寺承學戒賢論師。傳至奘。抵印時。戒年已高。罄其所持盡傳奘。奘更參學於智光勝軍衆稱等。號大遍覺。回國後廣譯經論。般若經尤夥。殆非一宗可限。至慈恩大師窺基從奘稟受瑜伽唯識宗旨。請奘公將護法等十師之世親三十頌釋論。合糅爲成唯識論。依奘公之口授。作述記二十册。發其蘊奧。又大善因明廣疏經論。此宗始卓然特立而不撓也。同時有西明寺沙門圓測。講成唯識。其學無稟承。往往有出私義而亂正宗。慈恩弟子淄州慧沼。乃著了義燈以伏邪顯正。慧沼弟子濮陽智周。復作演秘以解釋述記。慈恩於述記未盡之義。又著之樞要。故欲通成唯識論必由述記。欲通述記必由樞要了義燈演秘。餘若慈恩之唯識料簡唯識別抄等。智周之了義燈記如理之義演道邑之義蘊等。皆此宗之正典。若隨疏學記等則未可依憑。而元以來以記疏等既遺失。凡所纂述往往有誤。若華嚴宗之清涼圭峰等。禪宗之永明等。其所引稱者亦間違異。故此宗在吾華以大遍覺爲初祖。慈恩爲二祖。慧沼爲三祖。智周爲四祖。而厥後之傳統卽不甚明瞭矣。

第十一條　華嚴宗之源流

第一段　宗名

華嚴宗者。依大方廣佛華嚴經立宗。故名。此經由龍樹菩薩傳出。有廣中略三本。略本亦十萬偈。支那有三譯不同。東晉義熙年中菩提流支三藏譯六十卷。至唐武后朝實叉難陀共菩提流志等譯八十卷。唐德宗貞元年中般若三藏譯四十卷。然唯八十卷者爲全經也。故古今講誦依之。此宗觀門教相至賢首國師法藏始宏備。亦名賢首宗。後以今所行之八十華嚴疏鈔。是清涼國師澄觀所作。故亦名清涼宗。或依其所詮之旨。亦名法界宗也。

第二段　宗史

此宗遠承印度。依馬鳴龍樹爲祖。此土以賢首爲高祖。而上承至相尊者帝心尊者。初帝心尊者杜順。居終南山。依六十華嚴精修觀行。製華嚴法界觀及五教止觀十玄章等。傳至相寺智儼禪師。著六相章等。傳賢首國師法藏。著六十華嚴疏。又嘗同譯八十華嚴。此宗宏揚始盛。他若大乘起信論義記及五教章金獅子章等。著述宏多。其說歿後爲弟子惠苑叛亂。經百年得清涼國師澄觀。遙承其意旨。著疏鈔百餘卷。圭峰大師宗密。復傳而宏之。故自杜順至宗密。稱華嚴宗此土之五祖。唐季遭會昌之厄。此宗遺風掃地。入宋長水子璿及其弟子晉水源淨出。始保存餘緒。傳及明季有續法法師。著賢首五教儀詳註等。清代有通理法師等。尙承流未泯也。

第三段　宗義

此宗大義。其判攝法藏則三時五教十宗也。三時者。初照時。卽華嚴等。轉照時。卽阿含般若等。後照時。卽法華等。五教者。一小教。攝小乘。二始教。攝大乘空教。三終教。攝大乘不空教。四頓教。攝禪宗等。五圓教。攝華嚴等。十宗者。前六卽小乘宗。七一切皆空宗。卽是始敎。八眞德不空宗。卽是終敎。九相想俱絕宗。卽是頓敎。十圓明具德宗。卽是圓敎。於諸敎法攝無不周其建設法義。立四法界。一事法界。色心情器。二理法界。眞如體性。三事理無礙法界。上二事理融卽。四事事無礙法界。上三事事融卽。統名一眞法界。依之立法界觀。泯事入理。一二卽眞空絕相觀也。三卽理事無礙觀也。四卽周遍含容觀也。更有十玄六相等義。茲不繁述。

第十二條　眞言宗之源流

第一段　略史

此依秘密眞言爲宗。故名。所據之經。則大毘盧遮那成佛經。金剛頂經。蘇悉地經。及諸部儀軌是也。溯印度之傳承。則釋迦眞身之毘盧如來。於法界心殿開理智之秘密。卽是密敎始祖。金剛薩埵親受灌頂之職位。爲二祖。薩埵承持秘法。於南天竺鐵塔。待人傳弘。至龍猛乃開塔親禮薩埵。受傳法儀軌。是爲三祖。龍樹傳龍智爲四祖。龍智壽七百歲。傳善無畏胎藏界。金剛智金剛界。先後來華。善無畏未開宗立敎。傳一行等。不久消息。唯金剛智三藏。携不空三藏同來。傳弘密敎。蔚興一時。爲中華密敎初祖。不空三藏後回印度。重遇龍智菩薩。稟受兩界秘密。再入支那。廣譯經論。大弘密敎爲中華密敎之二祖。其門下有惠果等八阿闍黎。是此宗之全盛時代。過此以後。則入唐季衰運。而流爲市井歌唄矣。然開元間善無畏金剛智不空肩隨行化。時人稱爲開元三大士。故吾嘗稱之爲開元宗云。

第二段　大義

此宗大義。則六大爲體。四曼爲相。三密爲用。兩界爲部。是也。地大水大火大風大空大爲理體。識大爲智體。曼荼羅是壇場義。輪圓具足義。一、大曼荼羅是總體。二、法曼荼羅是名字。三、羯磨曼荼羅是作用。四、三昧耶曼荼羅是形式。三密爲用者。謂本尊之三密與行者之三密交相加持。則成不思議之妙用也。三密者。一身密結印契。二口密誦眞言。三意密觀字義。三密相應。卽此宗之要旨。

第十三條　大乘各宗派合論

第一段、明廢立

綜前所述大乘各宗。共有十一。然地論歸入華嚴。攝論歸入唯識。涅槃歸入天台。則唯八宗而已。嘗論震旦之佛法。以隋唐爲全盛。六朝以往。發端而微。五代以降。殘廢而偏。於隋唐諸宗大別爲南山少室開元廬山嘉祥慈恩天台清涼之八宗。在此則可附益而不可移植。在餘則可含攝而不可別樹。能使中華之佛教徒衆。皆不出於八宗之外。常不局於八宗之一。始從八最初方便學。門門入道。終成一圓融無礙行。頭頭是道。如八楞寶。唯一金剛。則震旦佛教之特色已。

第二段　明別差

前述十一宗皆依成立之歷史。先後爲次。今立爲八宗。且用七對義門爲次第。以略明其差別義相之一班。先表如下。後附釋之。

- 八宗
  - 道
    - 教
      - 顯
        - 法
          - 性
            - 智
              - 始……清涼
                - 賢首
                - 華嚴
              - 終……天台
            - 慧……嘉祥……三論
          - 相……慈恩……唯識
        - 信……廬山……淨
      - 密……開元……密
    - 證……少室……禪
  - 基……南山……律

由竪觀之。可見順序之、則前南山而後淸涼。逆序之、則前淸涼而後南山。由橫觀之。可見順序之、則前淸涼而後南山。逆序之、則前南山而後淸涼。蓋逆順皆次第。橫竪悉通達也。初分道基一對。戒爲佛道之基。三學論亦爲定慧之基。七衆戒及菩薩戒既概歸此宗。一切修佛道者。其基礎不出七衆戒及菩薩戒。若五戒不守。一旦不得具人格。遑能修佛道乎。故以基義獨配南山。所基之道。則卽餘之七宗。由道次分教證一對。華嚴疏鈔依親光菩薩十地論釋十地品。列對門明可說不可說分齊。教證卽第四對。謂阿含（譯言淨教）可說。證智不可說。四卷楞伽宗通說通。宗通離言。說通施教。此卽後世宗下教下之分所本。然十卷七卷楞伽。皆釋宗通爲自證聖智。故宗通卽證智別名。皆有離言不可說義。以不可說爲說。所謂無門爲法門也。少室宗以世尊拈花初祖傳法之時。寥寥數語。以爲根本宗旨。一曰教外別傳。一曰不立文字。（須知一念纔興早落顯境名言卽屬阿含卽屬文字）蓋全超阿含。直顯證智也。畔此根本宗旨。雖曰無宗門可。寂音作智證傳。亦明斯意。故以證義獨配少林。餘六宗則皆言教。攝由言教門次分顯密一對。獨配開元宗爲密教。易知。餘五宗則皆顯教。攝由顯教門次分法信一對。大小乘論皆說有二種行。一隨法行。二隨信行。隨法行者。謂由了解法義而起行也。隨信行者。謂由諦信師教而起行也。此二行人。非關利鈍。以各有利鈍。故隨法行者。以利根故。善能分別一切法義。以鈍根故。心多疑惑。必須究窮一切法義。乃能斷疑生信起行。隨信行者。以利根故。一聞卽信。把得便行。以鈍根故。無由自知一切法義。但能仰信師教。依之精懇修行。念佛法門。普攝諸根。尤以持名念佛。爲最要妙。但堅信心。發願專念七日。一心不亂。臨命決生極樂。旣見彌陀。可愁不悟。能宗通說通者固佳。卽不悟解者。亦無害。然非信之極堅。則雖往生。亦墮疑城。夫信爲道元功德母。固諸宗之所同。而此宗爲尤要。故以信行獨配廬山。餘四宗則必大開圓解。而後能相應起圓觀行。故屬隨法行。攝由法行教。次分性相一對。性相通則互易。（如曰實相曰異生性則相爲性而性爲相）局則性教融攝。圓通渾然。無所間隔。相教分別深細。秩然不容假借。慈恩宗以楷定明了。故爲無諍。不同餘宗以變動不居爲無諍。雖遣情之門哉。而遣情之門貴在此。故以相教獨配慈恩。餘三宗則皆性教。攝由性教門。次分智慧一對。智慧通則一義。局則智約十波羅密。善分別後得智。慧約六波羅密。無分別根本慧。大智度論曰。別則般若爲因至佛心則變名一切種智。通而爲論。俱通因果般若多就卽善分別之無分別慧說。故以慧門獨配嘉祥華嚴顯毘盧遮那智。卽一切種種光明遍照義法華入佛知見皆要在卽無分別之善分別智。故智門攝由智度門次分始終一對華嚴根本法輪爲始。猶娑竭羅龍王於大海中一念遍與四天下雲雨。法華會歸佛乘爲終。猶四天下江河溝瀆。皆朝宗乎大海。二經固一佛化儀之始終也。而淸涼天台實宗之。故以配也。況天台又兼攝涅槃者哉。然此七對義門分別。亦據八宗少分偏顯之相以爲言耳。尅體論之。全基是道。全道卽基。乃至全始貫終。全終徹始。無不一具一切。一切攝一者也。然有一言不得不聲告者。此之八宗皆實非權。皆圓非偏。皆妙非麤。皆究竟菩提。故皆同一佛乘。故淸涼配法華兼終教非純圓教。天台配華嚴兼別教非純圓教。此乃獨標自宗殊勝。令學者死盡偷心以起行趣證耳。亦猶大哉乾元至哉坤元之談。然師家須善於應用。無一物是藥。無一物不是藥者。可深長思焉。

第三段　明融貫

問曰。分河飲水。佛祖所戒。眞源一本。何須張爲八宗。啟乖諍乎。答曰。初學貴在一門深造。乃能精義入神。久修自知殊塗同歸。寧慮局道相斫。所謂方便有多門。歸元無二路者也。數百年來學者病在汗漫。唯汗漫乃適成紛拏佛法深廣。人智淺狹。取舍莫定。茫昧無歸。以故學不精察。心不明了。不精滯迹。不明封情。滯迹封情。闇生疑諍。此正好爲顢頇儱侗之調和所致也。今者欲祛斯病。則端在分宗專究耳。

問曰。古者嘗分禪教律三。以各修戒定慧三學之一。或又列之爲禪教律淨密。則亦五種法門而已。何取乎又列教爲三。成八宗乎。答曰。戒定慧乃一貫之道。八宗有一能偏廢戒定慧學乎。無不以淨佛國土爲本。修行萬善同歸。無不以密嚴果海爲因地心。案業相應。八宗孰非淨與密乎。唯八宗莫不具三增上學。二偏行門。此所以各各澈法源底。各各究竟菩提也。若以三學五門區別。則眞分河而飲水矣。

問曰。嘗見有論十三宗者。南山僅屬小乘。嘉祥慈恩亦是權教。今乃並崇而無所高下乎。答曰。此蓋秘相之談。未是通方之說。『有名同而實異者。如佛言道謂三種菩提。老言道謂虛無自然。儒言道謂五常五倫。未可同語也。有名異實同者。如台宗謂之一心三觀。賢宗謂之一眞法界。相宗謂之勝義唯識。禪宗謂之向上一著。未始少異也。譬一帝都曰北京曰燕都曰順天。有盛談北京鄙燕都爲陋劣或盛談帝都鄙順天爲陋劣。吾知其必被嗤也。彼性相分河南北豎黨者何以異此。』乃晚明靈峰大師之言也。吾今請廣之曰。南山宗曰圓教戒體。嘉祥宗曰無得正觀。開元宗曰本不生菩提心。廬山宗曰是心是佛是心作佛。則亦一而已矣。小乎大乎權乎實乎偏乎圓乎。幸勿爲承虛接響之言哉。

第三節　藏蒙滿之大乘宗派

第一條　眞言宗蓮華部之源流

第一段　緣起

蒙滿之佛教皆自西藏流派。而變爲西藏特殊之佛教者。與其居地之峻寒。民性之奇奥。關係頗深。佛教未傳入前。有舊教曰頗母。惟利用咒詛以制止雪雹禽虫諸害。無何教理。迨佛教入。逐漸改革。至蓮華生上師以大神通力降諸靈怪。遂滌蕩無復餘滓。第西藏佛教之所以必爲眞言宗者。亦由是定焉。病周赧王時佛教已輸進西藏。至東晉時藏汗多里隆贊立。有天雨四箱之瑞。嗣印度有五僧至。汗以爲師。開四箱得四門敎法。一、百拜懺悔經。二、舍利金塔。三、六字大明之玉刻。四、法敎軌則。則密敎蓮華部之法也。至唐初藏汗蘇朗司登娶唐文成公主及尼波羅王女爲妃。二妃皆崇佛。汗建大昭寺小昭寺及布達拉宮。佛事益盛。至蘇朗司登第五世時。藏地雹霜爲患。命使請北印度蓮華生上師入藏。上師爲犒賞彌羅國人。與來吾國傳密敎之開元三大士。皆受法於龍智菩薩。旣入藏。現諸神異。除諸災害。藏人靡不尊奉。後藏汗因毘摩羅之說。乃明定秘密中道蓮花部爲西藏唯一不二之國敎。而尊蓮花生爲國敎之開祖焉。

第二段　分派

第一科　紅衣派

紅衣派卽蓮華生上師之徒裔。以皆衣紅衣故名。國敎成立未幾。卽遭藏汗朗格達磨之厄。得毘囉母吉魯贊繼立。乃興復如故。逮南宋高宗時。有彌勒累巴修習苦行。嚴持戒律。咸頌稱爲最勝苦行尊者。擴張紅敎頗力。元初有發思巴上師。年十五。聞元世祖名德。馳見深契。尊爲大元帝師。依梵文製蒙古字。晉封大寶法王。統攝諸國佛教。上師乃廣遣其弟子傳布紅衣派之佛教。東漸海。西及歐羅巴。南至南洋羣島。北括西伯利亞。無不遐被。而蒙古之佛教。實興起於是。然紅衣派以極盛之後。教域遼闊。教徒雜濫。亦隨元代而淪替矣。

第二科　黃衣派

黃衣派以衣黃衣故名。其教旨別無差異。唯以矯正紅衣派末流之弊。極注重於戒律德行。與甘丹派結合爲一耳。此派開祖曰宗喀巴。明永樂間人。出家學蓮花部法。入雪山苦行。又學於甘丹派。洞知紅衣派之流弊。發願改革。藏之智者相率興起以從之。教化既盛。令染黃衣以別紅。嗣因大弟子根敦珠巴等。勸請於布拉達宮昇獅子座。懲紅衣派蓄妻傳子之汗風。勅根敦珠巴六世呼畢勒罕。即前藏第一世至第五世及九世之達賴喇嘛是也。勒布格爾七世呼畢勒罕。即後藏第一世至第七世之班禪喇嘛是也。勒哲布尊丹巴胡圖克圖居蒙古。即今外蒙古活佛之祖。勅阿嘉胡圖克圖居多倫諾爾及滿洲北京等。即今內蒙章嘉活佛之祖。五百餘年來前後藏內外蒙殆皆在黃衣派教權支配之下。而滿族之文教。亦胥出於是。可謂盛已。但百年來黃派亦成紅派同樣之墮落。非再有蓮花生宗喀巴之大師者起。不足恢復之矣。

第二條　毘摩羅密多羅之觀法

西藏於認定密教蓮花部爲國教之際。毘摩羅密多羅盛傳入龍猛中觀法門。以四無作十緣生明一切卽空假中。而破妄執根本。頗能與蓮花生所傳龍猛秘密教相得益章。故所定國教卽含此中道觀法於蓮華部也。此派於後時雖無特立之傳布。要其輔成紅黃二派者。其功亦非淺鮮。

第三條　甘丹派之戒律

有迦濕彌羅國高僧阿提沙者。藏汗毘羅毋吉魯贊之師也。懲朗格達磨毀教之難。乃與其高弟部隆提倡淨戒。以有部律二百五十條以佐密宗之持驗。藏人稱之曰甘丹派。謂教律合一也。僧紀爲之一整。至宗喀巴乃完全融合爲黃衣教。以成革除紅衣派流弊之大功也。

第三節　朝鮮之大乘宗派

朝鮮乃包括高勾麗新羅百濟之三國者。而此三國佛教傳入不一。最早爲高勾麗。始於秦主符堅。遣沙門道順送佛經像與麗王小獸林。刱建肖門寺以居道順。後十二年始由天竺沙門摩羅難陀傳入百濟。後五十年始由高勾麗傳入新羅。未卽施行。過一百餘年至法興王乃大興之。後百年當武后間新羅文武王滅麗濟統而爲一。元曉等傳華嚴教。碩德輩出。佛法大興。逮唐明宗之世。王建興滅新羅。復號高麗。時中國經五代之亂。而高麗佛法轉盛。天台章疏華嚴經論。皆自彼回復。宋初有高麗沙門三十餘人詣杭從永明寺智覺禪師稟受宗鏡錄。歸國各化一方。是爲朝鮮禪宗之始。宋眞宗時又刻有麗藏。最稱善本。入明初有李成桂者。滅王氏朝而建號朝鮮。傳續迄今。儒道二教。當權佛法蕭寥已極。然按朝鮮佛法。要皆傳承自吾國。別無宗派可言。有之則教下賢首宗與宗下之法眼宗而已。今僅存二派。一曰漸派。持戒誦經以種佛因。卽賢首教宗之末流也。二曰頓派。一心念佛以生淨土。卽永明心宗之末流也。

第四節　日本之大乘宗派

第一條　緣起

日本佛教。皆直接傳自中華。或間接傳自朝鮮者。雖大小乘靡不承受。且俱舍論迄今尤講敷不絕。然俱舍成實附屬於三論唯識。皆不成宗派。唯四分律宗弘傳頗久。但今亦寂然無聞矣。故日本之宗派皆屬於大乘云。

第二條　傳承於我國之宗派

第一段　三論宗

唐時傳入日本之三論宗有三次。一由高麗沙門惠觀傳入。弘布於元興寺。二由智藏僧正入唐承學以傳之。三由道慈律師入唐總學六宗傳入日本。而以三論爲主。弘於大安寺。於是名哲踵繼。西大寺玄叡律師。法隆寺道詮律師等最其翹楚。至中古唯傳東大寺。今則全無矣。

第二段　唯識宗

此宗之傳日本。初由元興寺沙門道昭入唐就學於玄奘三藏。歸國後弘於其寺。謂之南寺傳。二由智通智達入唐就奘基二師識歸傳布。三由新羅僧智鳳智鸞智雄奉勅學於唐樸楊大師。弘演於日。四由玄昉入唐亦學於樸楊。歸弘於興福寺。謂之北寺傳。就中以北寺傳爲此宗之正義。數百年獨榮於南都。以對峙叡山之天台。野山之眞言。中世巳微。漸衰滅。明治間再興之。今以法隆寺興福寺爲本寺。寺院凡存五十二所。

第三段　華嚴宗

唐道璿律師傳華嚴章疏至日。後因良辯法師之請。由新羅審詳法師。開宗講說。以東大寺爲本寺。盛弘之。千餘年傳承不替。高僧接踵。著八宗綱要之凝然大德。亦此宗之人也。後衰微附入他宗。明治十九年重興本寺。統末寺二十三寺。

第四段　天台宗

日本沙門最澄。卽著名之傳教大師也。入唐學天台宗於國淸寺之道邃和尚。又謁越州順曉阿闍黎。傳受眞言宗。及唐興縣翛然和尚。禀承禪宗。歸國後受詔弘天台宗。故爲日本天台宗開祖。但末流分成三派。奉傳教大師爲開祖之延歷寺。有末寺三千五百七十所。奉傳敎法孫智澄大師爲開祖三井園城寺。有寺院六百五十三處。奉叡山眞盛上人之江刕坂本西教寺。兼弘念佛。有末寺四百二十二所。

第五段　眞言宗

第一科　傳承

日僧空海即弘法大師。入唐從惠果阿闍黎受眞言灌頂。並傳一切有部律。歸日本至嵯峨朝大興密教。嗣法十師。第十號源仁。仁門下一名益信。開仁和寺爲廣澤派始祖。一名聖寶。開醍醐寺爲小野派之始祖。廣澤小野又各分六派。然皆事相上之區別。非教旨上之分派也。後分古義新義二派。古義屬高野山派。新義乃興教大師覺鑁。於廣澤六派中於紀州根來寺開出別成一派。智山豐山繼之。明治間嘗合併以東寺爲本寺。共轄一萬二千二百七十四寺院云。

第二科　展發

日本於傳自我國諸宗派。歸國後流布無何展發。獨空海殊爲傑出。既造日本假字。有關其一國文化。而依大日經造十住心論。判攝大小乘諸教。頗有吾國天台賢首之氣象。十住心者。一、異生羝羊心。攝三惡道。二、愚童持齋心。攝人乘。三、嬰兒無畏心。

攝天乘。四、唯蘊無我心。攝聲聞乘。五、拔業因種心。攝緣覺乘。六、他緣大乘心。攝唯識。七、覺心不生心。攝三論及禪。八、一道無爲心。攝天台。九、極無自性心。攝華嚴。十、秘密金剛心爲密教。前九皆權破情執。唯十爲實顯德相。駕密致於一切教之上。當時大惹起一番諍論云。

第六段　淨土宗

日本圓光大師源空。唱專修念佛。承善導之一流。盛弘之。爲此宗在日本之開祖。空之高弟四人。分爲四派。一並阿於筑後善導寺開之。曰鎭西派。二證空於西山粟生野建光明寺弘之。曰西山寺派。三隆寬建圓山長樂寺別出之。曰長樂寺派。四覺明於洛北九品寺別開之。曰九品寺派。九品長樂已亡。鎭西西山尙盛。西山又分四派。鎭西則分關東三派。京都三派。而以關東三派中之白旗派爲最盛。明治間各派合併。以知恩院爲本院。所管寺院凡七千二百二十八處云。

第七段　禪宗

禪宗於宋時始傳入之。凡分三宗。一、榮西禪師於天童寺依靈庵敬禪師受臨濟宗之傳。歸日本遂爲此宗之開祖。今分十本寺總有六千二百二十三寺。一道元禪師於天童寺受曹洞宗之傳。歸日本遂爲此宗之開祖。今以永平及總持二寺爲本寺。總有一萬三千七百四十二寺。近年開建益多。二黃檗宗。明黃檗山隱元禪師至日本於萬福寺弘通之。有六百四十八寺。

第三條　日本轉出之宗派

第一段　由淨土轉出之融通宗眞宗時宗

日本由淨土宗轉出之宗派有三。曰融通念佛宗。由良忍上人用華嚴之理融通自他因果一多染淨。以念佛生西者是也。今以大念佛寺爲本寺。有末寺三百五十七所。曰眞宗。自謂弘彌陀眞實之敎。故名。稱純他力敎。以回向之信心作往生淨土之眞因。以信後相續稱名爲報答佛恩之行業。由親鸞即見眞大師所創。許蓄妻食肉悉同常俗。共分十派。以本願寺派大谷派爲最盛。其寺院總數有二萬餘。占日本佛敎之半。云曰時宗。以平時念佛要同臨終時。眞切臨終時念佛要同平時。從容專爲提倡。故名。今傳不盛。

第二段　由天台宗轉出之日蓮宗

天台於法華分地湧品前爲迹門。地湧品起爲本門。而日本之日蓮上人。因之專提倡本門法華。奉久遠實成本地三身之釋迦牟尼佛爲本尊。上行等爲法衆。畫之爲曼荼羅。赴各地布敎。恆擊大鑼大鼓。高唱南無大乘妙法蓮華經。以驚覺衆生睡夢中之法身。則所謂日蓮宗是也。其敎勢與天台宗亦略相埒。

第四條　綜論

日本弘傳之大乘敎派。以今察之。其盛況當以淨土宗（總括淨土宗融通念佛宗眞宗時宗）爲第一。次之爲禪宗。又次之爲密宗。又次之爲天台宗（包括日蓮宗）三論唯識華嚴皆等於附庸而已。然細按其根底。則雖謂皆屬於密宗可也。以眞宗日蓮宗於密宗色彩皆極濃厚。而日本之天台向來兼傳台密。獨禪宗爲富有支那之遺傳性耳。日本之佛敎以密宗爲內心。與吾國中唐來之佛敎以禪宗爲內心同。以支那人根習深在本有之儒道敎。唯禪宗最能與之融洽。日本人根習深在本有之神道敎。唯密宗最能與之融洽故也。但唯識三論等。在今而後西洋科學哲學瀰漫之世界。或能與大乘各宗同吐萬丈之光燄歟。非所預知矣。

略說賢首義

賢首大師以三時十儀六宗五敎三觀立一家言。而第一時第六宗第五敎第三觀之極旨。則集中於六相十玄。然三時大同嘉祥三種法輪。（一根本法輪二從本起末法輪三攝末歸本法輪）於第二時更分三時。亦大同天台漸初漸中漸後。其十儀亦仿天台化儀四敎分析開立。而六宗（清涼等開合爲十宗）第一隨相法執宗所分小乘六宗。襲自慈恩。第二唯識法相宗至第六法界圓融宗。固出創見。然此亦隨所判「分始」「空始」及終頓圓四敎而來。故其柢唯在於五敎。而五敎實爲賢首義之綱骨也。雖賢首弟子慧苑（慧苑自立四敎一迷眞異執敎二眞一分半敎三眞一分滿敎四眞具分滿敎）嘗駁其五敎謂小始終圓係襲取天台之藏通別圓。而別加頓敎爲不妥當。（天台家譏五敎不明斷證位次續法作五敎儀仿天台立之後人尤多非議）但此五敎義乃承自杜順大師五門止觀而立者。（一）我無法有門（二）生即無生門（三）事理圓融門（四）語觀雙絕門（五）華嚴三昧門）唯彼五門專在修證。非談判敎。智儼大師孔目章等始據之以高判華嚴。至賢首遂繼以完成其判敎之義。三觀全出於順師之法界觀章。十玄門亦儼師記於順師者。屬在周遍含容觀中六相圓融則唱于儼師而和于賢首者也。但賢首於儼師所記十玄改「諸藏純雜具德門」爲「廣狹自在無礙門」。又改「唯心迴轉善成門」爲「主體圓明具德門」。於事事無礙觀亦殊有增勝之處。要之賢首於佛果實智之境宗依華嚴發揮者實有足多。於明佛果利他權智之秘妙。則又當推天台宗依法華者爲擅場耳。

然賢首雲華帝心皆習宋譯六十華嚴者。唐譯之足本八十華嚴。至清涼大師始爲疏鈔。故完成此宗者。復應在清涼而不在賢首。此予所以嘗稱之爲清涼宗也。賢首傳自雲華。雲華傳自帝心。而帝心號稱孤起。別無淵源。然細按雲華實學華嚴於至相寺智正法師者。智正乃慧光律師法系下之第五代。卽開建終南之至相寺者。慧光既爲四分律宗之遠祖。復傳少林寺佛陀禪師之禪。其集力處尤在合勒那摩提與菩提流支各譯之十地論爲一本。由研究宏揚十地論盛講華嚴。其弟子極多。有爲地論宗者。有爲律宗者。至智正傳雲華。則更爲開華嚴宗者。由此推之。帝心亦必出於慧光之系下。而爲與地論宗極有淵源者。故雖謂華嚴宗由地論宗轉成可也。

由地論宗之淵源而觀眞諦之攝論與慈恩之唯識。則知賢首之華嚴。實與之具出於世親之一唯心識宗者。特於境行果三。唯識多談因分識境。攝論於境行果。略均等。十地論則多談行果。而帝心雲華賢首等宗華嚴。則激而益上。彌盛談果分心境而已。在唐前有慧光系之地論與眞諦系之攝論。雙峯並峙。至唐則攝論被併於慈恩之唯識。而地論被併於淸涼之華嚴。復成對抗之勢。其實則同一世親法流。不過唯識多談因分。而華嚴多談果分而已。多談果分。亦未嘗不卽果而明因。多談因分亦未嘗不卽因而明果。得其意者。固潛通無際。可於唯識之底得華嚴。亦可於華嚴之底得唯識。所謂因賅果海。果徹因源也。

此於古來地論與攝論及唯識所爭本識之義。如慧光地論以本識爲菴摩羅淨識。(猶云眞心)眞諦攝論(及起信論等)以本識爲眞妄和合(猶云淨染和合)識。(若阿陀那識之生佛通識)慈恩唯識以本識爲阿賴耶染識。觀此對於本識建立不同。卽可知地論依華嚴而所明在極證之果。故宗本於菴摩羅淨識。攝論依阿毘達磨而所明在地上之行。故宗本於眞妄和合識。(地上具(一)眞智(二)俗智(三)妄智之三心)唯識依深密而所明在現因之境。故宗本於阿賴耶染識而宗依華嚴之賢首家。則益從大乘極證之果境以盡量發揮之而已。若知總爲一大乘之境行果。雖所明有偏勝（唯攝合之偏於境行地華合之偏於行果）以果必從境行而致。故以行必依境而趨果。故以境必起行而證果。故互含交攝實無欠餘。則同會於平等之際。而各成其殊勝之用矣。

予向者嘗略分疏大乘八宗表釋於整理僧伽制度論內。茲摘錄如下。

八宗
- 道
  - 教
    - 顯
      - 法
        - 性
          - 智
            - 始……清涼宗
            - 終……天台宗
          - 慧……嘉祥宗
        - 相……慈恩宗
      - 信……廬山宗
    - 密……開元宗
  - 證……少室宗
- 基……南山宗

由竪觀之。可見順序之則前南山而後淸涼。逆序之則前淸涼而後南山。由橫觀之。可見順序之則前淸涼而後南山。逆序之則前南山而後淸涼。蓋逆順皆次第。橫竪悉通達也。初分道基一對。戒爲佛道之基。就三學論亦爲定慧之基。七衆戒及菩薩戒旣槪歸此宗。一切修佛道者。其基礎不出七衆戒及菩薩戒。若五戒不守。一且不得具人格。遑能修佛道乎。故以基義獨配南山。所基之道。則卽餘之七宗。由道次分敎證一對。華嚴疏鈔依親光菩薩十地論釋十地品。列十對門。明可說不可說分齊。敎證卽第四對。謂阿含（譯言淨敎）可說。證智不可說。四卷楞伽宗通說通。宗通離言。說通施敎。此卽後世宗下敎下之分所本。然十卷七卷楞伽皆譯宗通爲自證聖智。故宗通卽證智別名。皆有離言不可說義。以不可說爲說。所謂無門爲法門也。少室宗以世尊拈花初祖傳法之時。寥寥數語。以爲根本宗旨。一曰敎外別傳。一曰不立文字。（須知一念纔興早落顯境名言卽屬阿含卽屬文字）蓋全超阿含直顯證智也。畔此根本宗旨。雖曰無宗門可。寂音作智證傳。亦明斯意。故以證義獨配少林。餘六宗則皆言敎攝。由言敎門次分顯密一對。獨配開元宗爲密敎。易知。餘五宗則皆顯敎攝。由顯敎門次分法信一對。

大小乘論皆說有二種行。一隨法行。二隨信行。隨法行者。謂由了解法義而起行也。隨信行者。謂由諦信師教而起行也。此二行人。非關利鈍。以各有利鈍故。隨法行者以利根故。善能分別一切法義。以鈍根故。心多疑惑。必須究窮一切法義。乃能斷疑生信起行。隨信行者。以利根故。一聞卽信。把得便行。以鈍根故。無由自知一切法義。但能仰信師教。依之精懇修行。念佛法門。普攝諸根。尤以持名念佛爲最要妙。但堅信心。發願專念七日。一心不亂。臨終決生極樂。既見彌陀。何愁不悟。能宗通說通者固佳。卽不悟解者。亦無害。然非信之極堅。則雖往生亦墮疑城。夫信爲道元功德母。固諸宗之所同。而此宗爲尤要。故以信行獨配廬山。餘四宗則必大開圓解。而後能相應起圓觀行。故屬隨法行。攝由法行教。次分性相一對。性相通則互易。(如曰實相曰異生性則相爲性而性爲相)局則性教融攝圓通。渾然無所間隔。相教分別深細。秩然不能假借。慈恩宗以楷定明了。故爲無諍。不同餘宗以變動不居爲無諍。雖遣情之門哉。而遣情之門貴在此。故以相教獨配慈恩。餘三宗則皆性教。攝由性教門。次分智慧一對。智慧通則一義。局則智約十波羅密。善分別後得智。慧約六波羅密。無分別根本慧。大智度論曰。別則般若爲因。至佛心則變名一切種智。通而爲論。俱通因果。般若多就卽善分別之無分別慧說。故以慧門獨配嘉祥。華嚴顯毗盧遮那智。（卽一切種種種法光明遍照義）華入佛知見。皆重在卽無分別之善分別智。故智門攝。由智度門次分始終一對。華嚴根本法輪爲始。猶娑竭羅龍王於大海中一念偏興四天下雲雨。法華會歸佛乘爲終。猶四天下江河溝瀆皆朝宗乎大海。二經固一佛化儀之始終也。而清涼天台實宗之。故以配也。況天台又兼攝涅槃者哉。然此七對義門分別。亦據八宗少分偏顯之相以爲言耳。尅體論之。全基是道。全道卽基。乃至全始貫終。全終徹始。無不一具一切一切攝一者也。然有一言不得不聲告者。此之八宗。皆實非權。皆圓非偏。皆妙非麤。皆究竟菩提。故皆同一佛乘。故清涼配法華兼終敎。非純圓敎。天台配華嚴兼別敎。非純圓敎。此乃獨標自宗殊勝。令學者死盡偸心以起行趣證耳。亦猶大哉乾元至哉坤元之談。然師家須善於應用。無一物是藥。無一物不是藥者。此可深長思焉。

近有人見覺靑海潮音上評支那內學院文件。評梁漱溟唯識述義。及三重法界觀對辨一乘大乘對辨唯識圓覺宗曹溪禪之新繫節等。或疑有所偏重於天台唯識或唯識三論而對於賢首獨若深非之者。然予所崇重於華嚴者。雖不若墨守賢首家言者之甚。而於平等大乘之上。別標華嚴之殊勝處。實不讓持賢首家言者也。此予總持大乘之根本宗旨。曾一表現於整理僧伽制度論外。又曾示之以大乘宗地圖。他處則隨轉門中密意趣之抑揚耳。

然世人雖尸賢首之名而視之。或未知賢首可崇重之殊勝處何在也。今試一略談之。中國於華嚴殆有三派。一地論之華嚴。二賢首之華嚴。三棗栢之華嚴。地論行果賢首純果。同屬世親流支系。棗栢融行果於不可得。則屬龍樹羅什系。銷納此三派二系以歸之。則爲淸涼之華嚴。然華嚴特勝之處。予謂賢首乃獨得之。蓋佛華嚴者。乃佛初成佛時妙覺光中所頓輝重重無盡之遠近因華行自他妙嚴境也。由佛智以觀之。則一切皆爲佛境。故衆生皆如來功德智慧之相。而國土皆蓮華藏海莊嚴之刹。此現證界。非身非言。而徧一切。卽身卽言。隨諸菩薩所修之行所達之境。呈身興言。證之有淺深高下之差別。說之有先後廣略之差別。皆爲海印三昧之影。故諸菩薩信解行證。皆依佛果安立。一切諸位皆爲佛位。以果徹因源之故。而因源（阿賴耶識）幻依於果海（菴摩羅識）中。靡不融爲果德。故因即能賅通果海。而一切異生。亦皆以如來妙覺（菴摩羅識）海爲心源（淨心緣起眞界緣起）也。依佛智以觀之。無非佛境。是故一塵一毛一剎一身。莫非六相圓融十玄無礙之佛法界。此則賢首所獨勝於華嚴者也。然佛華嚴有言。心佛及衆生。是三無差別。以佛心（或曰眞心或曰淨識或曰眞界）融攝衆生法而大明佛心者。固推賢首爲勝。以其衆生心（或曰賴耶或曰異熟或曰陀那）融攝佛法而大明衆生心者。又推唯識爲勝。由是例推及之。則禪宗者。明無佛無衆生。衆生與佛皆心者也。密宗者。明無心無衆生。衆生與心皆佛者也。（與華嚴最近但華嚴以佛淨心明唯心此則正明唯佛）天台宗者。明即佛即衆生。衆生與佛即心者也。淨土宗者。明唯佛唯衆生。心祇佛與衆生者也。三論宗者。明非心非佛非衆生。而照達一心者也。律宗者。明即心即佛即衆生。而淨治衆生者也。蓋心與佛及衆生。爲一事之三方面。方面雖三。而實事一。故無差別。假爲形式如下。

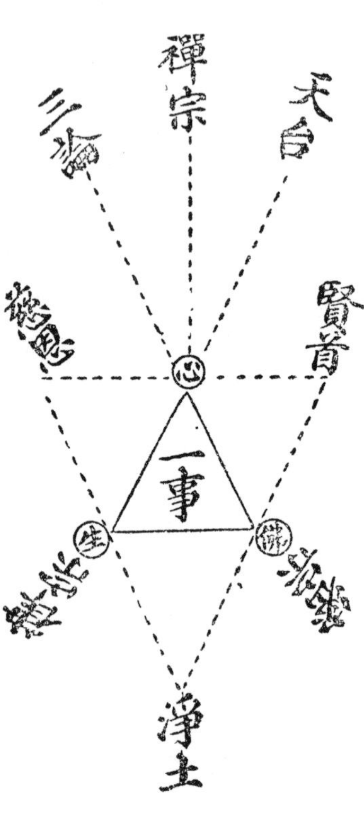

觀此可知其融通之平等。亦可知其差別之殊勝矣。明此平等殊勝之義。有無量門。茲以心佛衆生門略言之。詳在大乘宗地圖解。

佛疑今解

一、中有身（死鬼問題）

康南海嘗語予曰。佛家五趣生死三世因果之說。大有裨於人羣道德。但其所依以施設「有情流轉相續」之根本法。乃在乎中有身。若中有身之事實不明。則五趣流轉三世相續之義。即無從安立。今按世尊說法。應機淺深。對人天機說「續有情」以除異生斷執。對出世機說「人無我」以離外道常執。對大乘機說「唯有識」以空餘乘法執。通人無我。達唯有識。則不須立此中有身。自明諸趣流轉之因果相。而康氏宗在人羣道德。則人天之機也。應說續有情以治異生斷執。故當一解中有身義。

中有身古譯中陰身。有謂諸有。陰謂五陰。（正譯五蘊）有即五蘊。非五蘊外之有。蘊即諸有。非諸有外之蘊。表蘊是有。云有表有是蘊。曰蘊。故蘊與有名異事同。伽耶譯身。是「一聚」義。有諸蘊法集爲一聚。是爲有身。亦曰蘊身。云中有身中陰身者。謂於一期生死分爲四有。一、生有當初受生位。二、本有當已生未死之位。三、死有當正死之位。四、中有當乍死未生之位。謂於「現報身已捨」「後報身未得」之中間所有之「一蘊聚」名曰中有身也。然捨「死有五蘊身聚」而得「中有五蘊身聚」其「蘊聚」雖有麤細幽顯之區別。爲「一蘊聚」則同。然死有身捨而中有身得。中有身實一新生起之聚。非從本有或死有中所離出之一分。故不同俗見所指潛軀殼內之「靈魂神我」蓋俗計之「魂神。」是一實常之體。活時栖軀殼內爲軀殼主。死時離軀殼而獨存。再取他種軀殼栖託。此「中有身。」乃是死後初別成一幽隱微細五蘊聚。卽指此幽微五蘊聚曰中有身而已。故中有身備具形狀飲食根識壽量。實爲別一過渡之業報身經論言之參差。難具徵引茲錄瑜伽師地論一則以資依據。

又諸衆生將命終時。乃至未到惛昧想位。長時所習我愛現行。由此力故。謂我當無。便愛自身。由此建立中有生報。若預流果及一來果。爾時我愛亦復現行。然此預流及一來果。於此我愛。由智慧力數數推求制而不著。猶壯丈夫與羸劣者共相捔力。能制伏之。當知此中道理亦爾。若不還果。爾時我愛不復現行。又解肢節除天那落迦所餘生處。一切皆有。此復二種。一重二輕重謂作惡業者。輕謂作善業者。北拘盧洲一切皆輕又色界沒時。皆具諸根欲界沒時。隨所有根。或具不具。又淸淨解脫死者。名調善死。不淸淨不解脫死者。名不調善死。又將終時。作惡業者。識於所依從上分捨。卽從上分冷觸隨起。如此漸捨。乃至心處。造善業者。識於所依。從下分捨。卽從下分冷觸隨起。如此漸捨乃至心處。當知後識唯心處捨。從此冷觸。徧滿所依。云何生由我愛無間已生故。無始樂著戲論因已熏習故。淨不淨業因已熏習故。彼所依體由二種因增上力故。從自種子卽於是處中有異熟無間得生。死生同時。如秤兩頭低昂時等。而此中有必具諸根。造惡業者所得中有。如黑羺光。或陰闇夜。作善業者所得中有。如白衣光。或晴明夜。又此中有是極清淨天眼所行。彼於爾時先我愛類不復現行。識已住故。然於境界起戲論愛。隨所當生卽彼形類中有而生。又中有眼猶如天眼無有障礙。唯至生處。所趣無礙。如得神通。所唯至生處。又由此眼見己同類中有有情。及見自身當所生處。又造惡業者眼視下。淨伏面而行。往天趣者上往人趣者傍。又此中有若未得生緣。極七日住。有得生緣。卽不決定。若極七日未得生緣。死而復生。極七日住。如是展轉未得生緣。乃至七七日住。自此已後決得生緣。又此中有七日死已。或卽於此類生。若由餘業可轉。中有種子轉者。便於餘類中生。又此中有有種種名。或名中有。在死生二有中間生故。或名健達縛。尋香行故。香所資故。或名意行。以意爲依往生處故。此說身往。非心緣徑。或名趣生。對生有起故。當知中有除無色界一切生處。又造惡業者。謂屠羊雞豬等。隨其一類。由住不律儀衆同分。故作感那落迦惡不善業。及增長已。彼於爾時猶如夢中。自於彼業所得生處。還見如是種類有情。及屠羊等事。由先所習憙樂馳趣。卽於生處境色所礙。中有遂滅。生有續起。彼將沒時。如先死而見紛亂色。如是乃至生滅道理。如前應知。又彼生時。唯是化生六處具足。復起是心而往趣之。謂我與彼嬉戲受樂。習諸伎藝。彼於爾時顚倒。謂造種種事業。及觸冷熱。若離妄見。如是相貌。尚無趣欲。何況往彼。若不往彼。便不應生。如是那落迦。如是於餘似那落迦鬼趣中生。當知亦爾。如瘦鬼等。又於餘鬼傍生人等。及欲色界天衆同分中。將受生時。於當生處見己同類可意有情。由此於彼起其欣欲。卽往生處。便被拘礙。死生道理。如前應知。

於是有疑問焉。諸業報身。不出五趣。（或說六道卽於天人鬼畜趣中之阿修羅另離出爲一道故加爲六）此中有身既爲一業報身。於五趣中屬何趣乎。若已屬於五趣之一。如何乃非「後有」而是「中有」。若非屬於五趣。如何乃有「趣所不攝」之「業報身」。今解之曰。中有身雖亦業報身。但以此身專爲前報已捨後報未得中間稍有寄泊而受。故或言至久唯七日。或言可七七日。或言雖不限長短。而七日必一生死。古師喻爲調任候用之官。前任乍卸。後任未定。於其中間暫爲旅驛舟車之客。即茲旅驛舟車之客。喻中有身。在官固有專職。在客亦有定分。故亦業報。然以爲遷轉經過上暫寓而受。故爲五趣不攝之中有身。但猶有疑。若以中有身壽量短。故不屬五趣攝。則蜉蝣類朝生暮死。壽量更短。如何仍在旁生趣攝。今解之曰。對前有後有曰中有。而論中有身之自位。亦可屬鬼趣中化生鬼。攝化生鬼中屬健闥縛古音乾闥婆譯尋香陰類攝。然此非「健闥縛」而是「五趣所不攝之中有身」者。以健闥縛乃正由健闥縛業而受健闥縛之報。而中有身則僅於轉趣未定之流棲上暫類「健闥縛」而已。故「健闥縛」譬猶「操旅驛舟車之業者」。而「中有身」則「旅客」也。中有身之爲「物」健闥縛類與其爲「義」。是中有身非趣所攝於是乎可明矣。

然此中有身爲諸趣生死流轉時所必經者乎。抑或可不經乎。應解之曰。不須定經。由五趣中任何一趣轉生餘趣。多有此死彼生。如秤低昂兩頭時等無稍停者。故不定須經中有位。但轉生人畜者。每經中有身位而已。疑曰。然則可由人死而中有生。

亦可由人死而天畜鬼生。且由人死而中有生。與由人死而鬼畜生。及由中有身死而人畜生事無區別。佛教何故施設此五趣不攝之中有身乎。施設此中有身。亦何補於諸趣生死流轉以說明乎。應解之曰。世間或執人死斷滅。或怖人死斷滅。告以某人此死。已轉生彼某人某牛某神。故不斷滅。復疑此人彼牛之間若無有一連續之物。由此人而彼牛。則彼牛自彼牛。與此人何所關涉乎。而曰彼牛爲此人轉生也。通達無我唯識。可無此疑。而在未通達者。終疑斷滅。世尊方便除其疑。故乃依事實現有之中有身（中有身天眼所能見亦應能相見）以明此人彼牛之間相連續者。曰中有身。用除彼斷滅之疑怖。令信「有情諸趣生死相續」而已。此「中有身」不唯修得之天眼通能見。而人間亦往往發現人死後之靈事。卽俗間所云之鬼魂。可爲證明中有身與鬼不同者。鬼爲由鬼業所酬之鬼報。而中有身爲流寓上暫同鬼趣中之健闥縛類。然俗間發見之鬼魂。則混「鬼」與「中有身」而一之。故呼人死所「續存者」曰鬼。實則人死雖有爲「中有身」或爲「鬼」者。亦有直接爲天爲人爲旁生爲地獄者。而「中有身」與「鬼」亦有由天趣旁生趣而轉成者。不必皆由人死轉成。故認「鬼」爲人之所歸。實爲謬誤。但世人所以誤認「鬼」鬼及中有合名爲鬼爲人死之歸者。以人死或超出三界。或轉生天趣旁生趣人趣地獄趣或因報障或因界隔。皆不易重現前身於親故。唯「中有身」及「鬼」游食人間。偶或一現。故每見人死後之顯靈也。終此或由求食之鬼。稍有神通。僞託人間知名之先聖賢及其祖先。以圖供事。若今之各處扶乩壇之類。予嘗譬之爲扮演鬼戲之鬼戲臺也。聖教亦因世俗習知人死後有鬼靈。故施設人死後有「中有身」。爲今生與來生之間一連續位。俾易除斷滅之見也。昧者或迷「中有身」爲世俗所云「靈魂」或「鬼」。及迷爲聖教所云「阿賴耶」。皆不知中有身仍爲一「五蘊和合聚」。類似鬼趣中之「健闥縛」耳。上來明治異生斷見應說續有情以安立「中有身」竟。然悟無我唯識。何以不須安立「中有身」耶。曰明十二有支緣起之流轉故。悟無我未悟唯識者。以過去二支惑業現在七支苦惑未來三支業告明諸趣生死相續。達唯識者。明現在十支未來二支之生死流轉。皆已明非常非斷之因果相者。三世因果義成。故不須更立中有身。而同時亦明中有身唯五蘊及唯識。了「中有身」

之實相也。其詳當究大毘婆娑論俱舍論及瑜伽師地論成唯識論

二、托胎識（生機問題）

生理學者劉子通嘗詢問予曰依佛教之傳說。人身之生。雖賴父母精血成胎。尤仗有投托於胎之識神。乃能生長。然近世生理學者實驗之所知。則人身者實由父精之精蟲中有一或二之强力者先佔入母之卵珠中。由此一精蟲爲主力藉卵珠爲營養而得成胎者也。此佛學與實驗所得科學知識相違之處。其將何理以通。

夫「托胎識」不明。則人者身生而始有。身滅應卽斷滅。歸無則無前世亦無後世。三世流轉之因果義。何自安立。於此問題若無一正當之解決。不惟不足以通生理學者之難。而佛教之教義亦根本推翻矣。故必明「托胎識。」乃明「自識」與「父精」「母血」同爲構成「胎」之三要素。故「自識」不從「父精」「母血」有。不從「胎」有。雖剎那生滅而無始相續。恆有新新不停如急水流有之無始故亦無終。而此「識」暫「托胎」生人類中。應有前世亦有後世。故明此「托胎識」較之明「中有身」爲尤要也。

世間一切有情色身。得生所從。不出胎卵濕化四種形式。而各有「識」托中。以爲之主。此四生中。胎生尤艱。而胎生之類通於人。傍生、鬼、等吾儕爲人。生理學亦就人身言。故今當就人類「托胎識」以明之。欲明人類有托胎識。必取生理學之精蟲說研究之。知其說有未圓滿處。然後得申「托胎識」義。予於生理學書。雖亦稍嘗涉略。實無所知。姑取懷疑之點。試從詰之。

男精中有精蟲。女精中有卵珠。此誠易爲試驗之事。予既無疑。而按之所治之佛書尤有左證。

如治禪病秘要經云。子藏者在生藏下熟藏之上。九十九重膜。如死猪胞。四百四脈。從於子藏。猶如樹根。如盛屎囊。一千九百節。似芭蕉葉。八萬戶蟲圍繞周帀。四百四脈及以子藏。猶如馬腸直至產門。如臂釧形。團員大小上圓下尖。狀如貝齒。九十九重。一一重間有四百四蟲。一一蟲有十二頭十二口。人飲水時。水精入脈。布散諸蟲。入毘盧蟲頂。直至產門。半月半月出不淨水。諸蟲各吐。猶如敗膿。入九十蟲口中。從十二蟲六竅中出。如敗絳汁。復有諸蟲細於秋毫遊戲其中。諸男子等宿惡罪故。四百四脉。從根本散四肢。流注諸藏。至生藏下。熟藏之上。肺脾腎脈。於其兩邊。各有六十四蟲。各十二頭。亦十二口。宛綣相著。狀如指環。盛青色膿。如野猪精。臭惡巨甚。至藏陰處。分爲三支。二支在上。如芭蕉葉。有一千二百脈。一一脈中生於風蟲。細若秋毫。似毗蘭多鳥觜。諸蟲中生筋色蟲。此蟲形體如筋。連持子藏。能動諸脈。吸精出入。男蟲青白。女蟲黃赤。七萬八千共相纏裹。狀如彔環。似瞿師羅鳥眼。九十八脈。上衝於心。乃至頂髻。諸男子等眼觸於色。風動心根。四百四脈爲風所使。動轉不停。八萬戶蟲一時張口。眼出諸膿。流注諸脉。乃至蟲頂。諸蟲崩動。狂無所知。觸前女根。男精青白。是諸蟲淚。女精黃赤。是諸蟲膿。又如小乘正法念處經云。十種蟲有行於髓中。有行精中。何等爲十。一名毛蟲。二名黑蟲。三名無力蟲。四名大痛蟲。五名煩悶蟲。六名火蟲。七名滑蟲。八名下流蟲。九名起身根蟲。十名憶念歡喜蟲。

按所謂筋色蟲在男青白者。卽精蟲。在女黃赤者。卽卵珠。復云有行於精中者。第九曰起身根蟲。起身根者。或言男根由此蟲故而起。或言所生胎身色根由此生起。此起身根蟲是指精蟲言。事尤明確。故生理學所言「人胎」由「男精蟲」及「女卵珠」以成。及神蟲卵珠之有諸情感。可為佛學明證。而初無所違也。

然吾於生理學中「由一精蟲佔一卵珠以成胎」之說。彼固從何徵驗以得其實。則極懷疑者也。夫適當男女和合以成胎之際。男女二人之自身既無從察驗。此男女二人外之他人亦無從察驗。若於後時取其既成胎者為驗。則但得既成之胎狀。至當時如何構成此胎之情狀。終不明了。若但依男精置溫水中所顯之蟲狀。即推定但由一蟲佔入卵珠以成胎。斯則惟是臆決之談。非徵驗之實矣。由諸蟲凝聚成男精。何以知不由諸蟲凝聚之精和合女卵成胎身。乃必由「精蟲聚」中之「一蟲」獨佔卵珠以成胎乎。又何以知置空氣或溫水中之男精所現蟲之情狀。非入空氣及溫水後轉變而起之游離狀。既非在男身中時之本狀。亦非和合女卵轉變成胎時之狀乎。故科學徵驗之所知。乃只知精中之有蟲而已。過此限度以外。則虛謬之推想。不得冒充為實驗也。

抑昔嘗見剖母雞者。腹中所藏之卵纍如貫珠。以十百計。有形大如鳥卵黃者。亦有形小如豆粟者。而所出之卵則或有雄精。或無雄精。其有雄精者能育雞。其無雄精者則不能育雞。卵中雄精凝聚成點。在日光中隔壳照觀之乃影大如豆。可知能育雞之雞卵。乃由「全聚雄精」凝合「全聚雌卵」以成。非「精聚」中須用顯微鏡乃見之「一細精蟲」獨入所成。雞卵如是。人胎何獨不然。但生理學家所以計由一精蟲獨成胎者。殆由既見精中有蟲。又見精中諸蟲有互相聚散殺活之情狀。復計「多蟲生命」不應合爲「一人胎生命」。遂推想由精蟲聚中一強有力之蟲。將餘蟲排殺後。獨佔胚珠以化成人體耶。信然者。則人之身命實由父精中之一蟲繼續長養而成。人者不過一精蟲之擴充。絕非一新生之身命。固不容有托胎之識。亦非父母精血和合所成。乃適爲怪談矣。意彼謬想必因計一身命由一身命進展而來。故計人由精中一蟲變成。此由執著「個體」爲實。不知細至一蟲。粗至一人。皆一「和合之聚」故耳。夫人身乃一蟲聚也。男精女精亦蟲聚也。何因必不許人胎亦爲一蟲聚而定由一蟲一卵以成哉。

或謂今見一禾由一穀生。一橘樹由一橘核生。精蟲既爲人之元胚。故「一人」應從「一精蟲」以生。否則一桿之禾應從衆穀合生寧不有違世人共見之事實乎。

答曰。一穀一核。可喻精蟲卵珠所合成之「一個胚胎」。不得喻彼爲合成胚胎原料之「一個精蟲」。故「一個人身」由「一個胚胎」之所長成。乃如「一桿禾」由「一粒穀」長成耳。或謂不然。應以「一粒穀」喻「一個精蟲」。而「卵珠」則猶所依「田土」耳。答曰。若以「卵珠」喻同「田土」。則所依母腹又喻之爲何。是故應以母腹喻彼田土。而初所成之胚胎則猶穀核耳。至「精蟲卵珠」則猶能用之以構成穀核之「元素」。非是所構成之穀核。故不應以是「一人」故。而計彼精蟲卵珠亦定唯一個且如由「多原質原子」構成「一穀」故亦應由「多精蟲卵珠」構成「一胎」也既知由「一精蟲」發展爲「一人身」之說。不能成立。則「托胎識」之義。可得而申。茲先節錄瑜伽師地論文一則爲據。

又於餘鬼傍生人等。及欲色界天衆同分中。將受生時。於當生處見已同類可意有情。由此於彼起其欣欲。卽往生處便被拘礙。死生道理如前應知。又由三處現前。得入母胎。一其母調適而復値時。二父母和合俱起愛染。三健達縛正現在前。

復無三種障礙。謂產處過患所作。種子過患所作。宿業過患所作。云何產處過患。謂若產處。爲風熱癊之所逼迫。或於其中有麻麥果。或復其門如車螺形。有形有曲有穢有濁。如是等類產處過患應知。云何種子過患。謂父出不淨非母。或母非父。或俱不出。或父精朽爛。或母或俱。如是等類種子過患應知。云何宿業過患。謂或父或母。不作不增長感子之業。或復俱無。或彼有情。不作不增長感父母業。或彼父母作及增長感餘子業。或彼有情作及增長感於父母業。或感大宗葉業。或感非大宗葉業。如是等類宿業過患應知。若無如是三種過患。三處現前得入母胎。彼卽於中有處自見與己同類有情爲嬉戲等。於所生處起希趣欲。彼於爾時見其父母共行邪行。所出精血而起顚倒。起顚倒者。謂見父母爲邪行時。不謂父母行此邪行。乃起倒覺見己自行。見自行已便起貪愛。若當欲爲女。彼卽於父便起貪。若當欲爲男。彼卽於母起貪亦爾。乃往逼趣。若女於母欲其遠去。若男於父心亦復爾。生此欲已。或唯見男。或唯見女。如如漸近彼之處所。如是如是漸漸不見父母餘分。唯見男女根門。卽於此處便被拘礙。死生道理如是應知。若薄福者。

當生下賤家。彼多死時及入胎時便聞種種紛亂之聲。及自妄見入於叢林竹葦蘆荻等中。能多福者。當生尊貴家。彼於爾時便自聞有寂靜美妙可意音聲。及自妄見昇宮殿等可意相現。爾時父母貪愛俱極。最後決定各出一滴濃厚精血。二滴和合住母胎中合爲一段。猶如熟乳凝結之時。當於此處一切種子異熟所攝執受所依阿賴耶識和合依託。云何和合依託。謂此所出濃厚精血合成一段。與顚倒緣中有俱滅。與滅同時卽由一切種子識功能力故。有餘微細根及大種和合而生。及餘有根同分精血和合摶生。於此時中說識已住結生相續。卽此名爲羯羅藍位。此羯羅藍中有諸根大種。唯與身根及根所依處大種俱生。卽由此身根俱生諸根大種力故。眼等諸根次第當生。又由此身根俱生根所依處大種力故。諸根依處次第當生。由彼諸根及所依處具足生故。名得圓滿依止成就。又此羯羅藍色與心心所。安危共同。故名依託。由心心所依託力故。色不爛壞。色損益故彼亦損益。是故說彼安危共同。又此羯羅藍識最初託處。卽名肉心。如是識於此處最初託。卽從此處最後捨。

問曰。然以今此察驗所知。男女所出二滴精血。既有多數精蟲卵珠。此之多數精蟲卵珠。何以不由一蟲佔一卵珠獨成胎身。乃由此二滴中多數之精蟲卵珠合成一胎也。答曰。一一卵珠有生命否。今且不論。假定一一精蟲一一卵珠各有一一生命。然彼一一精蟲。一一卵珠。乃是一一受「精蟲卵珠業報」之有情。非受「人業報」之有情。於彼「自類之身」一一自生自滅。與人身生滅之關係。特如人類與地球成壞之關係而已。其受「人業報」之有情。別生爲一「人身」。絕非由彼「一蟲」或「一卵」（或謂男胎由一精蟲佔入卵珠爲主而成女胎由一卵珠佔入精蟲爲主而成）之身命擴充而成。故不應由一蟲佔一卵珠。成爲人之胎身。

問曰。然則各有一身命之多數精蟲卵珠。因何得凝合成一人之身命乎。答曰。此其凝合之「故」。卽爲托胎之「識」。（論中所謂一切種子異熟所攝執受所依阿賴耶識）有此「識」和合依托於彼兩聚「精」「卵」中。彼之兩聚「精」「卵」。乃因此受人報業所牽「識」爲中心力。遂得凝合成胎。故曰卽此名爲「羯羅藍」位。若無此「識」依托。則男女精。卽歸散壞。而諸精蟲卵珠。或別游離。或皆死亡。便不成胎。但成胎否。於其

父母身心緣具不具及礙有無關係亦深如上瑜伽論文所述旣成胎已漸漸長成人之形體故曰由彼諸根及根依處具足生故名得圓滿依止成就

問曰由受人報之「業力所牽識」爲主凝合無數「精蟲卵珠」成「胎身」時彼一一精蟲卵珠之生活復如何乎云何可將多數蟲卵生命合爲一人之生命乎

答曰實不由彼多數蟲卵生命併合爲一人之生命其理可爲兩說如下

一曰諸蟲卵死而一人生一人生而諸蟲卵死彼死此生死生一時此乍生之「一人身」乃用彼乍死「諸蟲卵身」爲之質素摶合成就於彼時中「諸蟲卵之生命」已捨而「一人之生命」別新生得並非由「諸蟲卵生命」併合成此「一人生命」此義如何予昔嘗聞長沙釋開悟言彼處山中於深秋逢西風作時往往見有「一蛙及多蚱蜢」變成「一蛇」之事謂先由「一蛙」伏草上迎風極力聲叫續續不已彼時陸續卽有諸蚱蜢銜此蛙之尾堆聚銜接漸長成一蛇形此時其蛙聲叫尤力由蛙首卽漸漸變至銜聚諸蚱蜢等不一時乃成爲一蛇蜿蜒而去予謂此卽「化生之蛇」由有須受「化生蛇身」之「業牽識」聚其時應死之

「蛙」及「諸蚱蜢」以整成蛇形而化生也。蛇生而蛙等死。蛙等死而蛇生。事之顯然無所疑者。彼「一人胎」生而「諸蟲卵」死。亦復如是。「一人胎」生之後。於胎又生適宜於「胎身中」之「諸細蟲」生活。則猶一地球成。於地球上又生諸生物耳。故曰「所出濃厚精血合成一段。與顛倒緣中有俱滅。與滅俱時。卽由一切種子功能力。故有餘微細根及大種和合而生。及餘有根同分精血和合摶生。（精卽精蟲及白血胞血卽卵珠及紅血胞）

二曰男精一蟲聚也。女精一蟲聚也。至人身亦一蟲聚也。彼羯羅藍位之胎身。仍亦一蟲聚也。既始終皆是一蟲聚。但能於彼一一微蟲生活不極妨礙。則所依之一聚雖有若何變化。彼仍可自類相續以營其生活。或其生活亦隨之須與他族類調劑。（若精蟲與卵珠相調劑）起若干之變遷。猶自成一天地之中國人生活。忽然為西洋人闖入。不得不變成今日之新生活耳。故男精蟲之生活。可變成人身之白血輪生活。而女精卵之生活可變成人身之紅血輪生活。其餘所依資之材料。則又可取之以造成皮毛筋骨等項者也。

右之二義雖皆可通。而第一說尤爲可取。蓋諸蟲於人身。猶人類於地球。於共業所感之依報。必依其壞而死。亦依其成乃生。且於瑜伽論文。亦有明證。故茲取之。

前來所說。雖由教及理以成立。非由現量證知。然使彼生理學家於乍成胎時實亦不能親見由一精蟲入一卵珠以成。其所說義。亦從推想而得。則吾可斷定彼所推想者。決屬謬誤而吾說必爲不易之眞理。不寧惟是。彼科學家。雖尚無術於男女和合時。灼見其成胎之情狀。而在修得天眼通之聖者。固能灼然親見由「男精」「女卵」及「健達縛」和合成胎時之情狀者。今所引之論文。則聖者依其所親見之事實而說者。故諸有智應信從之。

既知胎成由「識」。有托胎「識」。復知此「識」無始恆轉若流。未有斷絕。則今生之前非無前生。今生之後亦非無後生。而所爲或善或惡之業。皆重持於此識中。將牽之以受種種身生死流轉。則其有三世因果也明矣。

佛法之眞價

欲知佛法之眞價。須先知佛法之爲何。

「無上正徧覺者」謂之佛。「已得無上正徧覺者」對於一切能得無上正徧覺而未得之者爲令悉得覺故如其所證所由證而施設之法謂之佛法故佛法者佛所施設之法也能成於佛之法也成佛所證之法也。

然佛法之眞價值究安在歟。

在明天地人物之事理而令吾人得一立身處世之準則乎曰然然此猶人道倫理之所共未爲佛法之眞價也。

在發明衆生世界之因果而令吾人得一超人入天之塗徑乎曰然然此猶神道宗教之所共未明佛法之眞價也。

在發明一切法無我無爲寂靜有爲無常有漏皆苦而於三界得解脫乎曰然然此雖爲佛法之所獨有猶是二乘之所共未窮佛法以眞價也。

然則佛法之眞價究安在歟。曰佛法者佛法也在得無上正徧覺而成常樂我淨之德耳夫常樂我淨者一切有心之所同好故凡一切有心者莫不好眞常好美樂好勝我好善淨也然以迷倒故非常計常非樂計樂非我計我非淨計淨終不能成常樂我淨。已得無上正徧覺者憫之。爲欲令得無上正徧覺故。方便遮除彼計非常樂我淨爲常樂我淨之迷倒。以是爲說無常苦空無我。劣慧聞之不達方便。遂執無常苦空無我爲佛法之眞價。而不知其在常樂我淨也。由是觀之。佛法之眞價在能得無上正徧覺。以眞實成就圓滿一切有心者所同好而百計不獲之常樂我淨也。明矣。故佛法獨能滿足一切有心者之所好而使之毫無遺憾者也。

人心所緣有爲現行境之本質與影像關係

此題「人心」簡能緣之餘「佛心等」。「有爲現行」簡所緣之餘「無爲及一切種」。蓋專就人心所緣之有爲現行境以論者。分爲下列二條以明之。

(一)影像法托質不托質及本質法

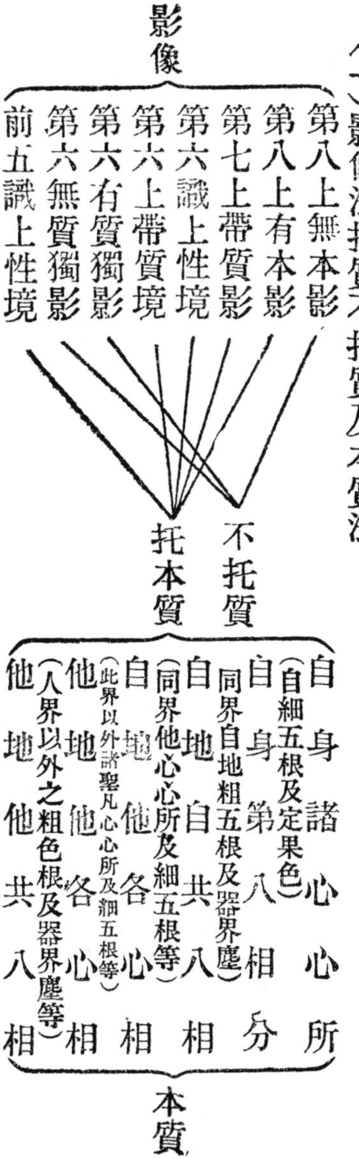

影像
- 第八上無本影
- 第八上有本影
- 第七上帶質影
- 第六識上性境
- 第六上帶質境
- 第六有質獨影
- 第六無質獨影
- 前五識上性境

不托質

托本質

本質
- 自身諸心心所（自細五根及定果色）
- 自身第八相分（同界自地粗五根及器界塵）
- 自地自共八相（同界他心心所及細五根等）
- 自地他各心相（此界以外諸聖凡心心所及細五根等）
- 他地他各心相（人界以外之粗色根及器界塵等）
- 他地他共八相

(二)「能托影像」……與……「所托本質」之關係

第七識帶質境(現親)
第六眞帶質境(現親)
第六有質獨影(現隔)
第六無質獨影(過未)
……自身諸心心所

第八上無本影
第六識上性境
第六有質獨影(過未)
第六無質獨影
……自身各變八相(細五根及定境)

第八上有本影
第六識上性境
第六似帶質境
第六有質獨影
第六無質獨影(過未及兎角等)—名—
前五識上性境
自地共變八相(同界自他粗色根及器界塵)

通智

（第六有質獨影（現隔））
（第六無質獨影（過未））｝自地他各心相（同界他心心所與細五根等）
（第六上帶質境（所緣他心等））他地他各心相
（意眼識上性境（所緣根色））（入界以外諸聖凡心心所及細五根等）

通智

（第六有質獨影（現隔））
（第六無質獨影（過未））
（前六識上性境（所緣根塵））｝他地他共八相（入界以外諸聖凡粗五根及器界塵等）
（第六上帶質境（所緣人物））

佛教院學人顯教疑問之批答

此次月試題爲『末那相應護法正義於其餘四家之特點』已按論文答訖

今偶爾觸疑縈惑不解故錄之以求開示

夫佛法以唯識爲宗。識法有八。各有相應心所而數不同。然則諸識心所之定數。再爲佛法之最切近問題也明矣。奈何釋迦既遺於前。彌勒無補於後。無著不以問彌勒。世親又畧於偈頌。致使諸家解釋懸異諍辯如是耶。若謂舉一反三。留爲後世智者研究之餘地。是有深意也。「是某同學語故因而發之」則四諦十二因緣等之有決定數量者爲淺意耶。且以安慧等諸菩薩之智。尙不免於錯誤。則後世之錯誤者。必不少矣。佛盡知未來。豈坐視其誤不先爲之解決耶。又護法決定十八心所。將爲不留後世研究之餘地矣。若謂護法見諸家解釋已誤。不得已起而正之。應時機也。則佛何不先知彼等之必誤而預爲顯示之乎。若謂佛固知後世有護法者當能正之。無事汲汲也。則是已誤護法以前之衆生矣。若謂佛以爲此非重要之問題。故不說之。則違吾前之所言。又護法等何必諍此瑣細之故不憚煩乎。且彼前家立之。後家破之。後家立之。後又破之。護法出世既晚。其後此宗亦衰。鮮有問津。故無復破此者。戒賢學護法。玄奘學戒賢。傳於此土。遂以此護法所定爲決定正義。又安知其不如前諸家之未盡正耶。又安知後世不又有智者起而再正之耶。若爾則後後正其前前。前前不及後後。佛法卽墮進化例中。爲永遠之不決定量矣。不決定卽爲謬誤。爲有上。又安所稱眞實無上之佛法耶。又吾輩惡用敝精勞神以硏究此不決定謬誤之法。徒遺後世之鄙笑耶。「凡爲諸家諍辯之法皆可如此疑之。」

(一)此論文有能起此疑之勢。而汝前未有起疑者。遂亦未有因而解答之者。汝今旣有此疑。我乃因之解答。彼心所數之判定亦如是。釋迦彌勒無着世親之際。以無多少違異之說。遂不感有判定之要。茲因世親頌文隱畧。初家貼文爲釋祇九心所。次二三四家。以餘字顯徧染隨煩惱。遂各依集論瑜伽一文。又有多少不等。至是趨勢上有論定之必要。護法乃權衡四家斟酌諸教。減其必減。增其必增。若減若增皆出其所以然之故。而後爲之判定。遂成正義。非以居最後爲正義。乃以顯義已十分明了。更無疑滯處。故爲判定之論。

(二)佛法無盡。隨宜而說。佛已說法。如爪上土。未說之法。如大地土。彌勒等亦如是。不應以未說故致疑。或引其餘已說之四諦等數爲例。難且四諦等隨其義類建立名數。亦不執定。或一諦二諦三諦四諦。乃至無量諦。各據一門。各明一致。亦不相妨。故初說九心。所以八大隨攝於根本中。故慧心所攝於我見。故隱略說九隨愛概略之機。亦成所宜。次二三四家各依一門。明一義。亦各成其意趣以爲利樂。護法時有論定之要。乃出定論。亦應機之所宜。故在前無誤人之過。在後不墮進化之例。

(三)須知不但心所之數。至護法始爲明確之論定。卽心王之數。亦至護法始論定。前此小乘唯六或一。而大乘或取淨第八。並立爲九。皆不明確。至護法始論定心王有八。皆通染淨。故三界唯心萬法唯識義。佛標其宗。至護法始完成之也。會以前條意旨。亦曰時機所宜使之然耳。

(四)學佛之道。依聖教量。信教成眞比量。解理依眞比量。對治非量。行得眞現量。證此論重在引發人人得眞比量。故勞精敝神學之者。非但令記誦其文句。而在令人比觀其義而道其故。由之得決定解。不可引轉。否則觀此說既知。遇他說時又疑莫決。羅列多說比觀究竟。則不惟後一說有功。而前諸說亦輔成之。待未了義顯了義故。

(五)觀所疑。問未爲善疑問者。不徒所當疑者而發問。故善疑問者。應比觀四家與護法之義。四家之義。既有未了。護法之義。究了否耶。參綜衆相以觀其義。使仍有鑄漏可疑也。則逕提出所疑以問以研究之可也。使事理燦然。而了無可疑。斯卽定論所在。何須好肉挖瘡。更生回惑。徒以曾經不定。卽因致疑。則曾經疑應終莫決。汝疑汝問。復何所爲。若懷疑不以解決爲目的。則懷疑但在於懷疑。亦失其懷疑之用矣。且觀試題所答。於答特點。猶未詳盡。可見本文猶未究通遽興題外妄疑。尤爲躁妄。應痛戒之。

佛學院學人「末那十門三位與賴耶十門二位之同異」一題各試卷總批

此題所重不在材料而在條理。遇此種繁雜之思想。必得有精密之方法。乃能分析綜合而組織表顯之。通觀諸篇。法尊於法義所得較多。（密欽近之）而猶有相混。滿智能分爲名目及義理二綱。是其勝處。惜內容錯誤尚多。會覺（能學翠華性林近之）按同及異等四綱。以數列舉。頗有長處。若善樸之祇在門名之次第上。逐條言同。致皆成爲同而異者。殊爲不善用思。其餘或得題不全。或未能做到題上。故別爲此篇以示方畧。各人將自作一篇對觀之。可知得失之何在矣。

（甲）能詮上之同異　二

（一）形式上之對辨　四

一同者二

一末那頌與賴耶頌。各分十門。

二末那釋與賴耶釋。各分八段。

二異者二

一末那有三頌。而賴耶二頌半。

二末那分三位。爲總束。而賴耶分二位。

三同而異者一

末那釋與賴耶釋雖同八段。然末那以（四）段合解（四）（五）二門。（五）段合解（六）（七）二門。其八段祗解十門。而賴耶以（一）段合解（一）（二）（三）三門。（二）段合解（四）（五）二門。正解十門。祗七段。其第六段係別解觸等故。

四異而同者一

雖末那分三位賴耶分二位。而皆同總束前之十門八段義故。

一同者三（普在次名（二）名次上之對辨　四）[^1]

一末那第五門。與賴耶第五門同辨行相故。

二末那第八門。與賴耶第八門同辨三性故。

三末那第十門。與賴耶第十門同辨伏斷故。

二異者十一

謂末那有出名所依自性染俱界繫之五門。而賴耶無之。賴耶有自相因相果相受俱法喻之五門。而末那無之。對辨之成十異。而三位與二位名次全異。總爲一異。故成十一異。

三同而異者二

[^1]: 普 and 滿 are printed as small double-line interlinear notes: 普僕在次 / 滿智在名.

謂末那與賴耶同列所緣門而一居第三而一居第四又末那與賴耶同列相應門而一居第七一居第六名同次不同故。

四異而同者七

十門中除第五第八第十三門。餘末那七門與賴耶七門相對皆名異而次同故。

（乙）所詮上之同異。（法尊所表雖多得所詮而法義猶未分析也。）　二

（一）法類上之對辨。　四

一同者四

一末那「緣彼」與賴耶「不可知執受處」同是辨所緣故。

二末那「思量爲相」與賴耶「不可知了」同是辨行相故。

三末那「有覆無記攝」與賴耶「是無覆無記」同是辨三性故。

四末那「出世道滅定阿羅漢無有」與賴耶「阿羅漢位捨」同是辨伏斷故。

二異者二

謂末那辨所依。而賴耶無之。賴耶辨受俱。而末那無之。對之成二異故。

三同而異者二

一末那「次第二能變是識名末那」與「初阿賴耶識異熟一相種」雖同是出名。然末那祇約性相出一名。而與賴耶約自相果相因相出三名者有異。

二末那「四煩惱常俱謂我痴我見并我慢我愛及餘觸等俱」與賴耶「常與觸作意受想思相應」雖同是辨相應心所。然末那約染俱餘俱分爲二門。而與賴耶但一門異。

四異而同者三

一末那「思量爲性」與賴耶不出自性雖異。而賴耶「不可知了」亦與出自性同。

二末那「隨所生所繫」與賴耶明果相雖異。而賴耶「異熟」亦與明界繫同。

三末那三位與賴耶二位。雖名數有異。而同是總明生佛聖凡之識有染淨差別。

（二）義理上之對辨　五

一同者一

謂同捨受。

二異者五

一賴耶之異熟果相義、末那無。

二賴耶之一切種因相義、末那無。

三賴耶之恒轉如瀑流義、末那無。

四末那之染俱義、賴耶無。

五末那之界繫義、賴耶無。

三同而異者五

一所緣義雖同。而末那以八見爲所緣、賴耶以執受處爲所緣、則異。

二行相義雖同。而末那以思量、賴耶以不可知了、則異。

三心所相應義雖同。而末那有十八心所、賴耶惟五徧行、則異。

四三性中無記義雖同。而末那有覆、賴耶無覆、則異。

五伏斷中阿羅漢位雖同。而出世道滅定捨與無有、則異。

四異而同者一

一末那與阿賴耶之名義雖異。而依自相義以立名則同。

五異而同同而異者三（此單在義本唯是同而異須兼類言乃明故成此式）

一賴耶雖不明所依。而寄明亦有所依義。故異而同。雖同明所依。而一以自種自前滅及賴耶現爲依。一以自種自前滅末那現爲依。又同而異。

二賴耶雖不明自性。而亦曾帶明自性義。故異而同。雖同明自性。而末那自性是思量。賴耶自性是不可知了。又同而異。

三末那三位賴耶二位雖異而皆是明識之通於因果染淨義者故異而同。雖同明識通因果染淨義而末那淨義通大小乘因果位謂唯法執相應位有小乘學無學淨位佛前平等性智現前位爲菩薩淨位賴耶淨義則惟佛果又同而異「此條可如法尊所表」

佛法之分宗判教

梵土戒賢智光二家及華土賢首天台諸家以一時門庭施設之方便於唯一大乘教所詮之自證境行果化他果境行止判教高下致後人死守其語互爭優劣予固不偏取之而近人聞古者一音教之風而悅之膠執「教一乘三」亦有未可蓋同一大乘教特其所詮於境行果有偏重或自證化他有偏重雖偏重卽爲其殊勝之處而統計其全則平等平等也至大乘與餘乘則不然其所詮各有自乘之境行果其能詮亦各有自乘之教乘既三教非一教若一乘豈三設云教屬乎佛故一乘屬乎機故三殊不知佛不應機何有乎教機不感佛何有乎乘故應機三則乘三教亦三感佛一則教一乘亦一若無機佛之感應何論教乘之一三哉故予意教之判當

依乘之別。乘之別不別於後世。在佛應機而教。與時已別之。故諸聖教處處有乘別之明文也。

然乘之開合亦不一其說。有時總說爲一。乘無別而教亦無判。有時分爲大小二乘。有時分菩薩獨覺聲聞之三乘。有時加人天爲四乘。有時分所加人天爲五乘。復有於三乘加佛乘爲四乘者。此則迷一大乘之因果以爲二。出於後人謬計。爲聖教明文所無也。但今綜佛法之大全以類別之。可別爲三。一化俗教。謂人及天等五乘之共教。二出世教。謂聲聞乘等三乘之共教。三正覺教。謂大乘（菩薩乘佛乘）不共教。初一不離後二。而後二非初一能盡。若離後二。則成凡外之法而非佛法。前二不離後一。而後一非前二能盡。若離後一。則僅凡小之法而非佛法。故此三乘教法皆不離佛自住之大乘也。茲表如下。

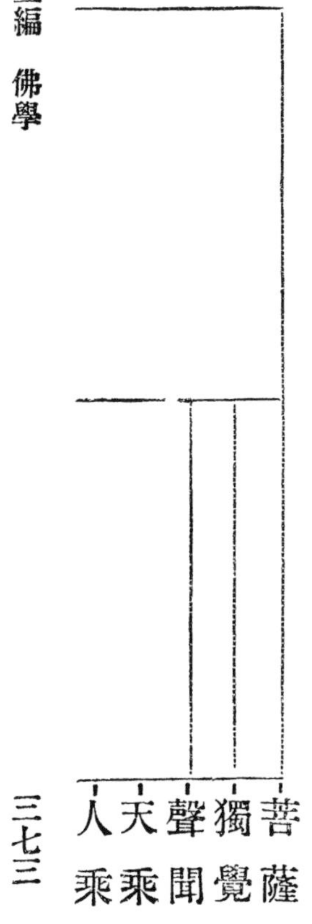

大乘別教……亦名正覺教	{	明諸法唯心義 無上菩提爲鵠
三乘共教……亦名出世教	{	明五蘊無我義 無餘涅槃爲鵠
五乘共教……亦名化俗教	{	明因緣生果義 生長善因爲鵠

近人（見支那內學院各書）引金剛般若、佛令一切衆生皆入無餘涅槃之意。證其「乘三教一。」、由僅知三乘共教之故耳。然三乘共教。誠亦佛法之通相。據此以

言教一乘三。亦無不可。但更應知大乘別教五乘共教。乃能至極而普應耳。茲更表如下。

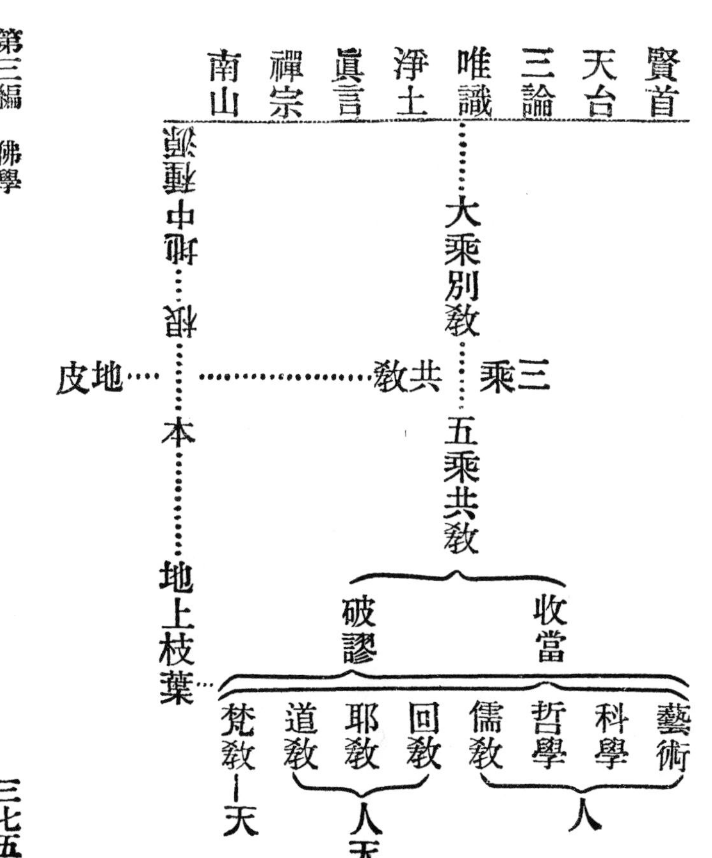

如一樹然。由地上枝葉而望之。祇望至地皮之本柢而止。故可以「三乘共教」爲通相。然三乘共教之所依。則又當在大乘別教。要之佛法以「三乘共教」爲本幹。「大乘別教」則其根源也。「五乘共教」則其枝葉也。故應有此三教之判。然唯識等大乘八家。則均以實相法界（卽前諸法唯心）爲根本。及妙覺佛果（卽前無上菩提）爲究竟。以此根本義故。究竟義故。同一大乘。平等平等。而就其集理起行之特點。以明其教理所趨重。所崇尚之宗主。則昔於佛法總抉擇談中。嘗大別爲三宗。爲表如下。

宗	家	觀	清淨
空慧宗	三論	二空觀慧	得此清淨
唯識宗	唯識、律戒	諸法唯識	染淨所依
眞如宗	禪那、天台	全體眞如	自性清淨
	賢首	離垢眞如	離垢清淨
	眞言、淨土	等流眞如	生境清淨

此中律宗專指終南山道宣律師之律宗。道宣律師宗歸唯識。及明藏識中種子爲戒體。皆有明文。故屬於唯識宗。眞如宗中禪及天台等之五家。細分之。猶別有宗尚。今就眞如之廣義言。諸淸淨法。總名眞如。故總曰「眞如宗」。竟無居士謂當由「唯識」以進言「唯智」。唯智卽是此言之眞如宗。（予昔作三唯論。卽謂唯性（今日空慧）唯識唯智。（今日眞如））「宗」是「教理」之「主」。指爲「全部教理」所「崇尚趨重」之一點而言。所以要有此一點者。便集中全部之「教理」、而總握之以起「行」也。凡教皆爲詮理。凡理皆爲起行。若非反博歸約。有以握厥總要。則泛覽教理而行莫由起。若知「爲便令起行」之「教理集中點」。謂之宗。則近人橫分「法相」「唯識」爲二宗。詡詡以獨能發前人所未發自矜者。可知其尙泛濫教理而無所歸。故不知「法相」（教理）所「宗」。卽爲「唯識」也。蓋平列徧明「諸緣所生法」若集論及瑜伽等等。由立言教以明義理。乃能宗之法相。而攝大乘成唯識等。由集教理以起觀行。正所宗之宗旨。故以宗言「法相」「宗」乎「唯識」。不應將能宗所宗之一法相唯識宗。强析爲二。而正名定義。但應曰「唯識宗」也。復就唯識以言。能唯是識。識言詮心心所。所唯（謂簡我法及持相性）卽謂緣生法相及二空所顯眞如性。若但明一識謂之曰唯識。而離「諸法相性」於唯識外。別謂之法相宗。則尙何「唯識」可成乎。故不應離「唯識宗」別立法相宗。然「空慧」與「眞如」得名「宗」者統諸法而「集中於識」。既可名唯識宗統諸法集中於二空觀慧。亦可名空慧宗。統諸法集中於眞如。亦可名眞如宗。以此三宗。概觀諸大乘教理起行之方便。則得其綱領矣。三乘共敎及五乘共敎之分宗不復一一。機感佛而興敎。故依乘以判敎理。集要以起行。故依敎以分宗。判敎分宗。如是如是。

遣虛存實唯識觀之特勝義

論卷七云。識言總顯一切有情各有八識。六位心所。所變相見。分位差別。及彼空理所顯眞如。識自相故。識相應故。二所變故。三分位故。四實性故。如是諸法皆不離識。總立識名。唯言但遮愚夫所遮定離諸識實有色等。此卽五重唯識觀中第一重遣虛存實觀。而唯識觀之最勝點。卽在乎此。以本祇要此第一重唯遣虛妄識存眞實之唯識觀後之四重。只是爲鈍根人展轉離過以入眞耳。若利根人。只此一觀。一了百了。直至究竟。以遣虛則妄無不盡。存實則眞無不圓故。

作此觀者。無他。只於無論何事何物。觀爲「唯是五位諸法之一聚識。除此別無一件實有之物」而已。作此觀時。妄執我法。遣無不盡。而無百論等落空之弊。其殊勝一。眞如相性。顯無不周。而無起信等墮儱侗之弊。其殊勝二。但觀明現前事物。本來如是之實相。（譬如飲茶。只是五位諸法之一聚識。別無所飲之茶。只是五位百法之一聚識。別無能飲之人。譬如聽講。只是五位諸法之一聚識。別無聽者。只是五位諸法之一聚識。別無講者。）而無（若觀佛境觀上地等。）懸想他界之弊。其殊勝三。卽觀明本分。而於餘界餘地。一切分無不通達。以若自若他。若染若淨。若生若佛。若聖若凡。若因若果。若身若器等。莫不是五位諸法之一識聚。故而無拘局一隅之弊。其殊勝四、

故作此觀。但明此理。無論何人。皆可作之。無論何處。皆可作之。他藥雖妙。每可由藥生病。獨此一藥。增益損減之執。煩惱所知之障。病無不治。更無從藥生病之虞。故爲

獨一無二大妙觀門諸有智者。應勤修習。

緣起抉擇論

緣起在指出「爲緣能起」之法是何法。但由諸法緣生四緣生法以觀之。固無一法非緣之所起。亦無一法非爲緣能起。然則尙何緣起論之有歧異。而須待抉擇之耶。唯施設言敎本在方便開導。引之令趣行證果。是則就爲緣能起之諸法中。觀說何法爲發行得果之勝方便。卽說何法爲緣起之主。於是有緣起論之殊說。佛經說十二有支之流轉還滅爲「緣」能「起」雜染淸淨諸法。正可謂之無明緣起業感緣起耳。唯是諸經所說淺深不同。而菩薩造論古德判敎又復解釋有異。故緣起之通相雖在於無明業感。而有說賴耶緣起者。有說眞如緣起者。華嚴家綜合之曰業感緣起。賴耶緣起。眞如緣起。自居爲法界緣起。而加前三之上。日本眞言宗之東密派。仿列前四。自居爲六大緣起。而加前四之上。統計各家自命後來居上之緣起名數。不出下列五項。

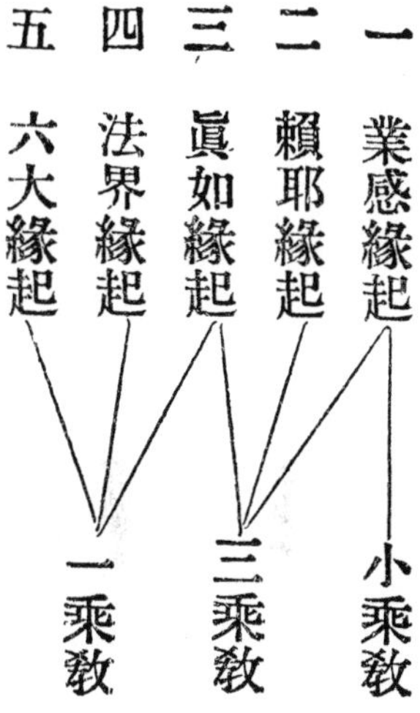

一　業感緣起——小乘教
二　賴耶緣起
三　眞如緣起——三乘教
四　法界緣起
五　六大緣起——一乘教

右爲華嚴眞言等家依緣起論判教淺深之常途說。由今觀之。依彼名教。顯由淺至深之程序。雖亦不無片面之理。按其實則不能盡然。蓋六大者乃依堅濕煖動無礙了知之六性所立地水火風空識之六相。前四色法。後一心法。第五則爲非「色有質」非「心能慮」之非二法。從非色以反顯出者。色非色爲五而心總爲一。是謂六大。指此六大爲情與無情爲緣能起之根本。祇是心物二元論耳。此心物二元論。實爲凡情外道共易知者。若希臘原始哲學。多計水火風等爲萬物本元。而勝論之實諦地水火風（空時方）空（意我）識之九法。與六大僅開合略殊而已。初見者爲地形。進察流變之質爲水。更進察能令凝流之變化力用爲火。（今西洋物質文明多得力於火）更進察形質變化之極。僅在浮動之輕氣爲風輕動所通過之無礙性法爲空。反之乃始悟更有能了知之心爲識。如此逐層增進。認識此六性相。遂認此六性相爲萬有生起之本元。固爲稍能觀察者之所易知也。故前文所舉之五種緣起。於所知法。於能知人皆當以六大緣起爲最淺。且茲以更有正名之必要。另列爲三式之程序如下。

（一）以所知所得法判淺深之程序

- 前五屬色後一屬心六大緣起 ─┐
- 能感是行蘊心所感通於心色業感緣起 ─┴ 色心……五蘊
- 二空所顯眞如證智相應空智緣起 ─┐
- 無明相應執二分爲我法無明緣起 ─┴ 意識 ╱╲ 第六 第七 識
- 菴摩羅清淨法界之如來本體眞心緣起 ─┐
- 阿賴耶眞異熟識之衆生本體藏識緣起 ─┴ 心識……第八識……阿陀那識……一切種識

（二）以能知人判淺深之程序○表間接聞他而知

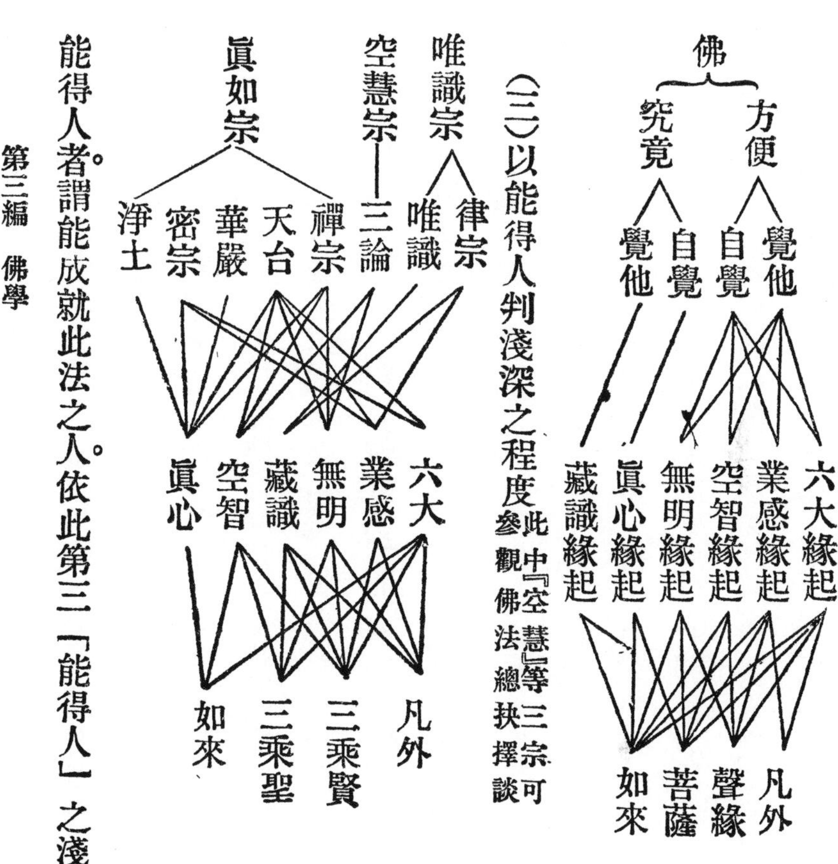

(三)以能得人判淺深之程度此中『空慧』等三宗可參觀佛法總抉擇談

能得人者。謂能成就此法之人。依此第三「能得人」之淺深程度觀之。故華嚴眞言之淺深說。亦不無片面之理。此中「業感」專指能感三界異熟之有漏善及不善業。三乘聖人已不造之。故不成就。若就無漏業感變易生死言。則三乘聖亦成就。若就無漏業感無漏果言。佛同成就。則廣義之業感應與六大皆衆生如來所同得。故密宗之三密與淨土之淨業。其功用全在於業感自覺以華嚴爲專極。而天台密宗淨土。皆以覺他之方便勝之。言覺他之方便。當以淨土爲最方便。而唯識則爲究竟之覺他。蓋凡外二乘雖成就無明而非所知。凡外三乘雖成就藏識而尤非所知。菩薩之知藏識。亦由佛之開示知少分耳。以第八識從不與慧相應。一與慧相應即成佛。故藏識非佛不知也。

今依「所知法」及「能知人」言。六大緣起最爲粗淺。地水火風空爲色法。識爲心法。別詳色法爲五。總合心法爲一。此乃異生常情如是。例之五蘊雖同色心並列。略色詳心。猶視六大爲進。至業感緣起。已能別提出行蘊一分爲能緣起。以五蘊聚爲緣所起。所明者已稍進深細。然尚是色心並立之麤相而已。進至眞如(空智)緣起無明緣起。則於五蘊內別提出最深之識蘊中獨強之意識心心所一分以爲能緣起法尤深細矣。

然此中意識兼意及意識合名意識。以八個識。第七別名為意。正名意識。第六別名為識。應名識識。隨不共依立名。亦名意識。故此意識一名。綜括七六二識云「眞如」緣起者。正名「空智」緣起。「空智」謂達二「空」證眞如正「智」（妙觀察智相應心品平等性智相應心品）相應意及意識心品。然此「正智」由達二空所顯「眞如」而發。故亦展轉名為「眞如緣起」。第六七識。於菩薩地有漏無間發生無漏。則證二空所顯眞如。此通菩薩見修道位。但修道位。又時有無漏無間發生有漏者。此由無漏而至有漏。卽由正智相應意識、而至執障相應意識。亦卽起信論等常途所謂眞如不守自性。不覺心動、忽然念起、而有無明是也。

起信論文(一)所言不覺義者。謂不如實知眞如法一故。不覺心起而有其念。

按不如實知眞如法一者。卽六七識無漏無間不覺心起而有其念。卽由無漏無間發生有漏不覺。（或不如理作意）卽大隨煩惱中以無明為性之失念。心起。謂由失念有漏心起。有其念。謂有二執二障相應之意及意識虛妄分別。

(二)一者無明業相以依不覺故心動(三)以依阿黎耶識故說有無明不覺而起(四)以不達一法界故心不相應忽然念起名為無明

按此等文皆可照上消釋。

由是觀之。起信論所言之覺相亦依第六七識。由有漏無間所發生之無漏智而說可知。故其文曰。所言覺義者。謂心體(根本智)離念。離二取分別而無分別 離念相者等虛空界。無所不徧。法界一相。卽是如來平等法身。此指二空所顯眞如卽登初地時所證徧行眞如 依此法身說名本覺。此言「本覺」。猶所云「根本智」。依此法身說名本覺。卽是以所證眞如為諸法根本故名根本。能證此根本之智。故名根本智。以法身為本能覺此本名本覺 除根本智及佛果智而外。其餘信智、順解脫智、順抉擇智、及菩薩地之後得智。皆名始覺。故曰本覺義者。對始覺說。以始覺者卽同本覺。後得智仿同根本智 始覺義者依本覺故而有不覺。依未得根本智而名不覺(註一)及由無漏無間發生有有漏皆是此中依本覺故有不覺義 依不覺故說有始覺。依未得根本智名不覺故說有順解脫智等位始覺依無漏無間發生有漏名不覺說有菩薩地後得智始覺是所緣故 卽以。佛智曰究竟覺。亦曰一切種智。一，切智智。

（註一）論云。又心起者無有初相可知。而言知初相者。卽謂無念。是故一切衆生不名爲覺。以從本來念念相續。未曾離念。故說無始無明。

由是觀之。起信論云。心生滅者。依如來藏故有生滅心。所謂不生不滅與生滅和合。非一非異。名爲阿黎耶識。此識有二種義。能攝一切法。生一切法。云何爲二。一者覺義。二者不覺義。此言如來藏。卽初地以上六七識相應後得智所緣之變相眞如。云依此有生滅心者。謂由後得智相應末那無漏無間、生有漏執障相應末那。重執第八爲我愛藏。故曰、「所謂不生不滅與生滅和合。非一非異。名爲阿黎耶識」。言此識有「覺」「不覺」之二義。蓋由「智相應末那」緣之則爲如來藏之覺。由「執相應末那」緣之。則爲阿賴耶（我愛執藏）之不覺而已。

由是觀之。起信論於生滅門之前所說眞如門。當知卽指菩薩眞見道根本智所證、非安立諦實體眞如。而眞如門之後、所說生滅門如來藏。當知卽指菩薩相見道後得智所觀安立諦之變相眞如。由無漏意識後得智。忽生有漏意識無明執障。遂爲心意意識之生滅相。所云依一心法有心眞如心生滅門二門。各總攝一切法不相離故。亦是依菩薩見道位心。說眞見道根本智位、即心眞如門。（眞如依言分別有二義已通入相見道位）相見道後得智位、即心生滅門覺義。見道位後無漏無間忽生有漏執障相應意識。重執阿賴耶爲我法。即心生滅門不覺義。此三即證發心中之三種心。一眞心二方便心。三業識心。如次相配。根本智證眞如。攝一切無爲無漏法。後得智攝一切有爲無漏。心生滅門不覺義。攝一切有爲有漏無明染法。故各攝一切法。

由是觀之。可知起信論等之緣起義。乃依登地以上菩薩心境而說。無漏無間續生無漏。無漏無間忽生有漏。可云眞如緣起。（正云空智緣起亦云法性緣起眞如指根本智所證實體眞如如來藏指後得智所緣變相眞如）或如來藏緣起。有漏無間忽生無漏。有漏無間續生有漏。可云無明緣起。以末那無明相增故。以無明爲雜染依故。（起信論以一切染法皆是不覺相故）而天台家常言「法性」「無明」互依無住之義。亦可於是明之。茲眞如及無明之緣起義。一分生空眞如及一分人我執無明。亦通二乘。故此猶爲三乘共教之緣起理。未是大乘至極不空之一切種識緣起理。一切種識唯佛無漏。一無漏永無漏。無有忽有漏忽無漏之變。

無始法爾有無明種種。在忽現忽伏。種斷永不復起。亦無有「由眞如忽生無明」之義。彼言由眞如忽生無明者。或言無明無因托空而忽起者。皆三乘聖智未通達「一切種識」之謬言耳。

進言「一切種識緣起」。卽從第八阿陀那識明緣起也。第八識別名心。故云「心識緣起」。於此分二。其一卽華嚴宗之「一眞法界緣起」說。茲曰「眞心緣起」。第八識別名心。此卽無漏第八菴摩羅識。是無倒清淨圓成實性攝。故曰眞心。此眞心卽大圓鏡智相應心品。海印三昧相應心品。（此卽佛果大智大定）亦卽一切種智。（果上識轉曰智）換言之。卽持一切清淨種之心。故曰清淨法界。界卽「種」義。清淨法界猶云清淨法種。或持清淨種之心義。清淨法界猶云持清淨種之心。由此識清淨種而現行一切法。故一切法莫非佛法。華嚴「稱性緣起」。及密敎曼荼羅。如是如是。其二卽唯識之一切種識緣起。茲曰藏識緣起。具三藏義。簡別眞心緣起之菴摩羅識。故（亦得名眞異熟緣起以簡別之）此二同爲從一切種之親因緣。以明其緣起者。乃緣起之最深微義。唯佛所知。以本心唯佛有大圓鏡智相應。故除佛而下。皆仗佛言敎得少分知耳。

然眞心緣起是佛一切淸淨種緣起。唯佛法界藏識緣起是衆生一切染淨種緣起。通九法界。亦由進轉成佛法界。前者是佛自證智之究竟。後者是佛悟他智之究竟。佛智以悟他爲究竟。不爲自利求菩提。故尤以藏識緣起爲至極。眞心緣起唯佛自受用之境界。華嚴等雖依諸菩薩隨分所證。略明大概。於諸異生則纔令大凡依所舉果起信心而已。欲開其解、而令由解起行、由行入證。仍非從衆生分明其藏識不可。故華嚴若善財童子。所以成其大乘習所成之種姓者也。從華嚴得信心成滿。乃從唯識之解行位悟入究竟。舉果令信在令觀自齊佛。故敎是頓。示心令解在令悟自成佛。故敎是漸。頓爲未入劫以前事。屬十信位。漸爲入劫以後之事。屬十住位以上。然頓是漸之頓。信由佛生、佛由漸成。故漸亦是頓之漸。法由信來、信由佛起。故頓漸相依。佛生交攝。此二「心識緣起」有共同之義。二爲他種緣起義所不具者如下。

一　各現各種　　現現增上遍諸法

二　頓起頓滅　　起起不到攝十世

達此二義。則知賢首十玄無礙六相圓融之說。實華嚴唯識之共義。不得謂唯識無此也。

此「心識緣起」與前「意識緣起」不同者。按成唯識論說二所轉依。一持種依。謂本識。二迷悟依。謂眞如。意識緣起正是從迷悟依以說緣起。悟眞如卽空智緣起淨法。迷眞如、卽無明緣起染法。故此二者亦可總名「眞如緣起」。依「眞如」而悟而迷。故然彼迷悟等心心所諸分實皆各從自種子生。而眞如僅爲其所緣緣增上緣而已。卽空智相應心品與無明相應心品。亦各從其自種子生。而空智無明等亦謂等無間緣、（若無漏無間生有漏等、）所緣緣、增上緣而已。故此正應謂之緣起。但明增上等三緣故。此心識緣起、雖從持種之本識立名。實從此識所持之一切種以談生起。故曰各現各種。謂各各現行之法、各各親從其自種子辨體而生起也。故此二者、亦可總名「法種。（或曰法界界卽種義或曰法性性亦種義或曰法體體亦種義）緣起」。此一切種正一切法各各親辨自體之因。屬四緣中之因緣。攝通名可曰緣起。四緣攝故。別名應曰因起。（或曰性起界起種起體起）正是親因緣故。然此親因之性起義。佛華嚴等雖明其概。必瑜珈唯識等乃詳其致。故立言善巧。建義顯了。以唯識爲最。

由是觀之。「心識緣起」義與前諸緣起義。有一大別。卽前諸緣起皆未明實因緣法之一切種。依增上緣、等無間緣所緣緣等。假說因緣。六大與諸事物是增上緣。業於所感果、亦是增上緣。由未明一切種。於是或計六大爲萬物因。或計諸業爲衆生因。或計眞如爲萬法因。或計無明爲雜染因。皆莫明其本因。遂滋過謬。而眞心緣起（或曰眞界緣起、如曰大哉眞界、萬法資始、）雖如證而顯。說亦未了。至藏識緣起乃盡發其秘。歷破前謬。而徹體顯了之。故爲無上無容究竟了義。齊此再加分別。則唯有更退還於妄執耳。

此論緣起頓漸之義。在色心緣起中。六大爲頓。以是同時之因果。故頓淺漸深。三乘漸法門由此立。在意識緣起中。空慧爲頓。以我法本空。理則頓悟。故無明爲漸。以習氣難淨。事須漸除。故頓主漸伴。大乘頓法門由此立。禪宗所云前念迷卽衆生後念覺卽是佛又云佛迷卽衆生衆生悟卽佛此皆菩薩地智有如是義而佛藏識覺卽不迷在心識緣起中。眞界爲頓。佛觀衆生同佛。衆生皆具如來智慧德相亦令衆生觀自性齊佛。故藏識爲漸。就衆生觀衆生。今觀雖具如來種性。而須熏習資糧加行修習。乃究竟成佛。故頓始漸終。頓他漸自。而爲佛法非頓非漸、即頓即漸、圓滿法門。此心識二緣起有圖如下。

佛……頓……衆生（他佛加衆生）

頓……（十信種姓位）

衆生……漸……佛（衆生自成佛）

漸……（住行向地位）

由上重重道理觀之。唯識雖專在明藏識緣起。已能具明前五緣起。且除去前五緣起說上之迷謬。故緣起之說。須以唯識所言爲最詳決也。今論非橫欲得古人定案一翻。蓋由遡來由日本輪回諸故藉。右宗復興。而日本諸近著往往列舉古來諸緣起說如陳芻狗徒狀狼藉。不能令閱者生決了之智。有不得不加以抉擇之勢。機之所在。說由以興。諸聽智者幸思察焉。

佛法總抉擇談

昔基師既著唯識料簡於法苑義林復有總料簡章之作頃獲讀竟無居士之唯識抉擇談十之八九與吾意脗合無間然以之專談唯識一宗雖無不可而置之佛法總聚中則猶須爲抉擇之抉擇焉故今之佛法總抉擇談卽對於竟無居士之唯識抉擇談而作

今作佛法抉擇談將以何爲準據而抉擇之耶曰依三性蓋三性雖唯識宗之大矩實五乘法之通依也故今依以爲抉擇一切佛法之準據焉而抉擇之先當略明三性之梗概

一者徧計所執自性其能周徧計度而倒執者則六七二識煩惱相應諸心心所也其所周徧計度以倒執者則於一切依他起法周徧計度不能適如其量或增益之或損減之而倒執爲圓成實也云何徧計所執謂計度彼依他起法或增益之或損減之顚倒執爲圓成實性若達唯依他起而不起增損之二執固無妨徧計焉但徧計執自性卽是倒執倒執解卽無所謂徧計執自性故所計之依他起及所執之圓成實概唯虛妄

二者依他起自性依他所起之法。則一切有漏無漏之有爲法是。以相用不空而無實自體爲其自性。其所依之他。若分別言之。則衆緣是。若概括言之。則一切雜染依「他」起法、皆依「倒執」起。一切清淨依「他」起法、皆依「正智」起。然倒執由迷眞如違眞如故起。而正智由悟眞如順眞如故起。間接言之。則謂彼違眞如之雜染法。由能迷眞如之獨頭無明起。彼順眞如之清淨法。由所悟眞如之二空眞如起。亦無不可。

三者圓成實自性。乃一切法圓滿成就眞實之體。以無欠餘不變壞離虛妄爲自性者。不變壞遮非依他起。離虛妄遮非偏計執。無欠餘表是圓成實。若依遣偏計執斷依他起之所遣清淨所斷清淨以言圓成實。則唯無爲眞如是圓成實。若依能遣清淨能斷清淨以言圓成實。則亦兼攝無漏有爲是圓成實。若唯無爲是圓成實。則佛果具圓成實及淨依他之二性。或兼離執之偏計性。（唯識宗是）若攝無漏有爲是圓成實。則佛果唯圓成實性。（眞如宗是）有處以「眞如」「無爲」與「圓成實」等量齊觀。故亦言佛果唯眞如或無爲。（眞如宗經論是）

依此三性以抉擇佛法藏。其略說依他起之淺相而未遣徧計執者。則人天乘之罪福因果教也。亦世出世五乘之共佛法也。其依據徧計之法我執、以破除徧計之人我執。而棄捨依他起者。則聲聞乘之苦集滅道教也。亦出世三乘之共佛法也。至於不共之大乘佛法。則皆圓說三性而無不周盡者也。但其施設言教所依託所宗尚之點。則不無偏勝於三性之一者。折之卽成三類。一者偏依托徧計執自性而施設言教者。唯破無立。以遣蕩一切徧計執。盡卽得證圓成實而了依他起。故此以十二門中百論爲其代表。所宗尚則在一切法智都無得。卽此宗所云「無得正觀」亦卽「摩訶般若」而其教以能「起行趣證」最爲勝用。二者偏依托依他起自性而施設言教者。有破有立。以若能將一切依他起法如實明了者。則徧計執自遣而圓成實自證故。此以成唯識等論爲其代表。所宗尚則在一切法皆唯識變。而其教以能「建理發行」爲最勝用。三者偏依托圓成實自性而施設言教者。唯立無破。以開示果地證將之圓成實。令起信策發因地信及之圓成實。使求證。則徧計執自然遠離而依他起自然了達。故此以華嚴法華等經起信佛性等論爲其代表。所宗尙則在一切法皆卽眞如。而其敎以能「起信求證」爲最勝用。

此大乘三宗之宗主。基師嘗略現其說於唯識章曰。『攝法歸無爲之主。故言一切法皆如也。攝法歸有爲之主。故言諸法皆唯識。攝法歸簡擇之主。故言一切皆般若。（法苑義林卷三八頁）攝法謂統攝法界一切法罄無不盡也。其所宗主之點。雖或在如。或在唯識。或在般若。而由彼宗主所統攝之一切法。則罄無不同。故三宗攝法莫不周盡也。譬唯一中華民國之中央政府。或設之在北京。亦統攝此全國。或設之在漢口。亦統攝此全國。或設之在南京。亦統攝此全國。其能統攝之中央政府設在地。雖有或北京、或漢口、或南京之異。其所統攝之全國則無異也。昔嘗以此三宗判攝中國大乘八家之學。除淨律分屬各宗外。其嘉祥慈恩禪宗天台賢首密宗之六家爲表如下。

- 攝一切法歸
  - 簡擇主之般若宗……（卽攝論之得此淸淨）……嘉祥
  - 有爲主之唯識宗……慈恩
  - 無爲主之眞如宗
    - 全體眞如……（卽攝論之自性淸淨）……禪宗天台
    - 離垢眞如……（卽攝論之離垢淸淨）……賢首
    - 等流眞如……（卽攝論之生境淸淨）……密宗

然此三宗雖皆統一切法無遺。而於所托三性各有擴大縮小之異。般若宗最擴充徧計執性而縮小餘二性。凡名相之所及皆攝入徧計執。唯以絕言無得爲依他起圓成實。故故此宗說三性徧計固徧計。依他圓成亦屬在徧計也。唯識宗最擴大依他起性而縮小餘二性。以佛果有爲無漏及徧計執之所徧計者皆攝入依他起。唯以由能徧計而起之「能執」「所執」爲「徧計執」。及唯以無爲體爲「眞如一」。故故此宗說三性依他固依他。徧計圓成亦屬在依他也。眞如宗最擴大圓成實性而縮小餘二性。以有爲無漏及離執徧計皆攝入圓成實。復從而攝歸於眞如無爲之主。唯以無明雜染法爲依他徧計。故故此宗說三性。圓成固圓成。徧計依他亦屬在圓成也。

然此三宗。雖各有當。若從第發觀行而伏斷妄執以言之。應以般若宗爲最適。譬建都要塞而便於克敵致果。故若從建立學理而印持勝解以言之。應以唯識宗爲最適。譬建都中部而便於交通照應。故若從決定信願而直趣極果以言之。應以眞如宗爲最適。譬建都高處而便於瞻望趨向。故要之於敎以眞如宗爲最高而敎所成益每爲最下。以苟非深智上根者。往往僅藉以仰信果德故。於敎以般若宗爲最下。而敎所成益卻爲最高。以若能絕慮忘言者。必成妙觀而發眞智故。於敎以唯識宗爲處中。而敎所成益亦爲處中。以如實了解唯識者。雖或進未行證。而必非僅能仰信故。

由上來所說以觀之。起信論等與中百論及唯識論。各爲一宗。而其爲圓攝法界諸法之圓敎則同。雖同爲圓敎。而勝用又各有殊。依此於諸敎法抉擇記別。可無偏蔽。轉觀竟無居士所瑕玼起信論者。亦可得而論決矣。

嘗聞持賢首家言者。傳述竟無居士。據起信論「依如來藏故有生滅心。所謂生滅與不生滅和合。非一非異。名阿黎耶識」一文。斥爲同於數論自性與神我和合而生二十三諦之外道論。然吾未觀居士之著於文言也。但唐以來之誤解於起信論者。未嘗不可以此斥之。而非起信論之本義有斯過咎。起信論以世出世間一切法皆不離心。故就心建言。實無異就一切法建言也。一切法共通之本體。則眞如也。卽所謂大乘體。眞如體上之不可離不可滅相。（眞如自體相）如來藏也。換言之。卽無漏種子。亦卽本覺。亦卽大乘相大。所起現行卽眞如用。卽能生世出世間善果之大乘用。其可斷可離相則無明也。（一切染法皆不覺相）換言之。卽有漏種子卽違大乘體之逆相。所起現行則三細六麤等是也。無始攝有順眞如體不可離不可滅之本覺無漏種、及攝有違眞如體可離可滅之無明有漏種、恆起現行。故名阿黎耶識。譯者譯爲生滅不生滅和合。爾言依如來藏者。以如來藏是順眞如體不可離滅之主。而無明是違眞如體可離可滅之客。故言依也。又起信論宗在眞如。從眞如以起言。而此上眞如門中唯以體名爲眞如。不可言依眞如而有生滅。譬不可言依濕性有波浪。但可言依如有波浪。故取眞如體上不可離斷之本淨相言依如來藏也。標如來藏是主。不可離滅。而應離滅可離滅之無明有漏。亦此論宗旨之所存。譬如有一講犪於此。或言由植物成（喻唯識宗）可見其爲物理學家。或言由原質成（喻眞如宗）可見其爲析化學家。於此可見此論爲（眞如宗）亦然。眞如宗以最擴大圓成實故攝諸法歸如。故在生滅門中亦兼說於眞如體不離不滅之淨相用。名爲眞如。以諸淨法（佛法）統名眞如。而唯以諸雜染法（異生法）爲徧計依他統名無明。此起信論所以有「無明熏眞如眞如熏無明」之說也。無明熏眞如者。如目病（無明）病（熏）體自離病之目（正智或心之自證體）而觀（熏）淨空（如）有諸狂華。依淨空實不變生狂華。言眞如不受熏。據因目病所觀故卽淨空有狂華現。亦可寄言眞如受熏。要之其病（無明）共好目淨空（眞如）相和合（熏）而有病目空華。可以喩此所云「無明熏眞如」義。眞如熏無明者。以一切淨法（眞如體及於眞如體不可離滅之淨相淨用）皆名眞如。故一切佛法皆名眞如。以一切染法皆名無明。故一切衆生法皆名無明衆生（無明）見聞（熏）諸佛眞如等流所示身言、（眞如）而生信解、而起思修。（熏）眞如熏無明也。以見聞信解思修。故而自內本具之無漏智種。（眞如）漸漸引起能破（熏）於煩惱。（無明）亦眞如熏無明也。唯識宗以擴大依他起。故祇以「諸法之全體」名眞如。而眞如宗時兼淨相淨用統名眞如。此於「眞如」一名所詮義有寬狹。一也。唯識宗於熏習專以言因緣。眞如宗於熏習亦兼所緣等無間增上之三緣以言。二也。明此則唯識宗正智現行唯熏正智種子。無明現行唯熏無明種子。且不可言正智無明相熏。何況可言無明眞如相熏。而眞如宗則可言無明熏眞如。眞如熏無明也。二者各宗一義而說。不相爲例。故不相妨。如聞擊析。或言木聲。或言四大種聲。均無不可。

唯識決擇談中引彼成唯識所破之分別論與起信論對例者凡二條。其第二條完全牛頭不對馬嘴。茲可不論。其第一條。心性本淨客塵煩惱所染汚。故名爲雜染。雖爲小乘說假部之所計。成唯識論卷二。亦唯以其錯解心性本淨之故破之。非並其所用教文破之也。故曰然契經說心性淨者。乃至名心本淨云云。所本契經述記謂卽勝鬘經自性清淨心難可了知。心爲煩惱所染亦難了知等文。則此固赫然契經之聖言也。乃竟無君僅視爲分別論之說。連同起信破之。抑何謬耶。然唯識宗乃依用而顯體。故唯許心之本淨性。是空理所顯眞如。或心之自證體非煩惱名本淨。若眞如宗則依體而彰用。以有眞如法故有於無明云云亦卽依體而彰染用可知故言是心從本以來自性清淨而有無明。應如此斷句不應於自性清淨字下斷句其所言之自性清淨。固指卽心之眞如體而亦兼指眞如體不可離斷之淨相用也。此淨相用從來未起現行。故僅爲無始法爾所具之無漏種子。所言從本以來自性清淨、不但言眞如而亦兼言本具無漏智種於其內。然此心不但從本以來自性清淨。亦從本以來而有無明。（此心從本以來六字應雙貫自性清淨及而有無明讀）爲無明染而有染心。則無始有漏種子。恆起現行而成諸雜染法。也雖有染心而常恆不變。則雖有漏現行而眞如體及無始無漏種不以之變失也。此在眞如宗之聖教無不如是說者。故基師於宗輪論記設問答云。「有情無始有心稱本性淨心性本無染。寧非本是聖。答曰有情無始心性亦復。亦復有心卽染。故非是聖。又問有心卽染何故今言心性本淨說染爲客。客主齊故。答曰。後修道時染乃離滅。唯性淨在。故染稱客。」據此一文。亦可見於眞如體不可離不可滅之淨相淨用得稱爲主之清淨也。此諸聖教可誹撥者。則攝一切法歸無爲主之眞如宗經論。應皆可誹撥之。故今於此不得不力辨其非也。

至立種子義不立種子義。除般若宗專破計執。當然不立之外。在唯識宗以擴充依他起性。故立法爾具染淨種子。而眞如宗以擴充圓成實性。故諸有漏雜染種說爲不覺。或名不相應染。故曰不相應義者謂卽心不覺。諸有漏清淨種說爲本覺。或兼眞如名如來藏。故曰二者相大。謂如來藏具足無量性功德。故天台宗就全體眞如以言其所謂性具亦種子義也。其所謂事造亦現行義也。在眞如宗宗依眞如而起言說。義應說然也。此則但取義立名之不同。而非於法有所增減。

君又謂起信不立無漏種子。於理失用義。於致失楞伽。以三細六麤連貫而說於理

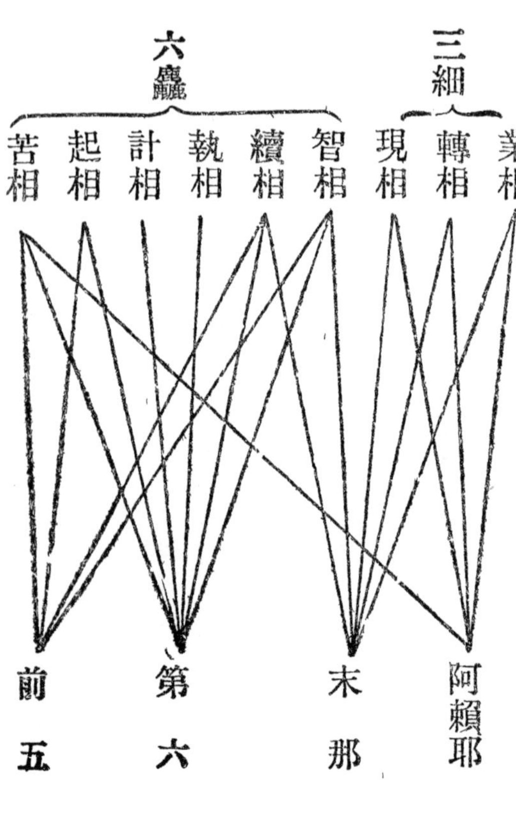

失差別於教違深密。以楞伽正智眞如並談。而起信合爲一故。然起信論於正智眞如誠不定分。而有時亦不定合。如曰法身顯現（眞如）智淳淨故。（正智）又曰法身（眞如）智相（正智）之身等文。若據此必謂起信違楞伽者。亦可指唯識違楞伽。以五法分別（識）與正智（智）並談。乃唯識則唯分別故。具亦可曰唯識於理失淨用也。彼既不然。此何云爾。至起信之三細六麤。古來解者誠多未善。嘗察起信全文。造爲一表。（已列前頁）

觀表可知並非空說八識。不違深密。平說八識。亦不違差別也。

至於掌珍論偈與楞嚴一偈同。吾初閱藏時亦曾疑及之。但清辨護法於此偈雖未標明聖言。然亦未嘗標明其非聖言。而楞嚴屬密部之經。裝師所傳鮮及密宗。故皆不足致疑。而此一偈依般若宗攝一切法。歸簡擇主以擴充徧計執言之。有無爲皆徧計所執境故。一切空故。亦無何過。護法等各據一宗以相辨。亦藉之以極顯自宗之義而已。

其十談中餘說大都契同。間有一二處亦可以前文會之。故不復一一。比年游目佛法藏者日多。往往因智起愚。自生顛倒分別。以蔽其明。蓋其心習側重於是。卽落窠臼。執此爲是。斥餘爲非。不能碞然四解。說法無礙。得吾說以通之。庶幾裂疑網於重重。

大乘之革命

佛法之於衆生。有因循者。人天乘是。有半因循半革命者。聲聞緣覺之二乘是。而大乘則唯是革命而非因循。故大乘法。粗觀之似與世間政教學術諸善法相同。細按之。則大乘法乃經過重重革命。達於革命澈底之後。（謂大涅槃）乃建立爲法界緣起。以彰事事無礙。其革命之工具。卽『二空觀』是也。故摩訶衍論云。以有如是大方便智。除滅無明。見本法身。自然而有不思議業種種之用。事事無礙法界似

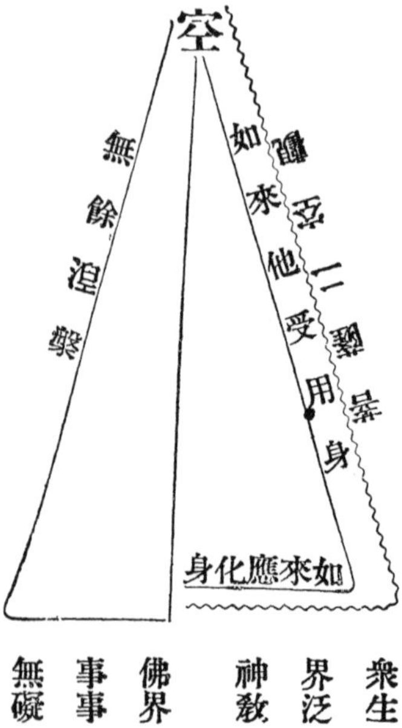

乎近於吠檀多及『黑格爾等』之汎神教。但其根本不同之點。即大乘之事事無礙法界是已經過『二空觀』之澈底革命而離染純淨者。彼汎神教未經過二空教之澈底革命。故非清淨而祇是衆生之雜染心境。可以圖表示之。(圖見前頁)

般若心云菩薩依般若(即二空觀)故究竟涅槃。諸佛依般若故得阿耨多羅三藐三菩提。(即事事無礙法界)亦明斯義。此圖曲綫表雜染生死法。直綫表清淨常住法。生死故流轉業繫苦海中旅進旅退。飄泊無歸。常住故超出苦海流轉(苦海流轉即世間義及生死義)外隨緣任運。應現自在。而世間雖有種種政治革命宗教革命產業革命等。以求之惑業苦中。故無二空觀之澈底革命。故仍墮循環之因。故修學大乘者。必有二空觀之革命精神以貫澈之。不能苟安圖便。妄想從衆生界橫達佛界。從衆生界橫達佛界。則相似佛界之事事無礙。仍等於衆生界之汎神教耳。學華嚴眞言者。未經過二空之澈底革命。亦不能達眞實之事事無礙界。故華嚴須由理法界觀(即二空觀)經理事無礙法界觀然後事事無礙。眞言亦須以阿(即本空義)字爲根本觀也。然大乘革命之進行果如何耶。茲分數章述之。

一者革衆生不定聚之命入正定聚。「命」者「相續」之義。一切衆生無始以來。忽邪忽正。忽大忽小。如猴在樹。似塵在風。轉變相續。種性不定。故大乘有習所成種性位。革除不定聚之相續。令入大乘正定聚中。永不退轉。故摩訶衍論云。依不定聚衆生。由有熏習善根力故。信業果報。能起十善。厭生死苦。欲求無上菩提。得値諸佛。親承供養。修行信心。經一萬刧。以信心成就故。諸佛菩薩敎令發心。或以大悲故。能自發心。或因正法欲滅。以護法因緣。能自發心。如是信心成就得發心者。入正定聚。（聚者類也住於大乘正信類中定不退也）畢竟不退。此卽經過修行十信心位。入初發心住位。從此但有前進。更無後退。已革除不定聚之惑命相續。故其修行信心之主要工夫。亦在修習二空眞如觀也。（見摩訶衍論修行信心分）

二者革衆生「異生之命」入大乘聖位。衆生無始以來。隨業流轉於五趣中。或人或天。或畜或鬼。異類受生。以「分別所起我法二執」爲「異生性」。故得入大乘正定聚後。則有十住十行十向之資糧位。及煖頂忍世第一之加行位。以二空觀伏斷我法二執。經初無數刧滿。由世第一位無間頓斷「分別所起我法二執」入眞見道通達位得同生性。（由自發願不在此限）已革除「異生性」之業命相續故。

三者革衆生「五乘之命」入唯一大乘。衆生無始以來有世間出世間及有相無相等分別相續入眞見道後依二空無分別智於初地二地修施戒猶似人天世間之善三地四地修定慧及菩提分猶似二乘出世之善五地雖會世間出世間眞俗兩智之相違猶見有世間出世間之差別相六地觀衆生緣起極有相邊際猶與無相相違類人天智七地觀眞空無相極功用邊際猶與有相相違。（由無相中有功用故未能任運現相及土）類二乘智經二無數刧滿由第七地入第八地於純無相觀不假功用故能任運現相及土故乃超過人天二乘之觀智革斷「有相無相等分別相違」之智命相續純一大乘法空妙行。

四者革衆生命入如來位　衆生無始以來捨前異熟取後異熟有異熟識取得捨壞之苦相續亦卽依此故名衆生。（受衆多生死故名衆生）離此則名如來失衆生名故此相續卽名爲「衆生命」由第八地純依法空智歷九地十地至金剛道後經三無數刧滿頓斷煩惱障種及所知障種現異熟識空大圓無垢同時發故入如來地。

永斷先業所引之異熟報革斷「衆生苦命」相續。證大涅槃成大菩提。乃爲不思議善常安樂解脫之事事無礙者。世之談革命者其亦知此最勝之革命乎盍相率而從事乎此。

附太虛法師語錄

吾人所得之異熟報體。由前世善惡業所引。其富貴貧賤賢愚等亦由彼業所命定之。故中庸云。天命之謂性。性卽人報所得之人同分。率由之卽爲人道。故曰率性之謂道。就人道而設教。使人修之而全人道。故曰修道之謂教。

古德說無質獨影。僅指龜毛兎角等無法。吾今爲擴充之以就無法而言。則過去是已滅無。未來是未生無。皆可爲無質獨影。如吾人以意識緣阿彌陀佛。親緣不到。是爲獨影。而阿彌陀佛現在說法。現有可托之質。是爲有質。若緣過去法藏比丘。無質可托。則爲無質獨影矣。如是例推。如法華經爲迦葉授記於未來世成佛名光明如來。今雖未成。尚可以意識緣光明如來。亦爲無質獨影矣。

大圓問曰。雖是過未。但托彼名言爲質而起影像。似亦可爲有質獨影。法師曰。凡名言等以聲爲體。或以文等色爲體。皆可云有質所托。故擴充托質之義。則凡影像皆有所托之質。卽可云一切皆有質。獨影而無無質獨影。今爲學術分析方便。故必以所詮事物之實質有無爲辨。而彼聲色等質。則爲能詮之名言等所展轉依托之質耳。

諸心心所等法。皆可爲本質及影像。惟種子僅爲第八識見分所緣。他識皆不能緣故獨爲影像而非本質。然若細分之。則第八識相應之心所。亦同緣種子。是第八識之相分種子。其心所亦可托之爲本質。惟此分之愈微細。則不易言矣。

化聲居士問曰。龜是有毛。亦是有。雖未合處。而本質非無。法師曰。此義在小乘薩婆多已有設難者。大乘破之。蓋此云龜毛兎角。但指龜之毛兎之角。雖龜與毛兎與角皆有。而龜身上之毛。兎頭上之角。則非有。亦如五蘊法是有。而五蘊和合之實我則非有。故不可言像龜毛兎角之有質也。

起信論言由眞如心（或如來藏）不覺念起而有無明。最易混淆。禪宗由參一念未生以前。有時妄念頓歇。忽若大地平沈。一物俱無。或現一種極淸空之境界。使行者見之。歡喜無量。以爲大悟。其實不過一種未到定境。非有眞慧。及後忽然心起。依然昏擾如故。似起信論所云不覺念起而有無明。吾昔在普陀閉關。有一時忽覺妄想俱歇。身心若亡。聞寺中鐘聲。卽自心不一不異。俱無方所。少頃念起。復現塵境。聞鐘聲仍自外來。

昔在普陀聞人傳冶開和尚語。人問悟後尚須提話頭否。開曰。仍須常提。印光法師每斥其非。且曰。看話頭如尋爺不見。四處叫喊。既已見爺。何更喊叫。豈非狂惑耶。以此當知禪宗參話頭有兩途。其一則以參話頭爲堵絕妄想。妄想頓歇時。以爲開悟。其實是一種定境。出定之後。煩惱仍起。如開所言。不得不再提話頭以續定力。其一則以參話頭引發正慧。照達實相。正慧既引生。則但由正慧而常惺惺。煩惱不起。是名大徹大悟。不再重提話頭。如古人所云話頭如敲門瓦子。門開卽棄。亦卽印光法師所談之意。

禪宗參話頭。本以思慧心所及疑心所爲方便。以引發正慧。及正慧既顯發。同時亦得正定。斯之謂禪。亦卽六祖所云定慧均等。其方便最爲直切了當。爲出世之上上法。性定慧之辨最難。非通教理者容易誤認。致令未得謂得未證謂證。起貢高我慢。空過一生。是故禪宗雖不研教而不可以一刻離明眼知識。正爲此也。

言緣起者。共有五種。一賴耶緣起。如唯識。二法界緣起。如華嚴。三眞如緣起。如起信論。四業感緣起。如小乘。五地水火風空識之六大緣起。如密宗。此五緣起。以教理論則以賴耶緣起法界緣起爲最深玄。法界緣起明佛自證境界。惟佛能盡賴耶緣起乃佛證知衆生境界。亦惟佛能知。十地菩薩皆不能盡知。故此二緣起。若以所證之境地言。則衆生爲最低。佛爲最高。若以能證之智體言。則二者平等。若以證入之次第言。則證窮佛境。猶是自覺行圓滿。窮證衆生境。則爲覺他行圓滿。故證盡衆生境者。必須佛智。故尤以賴耶緣起爲最深最極第一。

眞如緣起義。初地證二空。卽能通達。上未窮佛境。下未窮衆生境。乃菩薩分證之境界。故次於前二緣起。業感緣起。以衆生行業感果。又次之。至地水火風空識之六大緣起。若實言之。不過色心二法。亦卽心物二元等。世間凡外皆知。斯爲最淺。然若以行果論。則又以業感緣起。六大緣起。爲最有力。業感緣起雖多分屬小乘。而實通大乘密淨律三宗。密宗三密加持。用卽在此。

密宗所以獨自翹於諸宗之上者。亦自有理由。以前法界緣起爲自證最高位。惟密宗則依佛果回佛向生。回自向他。回眞向俗。得殊勝之利他方便。如彼云四曼荼羅。其大曼荼羅。則無論一木一草。皆曼荼羅。卽攝法界緣起。而以地水火風空識最淺之六大緣起上證之。其法誠爲捷妙殊勝矣。然以回佛向生之利他言。則淨土但以業縛衆生一念卽成佛果。爲法之簡。攝機之普。則又在其上矣。

法華經所談佛法。本不限在其七卷文中。乃徧指三藏十二部。一經開顯。皆爲妙法而已。如言爲實施權。開權顯實。其所施之權。卽在阿含般若諸部。其所顯之實。亦在華嚴等部。而七卷之文。則握爲施開顯之樞紐耳。世之刻舟求劍者。疑法華本經已亡。或謂法華後應更說楞嚴等經以實之者。豈不愚甚矣哉。

法華所談顯者。爲諸佛自證實智法界。屬自利究竟邊。法華所講明者。爲佛自證後所起利他權智作用。故法華稱諸經之王。以其體用周圓。權實融具。能攝華嚴等在中也。

神通之事。尚易說明。一切衆生。皆受異熟報體。在自己異熟範圍內。各有其通。如限能見色。耳能聞聲。在自己範圍內。與天眼天耳等。但出自己應見應聞之範圍。內則礙而不能通。超現業果得定果時。超有漏果得聖果時。異熟識空證佛果時。則見聞等能超現報範圍之礙。乃至一切無礙。斯名神通。

出塵和尚問曰。世言羅漢皆神通無礙。有諸法師曰。羅漢所重之通。在漏盡。若前五通。外道皆有。不足爲重。但其通隨各人修證境界不同。俱有限量。故就分證神通言。則自二乘外道。乃至一切凡夫。各有其一分。就圓滿神通言。除佛以外。餘皆有礙。何況羅漢耶。

出塵和尚問曰。有人見牧牛圖的心比牛。性比牧童。因來問予心在先抑性在先者。予未及答。請問法師如何答。曰。此應反問他孰爲心。孰爲性。彼若不知心性。雖說亦不能解。要他自去尋得心性時再來問。若確知心性何等。則又不必說。彼自能知。正好相喻無言。

其實牧牛圖中能比之牛與童。與所比之心性。皆自無始而有。本無先後之分。不過未牧之先。牛是野牛。任意蹂躪苗稼。不得名牧牛人。亦是無業游民。無所事事。不得言牧童。及已牧之後。人與牛發生關係。斯時牛為人所牧。可稱牧牛人。為牧牛者亦可稱牧童。故古之完全牧牛圖。其前尚有尋牛得牛二段。以必先由尋得牛後。方成牧事。

出塵和尚又曰。禪宗最先以持戒為本。由戒生定。由定生慧。方得開悟。答曰。禪宗本意未破本參者。無修證之可能。比於其人未曾尋牛。或尋而未得時。無論持戒修定等。皆是盲修瞎煉。不惟無益。反增其障。故禪宗開首卽教人死參話頭。求破本參。未破本參之先。尚不知心是何物。性在何處。不得有修證事。

禪宗有三關之說。尋牛者是由參話頭引出無漏慧。得牛者是由無漏慧明自本心。見自本性。名為初關。既見性已。乃以無漏慧對治煩惱。卽是牧牛之事。亦名悟後之修證。到煩惱伏而不起現行。如牧牛至牛性馴伏。方名重關。然煩惱之伏。猶賴對治功用。必至煩惱淨盡。任運無功用時。方名人牛雙亡。亦名無事道人。斯透末後一關矣。

出塵和尙又曰。古德言先悟後修。或先修後悟者。有諸。法師曰。禪宗本意在接引全不懂佛法、或全不信佛法的人。以種種方便逼他拚死捨命去參。參到極處。忽然親見本來面目。卽於彼時發起無上信心。或一切具足。無容再修。雖修亦自知修法。無容再說。惟後世根機漸劣。宗旨亦變。或不得已而敎人先持戒修定。較爲穩便。恐其參不能悟。永無修行之分矣。

依隨順根機言。禪宗修法。可言三種。一、先悟後修者。卽普通參禪者。皆須於悟後更起持戒看敎等修行。二、悟修同時者。此必由夙根成熟。只待此生證果。在未悟時被現業所障。未能顯露。及一時觸悟。卽一切具足者。古今頗少。如六祖等殆其機也。三、先修後悟者。本非禪宗之正意。不過隨順劣機。使他先持戒修定等行、而熏習之。或亦有開悟之分。故曹洞宗以此等先修後悟者名爲外生王子。示不在禪宗內者也。

跋

佛法顛危。由內腐外侮以招感。此三年前予在某旬刊上已略有貢獻。顧全國夢多醒少。卒無澈底扶持。僅緇素幾輩大聲疾呼。雖言之諄諄。而聽者藐藐。夫外患之來。不離內憂。何有內憂足值研討。大概旁觀之監察。及本身之錯認。可長太息。有下數事。

一、清修習靜。獨善其身。此本年高德劭。曾經作過一番宏利大業者退隱之所宜。而年富力強者亦以學佛唯住廟修行而未肯深究佛學眞理。廣發宏利大願。或只談佛學而不學佛。不修行。視爲一種世間學問。亦不弘法不利生。

二、於世間法出世間法不能融通。入世出世均多障礙。不知佛法原賅括世出世法。隨時隨處。皆宜適用。皆可顯現。

三、或陳義說理。過於高深。而不能權巧隨俗。或只取信婦孺下愚。而不能發揮眞實義理。

四、正道迷晦。正信不彰。致使佛法流爲邪誕駭俗之迷信。而隱沒其有關世道人心之功能。

五、未探究古今中外各異教典籍及各新舊科哲種種學術。致世辯無從應付。立破難以澈底。卒之佛法宏明。轉爲阻困。

六、學佛者當以戒定慧三無漏學爲先要。今之佛子除少數有名之大德耆宿。或山林幽隱。及眞正新發菩提心者外。於第一戒字能注重實行者。殊難能可貴矣。夫戒不具足。雖得定慧。亦是邪狂。取侮之因。自棄之象。

七、以修廟舍。享清福。或攀緣法繫塵欲爲急。甚至視佛法爲一種遁世之逍遙。或應赴之職業。是其簡單之觀念。

八、不作現前一切世間利濟羣衆公益事業。

九、把持權利。阻抑後學。趨榮赴勢。事不公開。

十、危而不持。顚而不扶。精神渙散。毫無團結。

上述各端。隨所見所聞而略標。衆知衆曉。無庸忌諱之現相。雖不能窮盡佛學界之弱點。然亦足以致憂患感腐悔而有餘。所以我　法師一往以慈悲愍念。遠慮深謀。早有如是我聞之「整理僧伽制度」及「佛教聯合會」之兩大雄見兩大宏願。而緇素同志之贊成嘆美歡喜信行者。無不希望此二事之早日實現。亦曾各就各個所在地位。本此主旨。竭力鼓吹。顧全國仍夢多醒少。同心之言卒尠采用。　師及各人。只得暫行擱置以待時緣。然雖不能見之於事實。而文字般若。尤盡量傳播不輟。蓋深悉夫外熏之功候。未臻至極則內種之萌芽。艱於孕生。以是　師及羣子。數年中更發振聾瞶。條列興革。中外學術。較取融通。使墨守者漸知改良。勿狃故步而自封。淺妄者虔求懺悔。尊重己靈而上達。雖善巧方便。降契衆情。而道德文章。不違聖量。蓋　法師口筆之不憚辛勞。當已隨舟車之所至人力之所通。凡有血氣者莫不尊親之矣。慧堅謝子等懼　法師十數年來之雄文卓見法語宏綱之散佚乏系之不見寶重於世。覺　師之文鈔有整理彙通之必要。近與諸同輩爰最錄可傳可法可習可行之著作。先爲初集。釐歸三編。集其以佛法爲隨俗雅化之言。皆有關世道人心之作者。曰雅言。簡其以佛法評論世間種種學術於古今中外無所不包而一一繩以佛法之眞理。使治世間學者可以之通達佛法者。曰世論。彙其純粹談佛法之學理。而可供欲於佛學作專門研究之指導者。曰佛學。體例之要略。爲揭明至於本鈔之行文則條暢詳明。雅俗共賞。說理則論斷精嚴。淺深並透。其爲學也。則中西博通。內外融貫。其明佛也。則智悲雙運。解行俱重。洋洋乎、渙渙乎、本鈔之出世篇篇皆阿伽陀藥。有功於世道人心不淺。有功於垂秋之佛法更不淺。何以故。以其能摧邪顯正去弊補偏。故以其能宏揚絕學。扶持顚危。故可以發揮大乘救世之精神。故可以了解佛徒本身之責任。故處今之世。應今之俗。如　法師之融攝中西內外異同學術、宣演眞俗勝義徵妙諦、其入其文者。豈可少哉。豈可少哉。故予於謝子等編是鈔成。囑爲一讀。時謹記取歷來及今茲所聞所見所經過之種種因緣。聊志數言。置之書後。愈見著者編者之慈悲願力。不得已不容緩而如是淨偉德業之有所在也。

中華民國十六年卽釋尊應世二九五四年丁卯夏日無諍居士謹跋於海上之觀無量義室

國家圖書館出版品預行編目資料

太虛大師開示語錄. 3, 佛學篇 / 太虛大師著. -- 初版.
-- 新北市：華夏出版有限公司, 2024.05
面； 公分. --（圓明書房；041）
ISBN 978-626-7296-86-8（平裝）
1.CST：佛教 2.CST：佛教說法 3.CST：文集

220.7 112015285

圓明書房 041

太虛大師開示語錄 3：佛學篇

著　作	太虛大師
出　版	華夏出版有限公司 220 新北市板橋區縣民大道 3 段 93 巷 30 弄 25 號 1 樓 電話：02-32343788　傳真：02-22234544 E-mail：pftwsdom@ms7.hinet.net
印　刷	百通科技股份有限公司 電話：02-86926066 傳真：02-86926016
總經銷	貿騰發賣股份有限公司 新北市 235 中和區立德街 136 號 6 樓 電話：02-82275988　傳真：02-82275989 網址：www.namode.com
版　次	2024 年 5 月初版一刷
特　價	新臺幣 640 元（缺頁或破損的書，請寄回更換）

ISBN-13：978-626-7296-86-8